S.E.N.S養成セミナー　第4版

特別支援教育の理論と実践

一般財団法人特別支援教育士資格認定協会 編　　花熊 曉・鳥居深雪 監修

II──指導

田中容子・梅永雄二・金森克浩 責任編集

Ψ
金剛出版

第4版刊行にあたって

一般財団法人特別支援教育士資格認定協会

理事長　花熊　曉

　2020年代に入って，我が国の学校教育は大きな変化の時期を迎えています。これからの学校教育の方向性を示した2021（令和3）年1月の中央教育審議会の答申では，「令和の日本型学校教育」の在り方として，子どもの主体的な学びの尊重に立った，「個別最適な学びと協働的な学び」，「指導の個別化と学習の個性化」が目指されていますが，その内容は，「人間の多様性を尊重し，子ども一人一人の特性とニーズに合わせた教育を行う」という特別支援教育の理念と共通するものだと言えるでしょう。この新しい学校教育の在り方を実現していくために何より必要なのは，発達障害をはじめとする特別な教育的ニーズがある子どもたちを適切に支援できる専門家の養成です。

　一般財団法人特別支援教育士資格認定協会では，特別支援教育の専門家の育成を目指して，2001（平成13）年3月より，特別支援教育士（S.E.N.S）の養成を開始しました。それから20年余を経た現在，S.E.N.S有資格者の数は5,500人を超え，「すべての子どもたちが，学校や園での活動に参加でき，充実した生活を送れるようにするための支援」を目指して，活発に活動しています。

　特別支援教育のプロフェッショナルたるS.E.N.Sの養成でもっとも重要なのは，「日進月歩」と言える特別支援教育と発達障害支援の分野で，新たな情報を常に取り入れ，学ぶべき内容を更新し続けることです。そのため，セミナーテキスト『特別支援教育の理論と実践』についても，2007（平成19）年の第1版公刊以来，5年を目途に改訂を加えており，今回で3回目の改訂となります。第4版での主な改訂点は次の通りです。

A．概論の領域
① 「S.E.N.Sの役割と倫理」の科目を，基礎科目として「概論」の領域に移しました。
② 「発達障害と医療」の内容を精選し，6時間2ポイントから3時間1ポイントに変更しました。

B．アセスメントの領域
　「心理検査法Ⅰ・Ⅱ」では，ウェクスラー式知能検査とその他の検査に二分し，検査の実施法だけでなく，検査結果を解釈し，指導に結びつける力を高めることを目指しました。

C．指導の領域
　指導におけるICT機器の活用について詳しく述べるようにしました。また，「社会的自立・就労の指導」の科目では，セルフアドボカシー（自己権利擁護）についても論じるようにしました。

D．S.E.N.Sの役割の領域
　従来2科目だった「学校・園における支援体制」に，新たな科目として「学校・園における支援体制Ⅱ：通級による指導」（1ポイント）を加え，通級による指導のニーズの高まりに

応えられるようにしました。

E. 指導実習

　S.E.N.S 資格の特徴であり，専門性である，「学習面の支援」により重点を置いた内容としました。

　S.E.N.S 資格は，常に進歩し続ける資格です。最新情報を取り入れて書かれたこの 3 冊のテキストが，発達障害をはじめとする「個のニーズに応じた配慮・支援」を必要とする子ども（人）たちの理解と支援実践のバイブルとして，「特別支援教育のプロフェッショナル」を目指す皆さんの学びに活用されることを切に願っています。

特別支援教育士（Special Educational Needs Specialist: S.E.N.S）の資格取得

〈S.E.N.S 資格取得の前提条件〉
①一般社団法人日本 LD 学会の正会員であること
②特別支援教育士資格認定規程第 15 条 2 の要件を満たしていること（詳細は協会 HP「資格認定」ページを参照）

〈S.E.N.S 資格取得〉
①本協会が主催する養成セミナーを受講して小テストに合格し，「S.E.N.S 養成カリキュラム（2023 年度版）」の 5 領域 36 ポイントを取得すること
②本協会が実施する資格認定審査に合格すること

S.E.N.S 養成カリキュラム（2023 年度版）

巻	領域	科 目 名	P	計
I 巻	概論	S.E.N.S の役割と倫理	1	4
		特別支援教育概論 I：発達障害の理解	1	
		特別支援教育概論 II：特別支援教育のシステム	1	
		発達障害と医療	1	
	アセスメント	総論：アセスメント	1	8
		心理検査法 I：ウェクスラー式知能検査	2	
		心理検査法 II：発達障害に関連する心理検査	2	
		学力のアセスメント	1	
		アセスメントの総合的解釈	2	
II 巻（当巻）	指導	「個に応じた支援」と「合理的配慮」：UD と ICT の視点	1	14
		「聞く・話す」の指導	2	
		「読む・書く」の指導	2	
		「計算する・推論する」の指導	1	
		ソーシャルスキルの指導	2	
		行動面の指導	2	
		感覚と運動の指導	1	
		社会的自立・就労の指導	1	
		個別の指導計画・個別の教育支援計画の作成と活用	2	
III 巻	S.E.N.S の役割	学校・園における支援体制 I：通常の学級における支援	1	4
		学校・園における支援体制 II：通級による指導	1	
		学校・園における支援体制 III：コーディネーターの役割とリソースの活用	1	
		保護者とのかかわりと連携	1	
	実習	指導実習	6	6

●特別支援教育の理論と実践　Ⅱ・目次●

C.　指　　導

C-1　「個に応じた支援」と「合理的配慮」：UD と ICT の視点

Ⅰ　UD の視点

本文イラスト　ふるやまなつみ（図 C-5-2，図 C-7-3）

C. 指　導

C-1

「個に応じた支援」と「合理的配慮」：UD と ICT の視点

【概要】.................特別支援教育の根幹となる「個に応じた支援」及び「合理的配慮」について，ユニバーサルデザイン（UD）の教育の視点，ICT 活用の視点から，それぞれ解説する。UD の考え方を教育に取り入れることの意義，あり方について，具体的な例も含めて解説する。ICT 活用については，障害者権利条約に基づく権利保障としての合理的配慮，それに関わる基礎的環境整備の一環としての側面にとどまらず，特別支援教育における積極的な意義について，デジタル教科書や電子黒板，タブレット端末等を活用した具体的な例も含めて解説する。

【キーワード】...........個に応じた支援／合理的配慮，基礎的環境整備／ユニバーサルデザイン（UD）の教育／ICT の活用／GIGA スクール構想

【到達目標と評価】.....①個に応じた支援の全体像を説明することができる。
②障害者権利条約に基づく権利保障としての「合理的配慮」について説明できる。
③ユニバーサルデザインの視点から「個に応じた指導」及び「合理的配慮」について説明できる。
④ICT の活用の視点から「個に応じた指導」及び「合理的配慮」について説明できる。

Ⅰ UD の視点

C-1-1　通常の学級における「個に応じた支援」の現状

1. 学習指導要領における動き

2017，2018（平成 29，30）年度改訂の学習指導要領について特別支援教育の立場から見た最大の注目点は，**各教科の学習指導要領**に，以下の文言が新たに加わったことである。

> 障害のある児童※などについては，学習活動を行う場合に生じる困難さに応じた指導内容や指導方法の工夫を計画的，組織的に行うこと。
> （※筆者注：中学校では「生徒」）

ここで「通常の学級においても，発達障害を含む障害のある児童が在籍している可能性があることを前提に，すべての教科等において，一人一人の教育的ニーズに応じたきめ細かな指導や支援ができるよう，障害種別の指導の工夫のみならず，**学びの過程において考えられ**

る困難さに対する指導の工夫の意図，手立てを明確にすることが重要である。」（※ 強調筆者）と説明されている。教科教育の基本的な枠組みとして「学びの過程に困難がある子」への「個に応じた支援」をしっかり行うことが明記されたわけである。

2. 各教科の学習指導要領解説における「個に応じた支援」

　上記の「障害のある児童（生徒）などについては……」の文言を受け，各教科の学習指導要領解説では，「障害のある児童（生徒）への配慮についての事項」の箇所で，それぞれの教科ごとに障害のある児童（生徒）への配慮の仕方の例示が各数例ずつ載ることとなった。たとえば，小学校の学習指導要領解説の国語編では，以下のように配慮の例示がされている。

　　文章を目で追いながら音読することが困難な場合には，自分がどこを読むのかが分かるように教科書の文を指等で押さえながら読むよう促すこと，行間を空けるための拡大コピーをしたものを用意すること，語のまとまりや区切りが分かるように分かち書きをしたものを用意すること，読む部分だけが見える自助具（スリット等）を活用することなどの配慮をする。

　この学習指導要領解説に示された例示を読むには少々のコツが必要になる。基本的にどの例示も【困難の状態】【配慮の意図】【手立て】の３つの部分から書かれている。具体的には「○○のような困難を抱える子がいる場合（困難の状態）」（上記例では「文章を目で追いながら音読することが困難な場合」）には，「○○を目的に（配慮の意図）」（上記例：「自分がどこを読むのかが分かるように」）と続き，「○○のような支援の例が考えられる（手立て）」（上記例：①教科書の文を指等で押さえながら読むよう促すこと，②行間を空けるために拡大コピーをしたものを用意すること，③語のまとまりや区切りが分かるように分かち書きされたものを用意すること，④読む部分だけが見える自助具（スリット等）を活用すること）といった具合である。各教科，各例示によって，多少の書きぶりの違いがあるにしても，小学校，中学校におけるすべての教科の学習指導要領解説で，このような統一した構造で障害のある子への配慮の例示が記載されたことについては，教科指導における個に応じた指導の根づきのひとつとして注目すべきことである。

3.「学びの過程に困難がある子」を含む教室での「学習支援の三段構え」

　「学びの過程に困難がある子」はどの教室にもいる。その実態の中，我々はいかに彼らに「学びの場」を提供できるのであろうか。まず，授業者は「学びの過程において考えられる困難さ」の発見に気を配ることから始めるべきである。そして，その「学びの過程において考えられる困難さ」のすべてに何らかの手立てを打つ可能性を考えなければならない。おそらく，そこで想定された「学びの過程において考えられる困難さ」には，授業での全体指導の中で「授業の工夫」によって対応できるものと「個への配慮」でなければ対応できないものがあるだろう。さらに，そのような授業内においての「個への配慮」を行う一方で，その困難のレベルによっては「通級による指導」などの特別支援教育としての「特別な場」での対応が必要になる子もいるはずである。以上の流れを図示したものが図 C-1-1 の「学習支援の三段構え」（小貫，2020a）である。

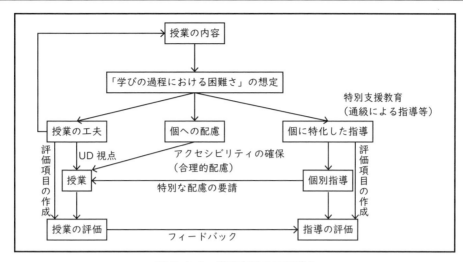

図 C-1-1　学習支援の三段構え
（学びの過程において考えられる困難さへの対応として）（小貫，2020a）

　ここにあるような三段構えでの指導形態を意識しつつ「学びの過程において考えられる困難」にどのレベルで対応するかを考えることになる。

　ちなみに，先述した各教科の小学校学習指導要領解説の中の「障害のある児童への配慮についての事項」での例示は，図 C-1-1 の中央部の「個への配慮」に属するものと考えられる。

4.「合理的配慮」の位置づけ

　ここで，本稿のテーマである「個に応じた支援」と「合理的配慮」の関係について述べておきたい。ときに「個に応じた支援」＝「合理的配慮」のような図式で支援が語られることがある。しかし，これは間違いである。「合理的配慮」の背景には法的な意味合いもあり，教育の日々の営みとしての「個に応じた支援」の概念とは違ったものである。

　その違いを端的にいえば，合理的配慮のもっとも重要な役割は，あくまで「アクセシビリティの確保」であるという点である。つまり，教育機会に平等にアクセスできることが約束される配慮に対して限定的に使われていることばなのである。一方，教育における「個に応じた支援」では，たとえば，自信を付けるためにあえて難易度を下げた課題を行ったり，本人のモチベーションによって，授業で扱う学習課題を迂回したりすることもありうるだろう。つまり，アクセシビリティの確保の役割を持つ合理的配慮よりも，ずっと広い概念だといえる。そうした相違点を考慮して，ことばを整理するならば，「個に応じた支援」は図 C-1-1 における「個への配慮」と「個に特化した指導」の 2 点を意味し，その中でも「合理的配慮」とは，「個への配慮」から「授業」本体に伸びる矢印部分，すなわち授業で行われる課題そのものへのアクセスを保障することを目的とした「個への配慮」に対して限定的に呼ぶのである。言い換えると「合理的配慮」とは「個に応じた支援」といわれるその意味内容が広い教育活動の中でも「建設的対話」「合意形成」などのプロセスを経て決定する特殊な「個への配慮」であると考えられる。

　こうして考えると，通常の学級において「合理的配慮」の内容を決定する過程は，図 C-1-1 のもっとも左側に位置する「授業の工夫」からスタートするわけであり，この作業と「合理的配慮」は連動せざるをえない。「授業の工夫」を案出していく際には，多様な子どもが在籍する通常の学級においては，障害のある子もそうでない子も区別なく配慮される視点が必要になる。つまり「ユニバーサルデザイン」（以下，UD）の視点を持って「授業の工夫」は進められざるをえない。

C-1-2　通常の学級における UD の視点の成立基盤

　UD の視点で全体指導における「授業の工夫」を考えていくプロセスでは，発達障害のある子の特性を理解した上での工夫は必然となる。なぜなら，発達障害のある子は「学びの過程においての困難さ」を持ちやすいということだけでなく，発達障害のある子の特性のうち授業の理解のバリアとなるものは，定型発達といわれる子が授業の中で直面する理解のバリアとなるものと対応して考えることができるからである。表 C-1-1 を見ていただきたい。表 C-1-1 の左側に発達障害のある子が自身のどのような特性によって授業の参加，理解，習得・活用に困難を持つか（バリアとなるか）を示した。右側にはどの子にも生じうる授業での参加，理解，習得・活用を妨げる特徴を対応づけて並記した。このような対応が成り立つとすれば，発達障害のある子が授業のバリアとして持つ個々の特性への配慮は，同時にどの子にも生じうるつまずきへの配慮にもなると考えることが可能になる。

C-1-3　授業における UD 視点のモデル

　それではこの UD の視点に基づく「授業の工夫」とは具体的にどのようなものなのだろうか。それを示したものが図 C-1-2 である（小貫，2013）。

　図 C-1-2 の左側に，表中で示したものと同様に，発達障害のある子の授業における〈バリア〉となる特性を列挙した。発達障害のある子に配慮した授業を実現するには，ざっと考えただけでも，これだけの数の特性への配慮が必要になるわけである。しかし，多くの子を全体指導する通常の学級の授業者にそれを要求するのは過大でもある。ここで，図の中央にある三角形に注目してほしい。これは，通常の学級での「授業の階層性」を示したものである。授業の土台となっているのは，子どもの〈参加〉である。授業は参加しないと始まらない。一方，授業は参加すればよいというものではない。参加した上で〈理解〉できることが授業では求められる。〈参加〉階層の上に〈理解〉階層が乗る。また，授業において理解したものは，自分のものになっていかなければならない。そのときには理解できたけれど，後で尋ねられるともう答えられないのでは，授業からの学びは不十分ということになる。つまり〈理解〉階層の上には〈習得・活用〉階層が乗るのである。こうした授業の階層性による「整理棚」を用意して，あらためて〈発達障害のある子の授業におけるバリアとなる特性〉のその一つ一つについて関連性の強い階層ごとに配置すると図中のような配置になる。こうすると各階層ごとに見ると多くて5つ程度の分類が可能になり配慮すべき点を絞ることができる。

　この階層性を示す三角形を中央において，左側の〈バリア〉となる特性をカバーするための〈工夫の視点〉を配置したのが右側部分である。これらの視点は，発達障害のある子にとっ

表 C-1-1　発達障害のつまずきとどの子にも生じるつまずきの対応
（小貫，2020b を改変）

状況	発達障害のある子の 授業のバリアを作り出す特徴	どの子にも起きがちな 授業のバリアを作り出す特徴
参加	状況理解の悪さ	• 学習準備／作業の取り掛かりの悪さ
	見通しのなさへの不安	• どこに向かっているのかの理解不足
	関心のムラ	• 全体の流れからはずれる発言
	注意集中困難／多動	• 気の散りやすさ
	二次的な問題（学習意欲の低下）	• 引っ込み思案 • 自信のなさ
理解	認知の偏り（視覚・聴覚）	• 指示の聞き落とし • 課題内容の見落とし
	学習の仕方の違い	• 得意，不得意の存在 • 協力しての作業の苦手さ
	理解のゆっくりさ	• 学習内容を深めることの苦手さ
	複数並行作業の苦手さ	• すべき作業の取りこぼし
	曖昧なものへの弱さ	• 質問の意図の取り間違い • 思い込みをする傾向 • 断片的な理解をする傾向
習得	記憶の苦手さ	• 既習事項の積み上がりにくさ
	定着の不安定さ	• 学び続ける態度の弱さ
活用	抽象化の弱さ	• 知識の関連づけの弱さ • 応用への弱さ
	般化の不成立	• 日常生活に結びつける意識の低さ

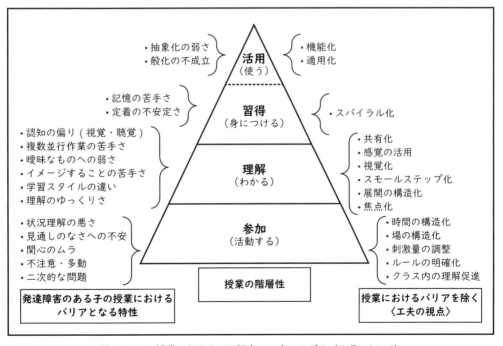

図 C-1-2　授業における UD 視点の工夫のモデル（小貫，2013）

てはきわめて有効なものばかりである一方で，この視点が「どの子にも」役に立つ視点であるかどうかが UD 発想にとっては重要である。そこで，以下に，階層ごとに視点の一つ一つをすべての子にとって，どのような支援となるかについて説明する。

　〈工夫の視点〉は，下部に置かれたものであればあるほど，上部の視点を支える要素を持っている。そこで，以下の説明も，図中の下方の視点から上方の視点へと説明していく。

C-1-4 〈参加〉階層における UD としての〈工夫の視点〉

　〈クラス内の理解促進〉は，間違うこと，わからないことを安心して表明できるクラスを作る視点を意味する。クラスの中にお互いの学習のゆっくりさや失敗をからかうような雰囲気がないか，お互いにサポートする雰囲気が作れているかをチェックしたい。〈ルールの明確化〉では，授業ルールの運用が上手にできずに参加できない子に，質問の仕方，意見の伝え方，話し合いの仕方などのルールを設定し，授業参加をしやすくする工夫を行う。〈刺激量の調整〉によって授業の集中を妨げる気を散らす刺激を制限し授業から気持ちが離れることを防ぐ。教室内の刺激とは，掲示，音，目に入る人の動きなどである。〈場の構造化〉では，教室空間に一定の規則性を持ち込み，行動しやすく使いやすくし学習活動の効率を上げる。たとえば，教室内のすべての物品に定位置が決まっていれば，授業中の学習活動に無駄な動きはなくなる。〈時間の構造化〉とは「今，何をやっているんだろう」となるような学習活動の迷子が起きることを防ぐ工夫である。各授業ごとの流れを表示する工夫で，授業内での「迷子」を防ぎ，もし迷子になったときにも活動に戻りやすくする。

C-1-5 〈理解〉階層における UD としての〈工夫の視点〉

1. 焦点化

　この視点は理解階層の中でもっとも重要なものである。この視点を理解するために，ここで，誰にでも「わかりやすい」授業ではなく，あえて誰もが「わかりにくい」と感じるであろう授業をイメージしてみてほしい。そこで浮かび上がるのは，授業で扱われる情報や活動が「ゴチャゴチャ」して，子どもがどこにどうフォーカスしてよいかわからない様子ではないだろうか。つまり「ゴチャゴチャ」した授業が UD とは正反対のイメージである。ピンポイントにフォーカスした〈ねらい〉とシンプルな〈めあて〉と精選された〈活動〉が設定されることで（焦点化されることで），逆に広く深い試行錯誤ができ，授業における思考活動が充実する。

2. 展開の構造化

　授業展開の工夫とは，焦点化された〈ねらい〉をベースに，授業の単位時間における学習活動として，思考すべき課題，提示タイミング，情報の内容の質と量の調整を行うことである。こうした作業を丁寧に行って授業展開を論理的かつ明示的なものにしたい。そうした展開が実現している授業では，多くの子が授業に乗りやすく活躍しやすい。逆に展開の論理性，明示性が弱い授業では，子どもたちが正しい方向への試行錯誤ができなくなり，思考の

ズレ，思考活動からの離脱，授業の流れについていくことへの諦めが生じやすくなる。

3. スモールステップ化

　ある事柄の達成までのプロセスに，できるだけ細やかな段階（踏み台）を作ることで，どの子も目標に到達しやすくする工夫である。ただし，用意された踏み台を使っても使わなくてもよいといった選択の余地があるようにしたい。なぜなら，よくできる子の実態を無視して，スモールステップ化した課題を全員一律に課すことで，「簡単すぎる」と感じる子が出てくると，逆に授業へのモチベーションを失わせる原因にもなるからである。踏み台が用意されていることがわかっただけで，子どもは安心して課題に取り組み，結局，用意された踏み台を使わないままで終わるというような現象もしばしば起きる。

4. 視覚化

　情報を「見える」ようにして情報伝達をスムーズにする工夫である。この工夫はさまざまな場面で応用しやすい（他の階層でも使いやすい）。聴覚情報（ことば）は意識的な努力があって初めてその情報が脳に到達する。一方，視覚刺激（写真，イラスト，図など）は提示されただけで，意識を動かすきっかけとなる力がある。UD の視点では「視覚化」の工夫を単独で使用するより聴覚情報との併用で情報伝達の質と濃さを上げる工夫とすることが多い。また，この視覚と聴覚の 2 つの情報の間にある違いは「消えていく」と「残る」であり，視覚情報の「残る」性質は「記憶」を助ける支援となる。

5. 感覚の活用

　発達障害のある子の中には「感覚的に理解する」「直感的に理解する」ことが得意な子がいる。感覚的に捉え，認識できるような課題を授業の中に入れると効果的な支援になる。たとえば，国語の教材文を読み，それを演じてみると，そこから得られた感覚によって，文字情報からだけではわからなかった深い内容読解が可能になることもある。特に，実技系の教科では百の説明より一度の試行からの感触（感覚）のほうが伝わることが多い。

6. 共有化

　これは，たとえば，ペア学習，グループ学習など，子ども同士で行う活動を要所で導入する視点である。挙手指名型の授業は「できる子」のための授業になりやすい。子ども同士の相互のやりとりによって，理解がゆっくりな子は他の子の意見を聞きながら理解を進め，理解の早い子は他の子へ自分の意見を伝えたり，説明をしたりすることで，より深い理解に到達できる。

C-1-6 〈習得・活用〉階層における UD としての〈工夫の視点〉

1. スパイラル化

　不思議なことなのだが，そのときに理解できなかったことが，しばらく時を置くだけで理

解できるようになっていることがある。教科教育の内容はどの教科でも基本的にスパイラル（反復）構造になっている。ある段階で学んだことは，次の段階でも再び必要となる。つまり，何度も既習事項に再会できるようになっている。こうした教科の系統性と呼ばれる特徴を利用して，前の段階では理解が十分でなかったことや，理解はしたけれど再度の確認を行う必要のあることなどについての再学習のチャンスを可能なかぎり作る工夫としたい。

2. 適用化／機能化

　学んだことを応用，発展することである。ここで，基本事項を別の課題にも「適用」してみたり，生活の中で「機能」させてみたりすることで，授業で学んだことが本当の学習の成果と実感になっていく。

C-1-7　UD の視点と学習指導要領解説の例示の関連

　ここで，前述した学習指導要領に記載された配慮の例示と UD の視点との関連を示すために，小学校と中学校の両方の学習指導要領解説（社会編）に載った例示を抜粋する。

　　地図等の資料から必要な情報を見付け出したり，読み取ったりすることが困難な場合には，読み取りやすくするために，地図等の情報を拡大したり，見る範囲を限定したりして，掲載されている情報を精選し，視点を明確にするなどの配慮をする。

　この例示も，前述したように【困難の状態】【配慮の意図】【手立て】の 3 つの部分から書かれている。上記の例では【困難の状態】としては「地図等の資料から必要な情報を見付け出したり，読み取ったりすることが困難な場合」とあり，【配慮の意図】としては「読み取りやすくするために」とあり，【手立て】として「①地図等の情報を拡大したり，②見る範囲を限定したりして，③掲載されている情報を精選し，視点を明確にするなどの配慮をする」としている。

　ここで先に示した図 C-1-2 のモデルに戻り，モデルの右側部分に列挙した授業の UD 視点での〈工夫の視点〉に注目していただきたい。

　ここに示した例示における【手立て】を分析すると，このモデル内の〈工夫の視点〉で見事に説明できる。たとえば「地図等の情報を拡大したり」は図中の〈視覚化〉の技法であり，「見る範囲を限定したりして，掲載されている情報を精選し，視点を明確にするなどの配慮をする」は，思考の雑音となる学習対象として重要でない部分をカットし，最重要部分に注目させる工夫，つまり〈焦点化〉の視点が使われている。筆者は，同様の分析を小学校，中学校のすべての教科のすべての〈例示〉で行ってみた。その結果，すべての〈例示〉において同様の分析が可能であった。ここに「個に応じた支援」と UD による授業づくりとの関連の深さがよく表れている。

C-1-8　「個に応じた支援」の近未来における UD のあり方

　コロナ禍による 2020（令和 2）年の GIGA スクール構想の前倒しによって，学校におけ

る「パソコン1人1台」が実現し，それに呼応する形で2021（令和3）年1月には中教審の教育課程部会より「〈個別最適な学び〉と〈協働的な学び〉の一体的な充実」が提案された。これによって，通常の学級における「個に応じた支援」の在り方に，さらなる変化が生じるであろう。

　どの子も「個別最適な学び」を前提にして「協働的な学び」の場に向かう（アクセスする）との発想は，まさに「合理的配慮」の「ユニバーサルデザイン」化にも感じられる。通常の学級における「個に応じた支援」を語るために，授業における UD の視点は，ますます，その重要性を増すことになろう。

　今後，さらに研究・理解を深めたい，教育における UD の発想として，米国の UDL（Universal Design for Learning：学びのユニバーサルデザイン）での先進的な試みがある。UDL とは，1984 年に設立された米国の教育研究機関 CAST（Center for Applied Special Technology）が提唱したものである。2016 年には連邦法である Every Student Succeeds ACT 法（旧 No child left behind 法）が可決し，その中で，国としての UDL の定義と推奨が公式になされている。UDL では障害の有無にかかわらず，どの子も自分に合った「オプション」を選択できる。その方法論は，まさにすべての子が「個に応じた支援」を受ける発想である。この発想を突き詰めていくと，そもそも特別支援教育と通常の学級での教科教育の境さえも消滅してしまう。今後，「個に応じた支援」「合理的配慮」「UD」は常に有機的につながりながら，近未来の教育の進化，発展に寄与することになるであろう。

〔引用文献〕
　小貫　悟（2013）：通常学級における授業改善. LD 研究, 22（2）, 132-140.
　小貫　悟（2020a）：合理的配慮. 日本授業 UD 学会（編）：テキストブック 授業のユニバーサルデザイン 特別支援教育・学級経営. 日本授業 UD 学会, pp.14-15.
　小貫　悟（2020b）：インクルーシブ教育と授業 UD. 日本授業 UD 学会（編）：テキストブック 授業のユニバーサルデザイン 特別支援教育・学級経営. 日本授業 UD 学会, pp.22-25.

ICT ....

C-1-9　合理的配慮と基礎的環境整備としての ICT 活用

　近年，学習に困難のある児童生徒のための ICT の活用が認知されてきている。文部科学省が学習指導要領に合わせて作成する「教育の情報化に関する手引」は学校教育における ICT 活用を円滑に運用するための手引として作られている。2010（平成 22）年に作成された手引には図 C-1-3 に示す挿絵がある。通常の学級に在籍する発達障害のある生徒が ICT を活用して学ぶ姿である。そして図 C-1-4 は 2019（令和元）年に発行された手引の挿絵である。一見すると同じような絵で，紙の教材で学ぶ子どもと一緒に ICT を活用する子どもの絵である。しかし，この 2 つの絵には大きな違いがある。筆者はその 2 つの手引の作成に関わってきたが，2010 年の絵は実際の学校をイメージしたものではなく，このように ICT を活用して障害のある子どももともに学んでほしいという願いを込めて描いてもらった絵で，2019 年の絵は実際の学校の事例から作成したものである。

　この約 10 年の間に何があったのであろうか。その大きなものに ICT 機器の進展と学校現場の変化，障害者の権利条約批准などがある。本章ではそれらの社会的な環境の変化と特別支援教育における積極的な意義について，デジタル教科書や電子黒板，タブレット端末等を活用した具体的な例も含めて解説する。

1.　障害者権利条約における ICT

　障害者の権利に関する条約（Convention on the Rights of Persons with Disabilities, 通称：障害者権利条約）は障害者の人権及び基本的自由の享有を確保し，障害者の固有の尊厳の尊重を促進することを目的として，障害者の権利の実現のための措置等について定める条約である。この障害者権利条約では ICT に関するいくつかの条文がある。ひとつには第四条 一般的義務で，

　　（g）障害者に適した新たな機器（情報通信機器，移動補助具，補装具及び支援機器を含む。）についての研究及び開発を実施し，又は促進し，並びに当該新たな機器の利用可能性及び使用を促進すること。この場合において，締約国は，負担しやすい費用の機器を優先させる。（h）移動補助具，補装具及び支援機器（新たな機器を含む。）並びに他の形態の援助，支援サービス及び施設に関する情報であって，障害者にとって利用しやすいものを提供すること。

また，第二十四条 教育において

　　4　締約国は，（中略）また，適当な意思疎通の補助的及び代替的な形態，手段及び様式の使用並びに障害者を支援するための教育技法及び教材の使用を組み入れるものとする。

図 C-1-3 「2010 年の教育の情報化に関する手引の挿絵」（文部科学省，2010）
このような学校になることを期待して描いた絵

図 C-1-4 「2019 年の教育の情報化に関する手引の挿絵」（文部科学省，2019a）
この絵は実際に学校で行われていた実践

とある。これらは，ICT の利用にあたって，障害のある人も使えるようにすることも求めている内容と，学びの補助的手段として ICT を含めた支援技術が必要であると示していることとなる。

　本条約を日本が批准するにあたって国内法の整備を行いその整合性を図ってきた。その中で大きなものとして障害者基本法の改正と障害者差別解消法があり，その中における ICT 活用について述べることにする。

　「障害者基本法」は 2011（平成 23）年 7 月に一部改正が行われた。この中で教育の分野において「国及び地方公共団体は，障害者の教育に関し，調査及び研究並びに人材の確保

及び資質の向上，適切な教材等の提供，学校施設の整備その他の環境の整備を促進しなければならない」とある。学校の施設整備という大きなくくりにはなるが，ICT 機器の整備も含まれているといえる。

　「障害者差別解消法」には直接的に ICT 機器に関する記述はないが，関連するものとして内閣府が定めた「障害を理由とする差別の解消の推進に関する基本方針」がある。この基本方針では環境の整備として事前的改善措置（いわゆるバリアフリー法に基づく公共施設や交通機関におけるバリアフリー化，意思表示やコミュニケーションを支援するためのサービス・介助者等の人的支援，障害者による円滑な情報の取得・利用・発信のための情報アクセシビリティの向上等）を示している。また，これを受けて，文部科学省（2015）は「文部科学省所管事業分野における障害を理由とする差別の解消の推進に関する対応指針」として，

> 　読み・書き等に困難のある児童生徒等のために，授業や試験でのタブレット端末等の ICT 機器使用を許可したり，筆記に代えて口頭試問による学習評価を行ったりすること。（中略）子供である障害者又は知的障害，発達障害，言語障害等によりことばだけを聞いて理解することや意思疎通が困難な障害者に対し，絵や写真カード，コミュニケーションボード，タブレット端末等の ICT 機器の活用，視覚的に伝えるための情報の文字化，質問内容を「はい」又は「いいえ」で端的に答えられるようにすることなどにより意思を確認したり，本人の自己選択・自己決定を支援したりすること。

というように，ICT の活用について具体的な例示をしている。もちろん，これらは例示であるが ICT の活用が障害のある子どもにとって有用であることを示すものであり，その活用を検討することは合理的配慮として求めうるものだということを理解する必要がある。

2. 特別支援教育における ICT 活用

　特別支援教育における ICT 活用の意義はどのようなことがあるだろうか。ここでは，前述の「教育の情報化に関する手引」について述べることとする。

　この手引は学習指導要領に合わせて出されており，今回の手引で注目すべきは特別支援教育の記述に関する位置づけになる。表 C-1-2 は 2010 年に出されたものと 2019 年に出された手引の比較表である。これを見てわかるのは 2010 年の手引では特別支援教育の章が独立していた。しかし 2019 年では大きな章として独立しない代わりに，各章の中に特別支援教育の項目が入るようになった。2007（平成 19）年に特別支援教育制度が始まり，その位置づけを明確にする必要があった 2010 年では，独立して目立たせることが必要であった。しかし，10 年以上経ち，すべての教育の場で特別支援教育を考える必要になったことから，各章に記述することにより，特別支援教育関係者のみならずすべての教員が ICT の活用においても，特別支援教育について理解することが求められるからである。

　第 1 章の 4 節「特別支援教育における教育の情報化」では「一人一人の教育的ニーズと必要な支援」として「学習を進める上でどのような困難があり，どのような支援を行えばその困難を軽減できるか，という視点から考えることが大切である」と述べている。

　また，「特別な支援を必要とする児童生徒にとっての情報教育の意義と課題」には社会が情報化されていく中で，すべての子どもたちにとって ICT を活用することは重要となってい

表 C-1-2　2010 年と 2019 年の「教育の情報化に関する手引」の比較表

2010 年の「教育の情報化に関する手引」	2019 年の「教育の情報化に関する手引」
第 1 章　情報化の進展と教育の情報化	第 1 章　社会的背景の変化と教育の情報化
第 2 章　学習指導要領における教育の情報化	第 2 章　情報活用能力の育成
第 3 章　教科指導における ICT 活用	第 3 章　プログラミング教育の推進
第 4 章　情報教育の体系的な推進	第 4 章　教科等の指導における ICT の活用
第 5 章　学校における情報モラル教育と家庭・地域との連携	第 5 章　校務の情報化の推進
第 6 章　校務の情報化の推進	第 6 章　教師に求められる ICT 活用指導力等の向上
第 7 章　教員の ICT 活用指導力の向上	第 7 章　学校における ICT 環境整備
第 8 章　学校における ICT 環境整備	第 8 章　学校及びその設置者等における教育の情報化に関する推進体制
第 9 章　特別支援教育における教育の情報化	
第 10 章　教育委員会・学校における情報化の推進体制	

る。その上で特別な支援を必要とする子どもたちにとっても，情報機器を活用することは新たな学びの内容となることが示されている。

　また「ICT を活用することは，新たな表現手段を可能にする。たとえば，海外の IT 企業では障害者を雇用しているが，それは単に福祉のためだけでなく，健常者では発揮できない力を示したり，多様な感性を提案することで，障害のない人では気づきにくい誰にでも使いやすい製品を作ったりすることになる」とある。ともすると，障害がある子どもたちが ICT を活用するのは困難さを補う面が強調されてしまうが，彼らの特性を活かすツールとして活用すると考えることも大切であろう。

　また，困難さを支援するものとして ICT 機器の活用については重要な位置を示すとしているが，そのポイントはアシスティブ・テクノロジーという考え方である。手引にはアシスティブ・テクノロジーの説明として「障害による物理的な操作上の困難や障壁（バリア）を，機器を工夫することによって支援しようという考え方が，アクセシビリティであり，それを可能とするのがアシスティブ・テクノロジーである。これは障害のために実現できなかったこと（Disability）をできるように支援する（Assist）ということであり，そのための技術（Technology）を指している。そして，これらの技術的支援方策を充実することによって，結果的にバリアフリーの状態を実現しようということでもある」と書かれている。

　第 4 章の「教科等の指導における ICT の活用」では「特別支援教育における ICT を活用した教育の充実」として具体的な事例を例示し，特別支援教育での支援技術についての解説がある。前掲の図 C-1-4 はここに載せられているもので参考事例として掲載されている。

3．機能代替的な ICT の活用

　近藤（2016）は読み書き等の困難のある児童生徒を主体とした ICT 利用のあり方として「代替する機能の獲得」と「環境の整備」を大きな項目として挙げ，その上で具体的な方法について言及している。ここでは近藤が指摘するような困難な状況を支援するための，アシスティブ・テクノロジー活用としての ICT の利用方法について金森（2019a, 2019b）が整理した項目を参考に解説する。

表 C-1-3　「音声教材」提供団体一覧（文部科学省，2019b）

団体名	提供データの名称	Web サイト
日本障害者リハビリテーション協会	マルチメディアデイジー教科書	http://www.dinf.ne.jp/doc/daisy/book/daisytext.html
東京大学先端科学技術研究センター	AccessReading	http://accessreading.org/index.html
NPO 法人エッジ	音声教材 BEAM	https://www.npo-edge.jp/use-edge/beam/
茨城大学	ペンでタッチすると読める音声付教科書	http://apricot.cis.ibaraki.ac.jp/textbook/
広島大学	文字・画像付き音声教材 UD-Book	https://home.hiroshima-u.ac.jp/ujima/onsei/index.html
愛媛大学教育学部	愛媛大学 UNLOCK	http://www.karilab.jp/unlock/index.html

1）読むことの困難さ

　通常の学級において読み書きに困難のある子どもの場合，視覚障害のある人のように見えないというわけではないため，努力不足という誤解を受けてしまう場合がある。河野（2019）は，読みの練習によって力は付くがその差は大きくなるばかりで，テクノロジーの適切な活用が重要だと指摘している。ICT を活用した読みの困難さを支援する方法としては，後述するデジタル図書の利用が考えられるが，印刷物のテキストとどのような違いがみられるのであろうか。印刷物では，音声による読み上げ，文字の種類の変更，ルビ振り，行間の調整，背景色の変更などをすることが難しい。これらの調整をパソコンやタブレットを使って読むことで，紙では読むことが難しい子どもも学習に参加することが可能になる。

　また，学校現場においては，指導における教科書の位置づけは大きい。教科書については後述するようにデジタル教科書が作成されているが，現状はまだ紙の教科書のすべてを代替するものではない。

　そこで，2008（平成 20）年に作られた「障害のある児童及び生徒のための教科用特定図書等の普及の促進等に関する法律」（通称：教科書バリアフリー法）により，障害による困難さのため印刷物での学習に困難がある児童生徒のために教科書のデジタルデータを積極的に活用することが重要となる（文部科学省，2008）。

　2022 年現在で表 C-1-3 の団体が音声教材として教科書デジタルデータを提供している。

　また，この他に視覚障害者向けの拡大教科書や点字教科書，PDF 版拡大図書（慶應義塾大学）などもある。

　これらのデジタルデータの活用方法については，文部科学省の Web サイト「音声教材」に各団体の紹介や動画などが紹介されているが，こうしたデータの提供は「発達障害等により，通常の検定教科書で一般的に使用される文字や図形等を認識することが困難な児童生徒を対象」としている。また，「肢体不自由等によりページめくりが困難など，通常の紙の教科書を読むことが困難な児童生徒も対象」とある。音声教材の使い方などについては，文部科学省の Web サイトに資料とともに，動画も掲載されているので，これらを参考に，どの団体に申請するか具体的な利用の目的を明確にして，連絡することが大切である。

2）書くことの困難さ

　書くことの困難さは，読むことの困難さと併せて起こる場合が多くある。書くことを練習するソフトなども沢山あり，併用して練習をすることも考えられるが，学習に対する意欲を失わないように代替手段を提供することで，学習へのモチベーションを持続し，自己肯定感を持ちながら学習に臨めることが重要となる。代替の手段としては，

- キーボードによる入力（ローマ字入力，仮名入力，オンスクリーンキーボード，フリックキーボード）
- 音声入力
- 手書き入力

などが考えられる。これらを利用する際に気をつけなければならないのは，事前のアセスメントと，その方法が紙と鉛筆での筆記に比べてどの程度有効に働くかを検討することになる。河野ら（2017）によると小学 6 年生が 1 分間で筆記する文字数は 30 文字程度であるとのことで，代替方法での文字入力が筆記と同程度以上になる必要があり，そのためには代替入力方法の練習が必要になる。通常の学級の授業の中で特別に入力方法の指導を行うことはなかなか難しいが，現在 GIGA スクール構想により，1 人 1 台端末が導入されることになっているので，ICT 機器の使い方の練習を行う中で，文字入力のスキルを獲得する方法も考えられる。その際にも，タイピングだけにこだわらず，多様な入力方法を選択できることが重要であろう。

3）算数・数学での困難さ

　算数や数学の学習における困難さとしては，

- 計算における困難さ
- 図形やグラフなどの作図の困難さ

などが挙げられる。数式の理屈はわかっていても極端に計算することに時間がかかる場合は，電卓などを使用することも考えられる。河野（2019）は『算数の天才なのに計算ができない男の子のはなし』（岩崎書店）という絵本を例に算数・数学と計算は分けて考える必要があるとしている。

　電卓を利用することでもいいが，タブレット端末なら計算の履歴を表示して残したり，わり算や分数などの計算を綺麗に表示してくれるアプリ（ModMath（iPadOS 専用））などがある。

　図形やグラフを描くことに困難がある場合は，算数や数学だけでなく視覚認知や形の構成などに課題がある場合も考えられるので，作図ソフトやグラフを作るソフトなどを使うことも考えられる。

　書くことに困難さがあると，計算式も丁寧に書けず，自分の思考の過程を再認することができないため学び進めることが難しくなる。手先の不器用さがある子どもなども含め，数学的な知識を獲得するためにも代替方法を検討するのは有効である。

4) 考えをまとめることでの困難さ

　ワーキングメモリーが少ない子どもなど，ことばだけの情報ではなかなか思考が整理できない場合でも，図に示したり文字化することで自分の考えを整理することが可能になる。特に，近年使われ始めているマッピングソフトは，中心となるテーマから線を引いて関連する情報を広げていくことで，自分の考えを視覚化し理解を深めることが可能となる。

5) 聞くことでの困難さ

　聴覚障害はなくとも，通常の学級のざわざわした音の中で教師のことばが十分に聞き取れない子どもがいる。脳の機能により聴覚情報処理障害（Auditory Processing Disorders）である場合も考えられる。それぞれの聞こえの度合いはさまざまなので，我慢するレベルでなんとかしようとする子どももいるが，教員の声を十分に聞き取ることができず，授業に集中していないと誤解されてしまうことがある。そのような場合には，

- ノイズを軽減させる
- 教員の音声を直接聞くようにする

などの方法が考えられる。具体的にはノイズキャンセリングヘッドフォンを使う場合や，図 C-1-3 のように補聴システムなどで教員が付けたマイクを無線で聞く，などがある。
　授業で聞き取ったことを記録することが困難な場合はボイスメモなどで録音して，後から聞き直し，後で学習内容を振り返って復習するということも考えられる。この方法は聞くことの困難の他，見ることや書くことの困難がある場合も有効であろう。

6) 話すことでの困難さ

　自閉スペクトラム症のある子どもなど，コミュニケーションに課題のある子どもの場合，自分の意思を上手に伝えられない場合がある。そこで，これまで特別支援学校などでよく利用されてきていた VOCA（Voice Output Communication Aids：携帯型会話補助装置）などが有効な場合がある。また，専用の機械でなくても，最近のスマートフォンやタブレット端末等には標準でテキストの読み上げ機能が実装されているので，文字を入力して読み上げ機能を使うことで，音声言語での表出に課題のある子どもでも，意思を伝えることができるようになる。
　また，音声言語でのコミュニケーションよりも文字でのコミュニケーションのほうが円滑に意思を伝えられる場合もあるので，音声言語だけでないコミュニケーションの環境設定も必要であろう。

4. 環境整備としての ICT の活用

　2020（令和2）年に文部科学省は GIGA スクール構想としてすべての小中学生に1人1台端末を提供し教育の情報化を推し進めることになった。GIGA スクール構想の大きな柱は，

- 1人1台のタブレット端末
- 高速なインターネット回線の整備

表 C-1-4 デジタル教科書の機能（文部科学省，2021，pp.8-9）

- ピンチイン・ピンチアウトによる拡大・縮小表示機
- 図やグラフや挿絵のポップアップ等
- ペンやマーカー，付箋機能等による，フリーハンド又はキー操作による簡易な書き込み・消去
- 書き込んだ内容の保存・表示
- 機械音声の読み上げや，読み上げ速度の調整，読み上げている箇所のハイライト表示
- リフロー画面への切り替えによるレイアウトの変更
- 背景色・文字色の変更・反転，明るさ等の調整
- 文字のサイズ・フォント・行 の変更
- ルビ振り
- 目次機能，ページ数の入力による指定ページへの移動，スワイプ等のデバイスを使った任意のページめくり方法の設定

- クラウドの活用

としている。これらを活用することにより「個別最適な学び」を提供することも目指している（文部科学省，2020）。環境整備がされたことにより，障害のある子どもへ個別の配慮としてICTが提供されたことによる社会的な抵抗が低減されることになるだろう。機器の整備状況は自治体によってバラツキがあるにしても，すでにあるものとして使えることになるのは大きい。これは基礎的環境整備としてのICT環境ともいえる。その中でもデジタル教科書の役割は大きい。

1）デジタル教科書

　デジタル教科書は，2018（平成30）年の学校教育法等の一部改正等により制度化され，紙の教科書の内容の全部をそのまま記録した電磁的記録であることとされた。また，2019（平成31）年度から，一定の基準の下で，必要に応じ，教育課程の一部において，紙の教科書に代えて使用することができることとなっている。

　その使用については，2018年の文部科学省告示において，各教科等の授業時数の2分の1に満たないこととされていた。ただし，特別な配慮を必要とする児童生徒等に対し，文字の拡大や音声読み上げ等により，その学習上の困難の程度を低減させる必要がある場合には，教育課程の全部においても，紙の教科書に代えて使用することができることとなっている。また，文部科学省の検討会においては，児童生徒の健康に関する留意事項について周知・徹底を図り，必要な対応方策を講じるとともに，ICTの活用にかかる教師の指導力の向上のための施策等を講じていくことを前提として，デジタル教科書の活用の可能性を広げて児童生徒の学びの充実を図るために，2分の1という基準を撤廃することが適当であると提言されている（文部科学省，2021）。

　2024（令和6）年からは本格的にデジタル教科書の導入がされる予定だ。表 C-1-4 のように紙の教科書では難しい機能がデジタル教科書なら可能である。

　また，障害のある子どもに対しては「文章等の理解や把握がしやすくなったり，操作が容易になったり，障害等による学習上の困難が軽減される」とある。現在，文部科学省では本

表 C-1-5　論文作成・発表アクセシビリティガイドライン（Ver.3.0）（電子情報通信学会，2008）

①文字や図面，写真などはできるだけ大きなものを使用してください。文字サイズは通常 30 ポイント以上，最低でも 24 ポイント以上を用いることが望まれます。

②書体はゴシック系が望ましいですが，明朝系の場合は太字とすることが望まれます。

③背景と文字，図などのコントラストを明瞭にしてください。

④情報は色だけに依存して表現しないようにしてください。

⑤専門用語，固有名詞等で読みがむずかしい漢字にはふりがなをつけてください。

格導入のための機能の標準化を検討しており，障害のある子どもにとってより使いやすい機能となるであろう。すでに先行してデジタル教科書を出している教科書会社も障害のある子どもの利用を意識して作成している。前述の「音声教材」との違いは，標準ですべての子どもたちが使うものの中に装備されている機能になることで，基礎的環境整備としての教材の整備になるであろう。

2）電子黒板

　ICT 機器が導入されたことにより，通常の学級における学習形態は大きく変わってくるだろう。それでもやはり，一斉指導として子どもたちを教える場面はまだ多い。しかし黒板だけでなく，電子黒板やプロジェクターを使った多様な指導方法は増えてきている。その際に気をつけたいのは学習のユニバーサルデザインの考え方ではないかと考える。つまり，障害のある子どもだけにフォーカスするのではなく，学習に困難のある子どもも含めて，多くの子どもにとってわかりやすい指導がより効果のある指導となるであろう。

　そのための手立てとしては，

（1）プレゼンテーション資料の工夫
（2）字幕を使った文字情報の補助
（3）教員の画面と児童生徒の画面の共有

といった方法が考えられる。

　（1）については，電子情報通信学会がプレゼンテーションを作る際に気を付けるべき内容をガイドラインとして出している。

　表 C-1-5 の 5 つのチェックポイントに気を付けるだけでも子どもにとっても読みやすい教材になるだろう。

　（2）については，音声の文字化である。これまでは聴覚障害者への情報保障として字幕を付けることが多かったが，人の手がかかるために，あまり普及してこなかった。しかし，近年はオンライン会議システムの広がりもあって，人の手によらず AI が自動的にリアルタイムで字幕を付けられるようになってきた。Microsoft 社の PowerPoint もインターネットに接続していれば音声を字幕に変換できるようになっている。誤変換の問題もあるが多様な情報が提供できることや，聞き逃しても文字で確認できることなど，視覚優位の子どもにとっては有効な方法となる。

　（3）については，GIGA スクール構想により Wi-Fi ネットワークが整備されたことで教

表 C-1-6　インターネット上で活用できる情報一覧

- 文部科学省 教育の情報化 発達障害のある子供たちのための ICT 活用ハンドブック
  （https://www.mext.go.jp/a_menu/shotou/zyouhou/detail/1408030.htm）
- 福井県特別支援教育センター『「読み」や「書き」に困難さがある児童生徒に対するアセスメント・指導・支援パッケージ』
  （https://www.fukuisec.ed.jp/）
- 魔法のプロジェクト
  （https://maho-prj.org/）
- 平林ルミのテクノロジーノート
  （https://rumihirabayashi.com/）
- kinta のブログ ANNEX
  （https://www.assistivetechnology.cfbx.jp/kinta/）

員の画面を児童生徒のタブレット端末に表示したり，児童生徒の画面を教員の PC に出すことが容易になってきた。こうすることで，注目すべき内容を子どもに見せたり，情報を共有することが容易になる。黒板の画面だと理解しづらい子どもにとっても，今，何を学べばいいかがわかり，また，他の子どもたちと情報を共有することで学びが広がることになる。

C-1-10　おわりに

　本稿では学びに困難がある子どもへの ICT 活用の意義と必要性，そして具体的な方策について紹介した。GIGA スクール構想により全国的に教育の情報化が進んでいる中で，ICT を障害のある子どもにとって有効な手段として活用してほしい。しかし，関口ら（2021）の研究によると特異的書字・計算困難のある子どもへの代替手段としての ICT の活用は「不平等」を理由として抵抗感を示す教員が一定数いることがわかっている。学習の過程において，本人が自分で学ぶ方法を身につけ，学ぶことが楽しいと思えるよう学習支援の機器として ICT を活用してほしい。

　また，ICT 機器の進展は早いので，常に情報をアップデートすることはとても重要である。インターネット上には，多くの情報が公開されており，それらを活用してほしい（表 C-1-6）。しかし，あまり目先のことにとらわれず，子どもの課題を明らかにした上で有効に活用することが大切である。

引用文献

電子情報通信学会（2008）：論文作成・発表アクセシビリティガイドライン（Ver.3.0）．https://www.ieice.org/~wit/guidelines/index01.html（2022 年 2 月 27 日閲覧）．

金森克浩（2019a）：ICT 機器の活用と指導の実際．廣瀬由美子，石塚謙二（編著）：特別支援教育．ミネルヴァ書房，pp.199-210．

金森克浩（2019b）：どの子にもやさしい教室の中の ICT 活用．金森克浩，梅田真理，坂井 聡他（著）：発達障害のある子の学びを深める教材・教具・ICT の教室活用アイデア．明治図書，pp.119-161．

近藤武夫（2016）：ICT による読み書き支援を学校で進めるために．近藤武夫（編著）：学校での ICT

利用による読み書き支援―合理的配慮のための具体的な実践―. 金子書房, pp.2-17.

河野俊寛, 平林ルミ, 中邑賢龍 (2017)：URAWSS II. atacLab.

河野俊寛 (2019)：タブレット PC を学習サポートに使うための Q & A. 明治図書.

文部科学省 (2008)：障害のある児童及び生徒のための教科用特定図書等の普及の促進等に関する法律」(通称：教科書バリアフリー法) について. https://www.mext.go.jp/a_menu/shotou/kyoukasho/1378183.htm (2022 年 2 月 27 日閲覧).

文部科学省 (2010)：教育の情報化に関する手引 (平成 22 年 10 月).

文部科学省 (2015)：文部科学省所管事業分野における障害を理由とする差別の解消の推進に関する対応指針 (平成 27 年文部科学省告示第 180 号). https://www.mext.go.jp/a_menu/shotou/tokubetu/1321526.htm (2022 年 2 月 27 日閲覧).

文部科学省 (2019a)：教育の情報化に関する手引 (令和元年 12 月).

文部科学省 (2019b)：音声教材. https://www.mext.go.jp/a_menu/shotou/kyoukasho/1374019.htm (2022 年 2 月 27 日閲覧).

文部科学省 (2020)：GIGA スクール構想の実現について. https://www.mext.go.jp/a_menu/other/index_00001.htm (2022 年 2 月 27 日閲覧).

文部科学省 (2021)：デジタル教科書の今後の在り方等に関する検討会議. https://www.mext.go.jp/b_menu/shingi/chousa/shotou/157/index.html (2022 年 2 月 27 日閲覧).

関口あさか, 平林ルミ, 高橋麻衣子 (2021)：筆記テストにおいて漢字や英語の書字及び計算のエラーが教員の採点評価に与える影響. LD 研究, 30 (4), 299-306.

C-2
「聞く・話す」の指導

【概要】.....................言語・コミュニケーションの発達とその困難を理解するために必要な音声言語学等の基本的知識を概説する。「発達障害：学習障害（LD/SLD），注意欠如・多動症（ADHD），自閉スペクトラム症（ASD），発達性協調運動症（DCD）等」のある子どもにみられる「聞く・話す」の困難の具体像について述べる。学校場面や日常生活場面における「聞く・話す」の問題の把握と分析の方法，ICT の活用を含めた支援の観点と方法，支援の実際について，事例を挙げながら具体的に説明する。近年，発達障害とされるようになった吃音，発達障害と関連することもある情緒障害（選択性緘黙）についても述べる。

【キーワード】...........発声発語器官の生理／言語発達／音韻論，形態論，統語論，意味論，語用論／コミュニケーションの発達／コミュニケーションの障害／聴覚認知／音韻認識／会話／ワーキングメモリー／特異的言語発達障害

【到達目標と評価】.....①言語・コミュニケーションの発達とその困難について基本的な説明をすることができる。
②「聞く・話す」のアセスメント方法を具体的に挙げることができる。
③「聞く・話す」のつまずきの具体像とその原因について説明できる。
④つまずきの特性に応じた指導プログラムの必要性がわかり，つまずきの原因と指導の方法・内容を関連付けて説明できる。

Ⅰ 基礎理論

C-2-1　言語学の基礎知識

1. コミュニケーションとは

コミュニケーションは人の生活や学習に欠くことのできない日常の営みである。「コミュニケーション」ということばの語源には，共有する，分かち合う，といった意味がある。情報は物とは異なり，送り手から受け手に渡っても送り手のもとから消えることはなく，双方の益となる。そのような点に他の行為とは異なるコミュニケーションの特徴がある。

コミュニケーションは，何らかの情報（メッセージ）を何らかの媒介（メディア）によって伝達する行為と定義できる。コミュニケーションに使われるメディアには，話しことば（音声言語），書きことば（文字言語），手話，身振り，表情，絵などがある。話しことばと書きことばは人のもっとも基本的なコミュニケーション手段である。表 C-2-1 にことば

表 C-2-1　ことばのモダリティ

	聴覚	視覚
表出	話す	書く
理解	聞く	読む

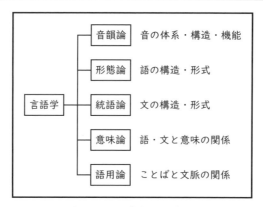

図 C-2-1　言語の 5 側面

の 4 つの様式（モダリティ）をまとめた。

2. 言語学の 5 つの領域

　言語学はことばの構造，規則性，機能，成り立ちなどを研究する学問である。言語学には
さまざまな研究領域があるが，本章ではことばの発達や障害の問題に関連の深い 5 つの分野
について最初に説明する（図 C-2-1）。

1）音韻論

　ことばを構成する要素である音の体系，構造，機能を扱う。音素は言語音の最小単位であ
り，音節は言語音を区切る単位である。音素は国際音声記号（IPA）で表記され，/p/ のよ
うに斜線で区切って示される。たとえば「はなす」は「は」「な」「す」の 3 つの音節からな
り，「は」は，/h/ と /ɑ/ の 2 つの音素からなる。

2）形態論

　語の構造を扱う。形態素は意味を持つ言語の最小単位である。たとえば「はなす」はひと
つの形態素であり，「はなした」の「た」は過去の意味を表すひとつの形態素である。

3）統語論

　語を配列して文を作ることを統語といい，その構造と規則を扱う。たとえば「ことば
を　話す」は統語規則に則った文であるが，「話す　を　ことば」は統語規則に違反した非文
である。

4）意味論

　語は記号表現（意味するもの）と記号内容（意味されるもの）という 2 つの側面からみる
ことができる。意味論は両者の関係や意味の構造を扱う。たとえば「いぬ」という音列は記
号表現で犬の表象は記号内容である。また，語の意味は他の語との関係の中で定まる。

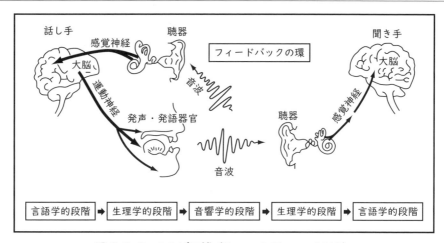

図 C-2-2　ことばの鎖（Denes & Pinson, 1963）

5）語用論

　ことばと文脈の関係，社会的状況の中でのことばの含意などを扱う。たとえば電話に出た子どもへの「お母さんいますか？」という質問は，この文脈では母の存在の確認だけでなく母に代わって欲しいという間接的な依頼の意図を含んでいる。

　これらのうち，1）から3）はことばの形式・構造の側面を，4）は内容の側面を，5）は使用の側面を扱う。このうち語用論についてはコミュニケーションや学習の支援にとって重要な側面であるため，後に詳しく説明する。

C-2-2　言語病理学の基礎知識

1.「聞く・話す」の仕組み

　図 C-2-2 は話し手の脳から聞き手の脳まで，どのようにことばの情報が伝わるかについて示したもので「ことばの鎖」と呼ばれている。話し手においては，言語学的段階でメッセージを言語記号に変え，生理学的段階で生成された言語記号を音声表出する。次いで，音響学的段階で表出された音声が音波として空気中を伝わる。聞き手においては，生理学的段階で音波が耳から入り大脳に達する。言語学的段階で言語記号として認知され意味の理解がなされる。また，音波は相手の耳に入るとともに自分の耳にも入り発話の調整がなされる。そのようなフィードバック機能も発話に重要な働きである。

　各段階でのプロセスについてもう少し詳しくみてみよう。表出面については Levelt ら（1999）の発話産生モデル（図 C-2-3）を援用する。最初にメッセージが表象として頭に浮かぶ（概念準備），次いで，メッセージに対応する語彙が心的辞書から検索され選択される（語彙選択）。そして語形の表象が喚起され（形態符号化），音韻形式が整えられる（音韻符号化）。それから音韻を音声に変換する構音運動のプログラミングがなされ（音声符号化），運動命令が実行され発話がなされる（構音）。

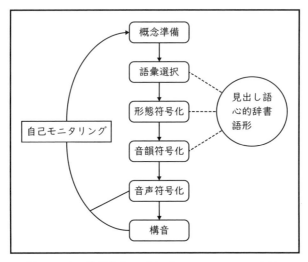

図 C-2-3　**発話産生モデル**（Levelt et al., 1999）

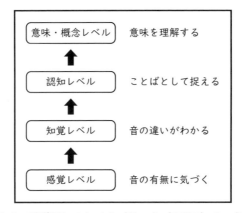

図 C-2-4　**聴覚認知のレベル**（竹田ら（2000）を一部改変）

　理解面すなわちことばの聴覚認知については，耳から音波が入ると，まず音の感覚が生じ，次いで語音として知覚される。複数の人が「ア」の音を発したときに，それぞれの音声の周波数は同じでないにもかかわらず，すべて「ア」と聞こえるのは，音声が「ア」の音韻としてカテゴリー知覚されるためである。また，語は複数の音の連鎖からなっている。音声は痕跡を残さないため，語全体を捉えるためには聞こえた音列を一時的に頭の中に留めておく必要がある。保持された音列は統合され 1 つの語形として認知される。そして認知された語形に対応した表象が喚起され，メッセージの意味が理解される。これらのプロセスを図 C-2-4 にまとめた。ことばの聞き取りは学習に重要な機能であるため後に詳しく説明する。

2.「聞く・話す」に関わる器官（図 C-2-5，図 C-2-6）

　声は喉頭にある声帯の振動によって生み出される。声帯は普段閉じており，肺から気管を通って吹き上がる空気の流れによって開閉する。1 秒に数百回という高速で連続的な声帯の

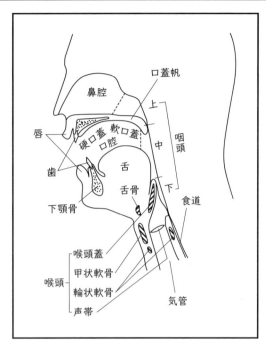

図 C-2-5　発声発語器官（沢島，1980）

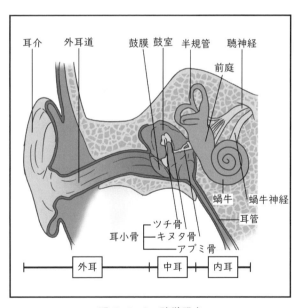

図 C-2-6　聴覚器官

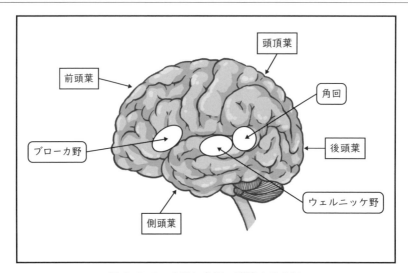

図 C-2-7　大脳と言語に関連する中枢

開閉によって起こる空気の振動が声になる。声の大きさや高さは呼気の量や声帯の形状など
によって調節される。また，喉頭から出た声の原音は口腔内の形状によってさまざまな音色
に加工され言語音となる。このプロセスを共鳴と呼ぶ。母音の音は音色の違いによって相互
に区別される。さらに，舌，口唇，顎などの運動によってさまざまな子音が生み出される。
それらの発声発語に関わる一連の過程を構音という（図 C-2-5）。

　耳から外耳道を通って入った音波は鼓膜に振動を与える。鼓膜に伝わった振動は中耳の耳
小骨を伝わって増幅された後，内耳の蝸牛と呼ばれる器官の有毛細胞を動かす。その細胞の
動きが神経信号に変換され，聴神経を通じて大脳に送られ，聴覚野で音として知覚される。
外耳と中耳を伝音系，内耳及び聴神経から大脳の聴覚野までを感音系と呼ぶ（図 C-2-6）。

　大脳は，前頭葉，側頭葉，後頭葉，頭頂葉からなる。前頭葉には運動野とブローカ野と呼
ばれる発話を司る中枢がある。ブローカ野が損傷されるとブローカ失語（運動性失語）と呼
ばれる話すことに主な困難を生じる失語症が起こる。側頭葉には聴覚野とウェルニッケ野と
呼ばれる音の知覚とことばの理解を司る中枢がある。ウェルニッケ野が損傷されるとウェル
ニッケ失語（感覚性失語）と呼ばれる聞いて理解することに主な困難を生じる失語症が起こ
る。後頭葉には視覚野と呼ばれる視知覚を司る中枢がある。頭頂葉では聴覚情報と視覚情報
の統合などが行われる。文字はまず後頭葉の視覚野で視覚パターンとして知覚され，頭頂葉
にある角回で視覚情報が聴覚情報に結びつけられ読むことが可能になる（図 C-2-7）。

C-2-3　コミュニケーションの障害

　話すことと聞くことに関するコミュニケーション障害について説明する。自閉スペクトラ
ム症などについては語用論の問題との関連で後述する。

1．特異的言語発達障害（言語症）

　文部科学省（2012）の調査で使われた学習面の困難に関係するチェックリストには，聞

くことと話すことに関して以下のような項目が挙げられている。

〈聞く〉
- 聞き間違いがある（「知った」を「行った」と聞き間違える）
- 聞きもらしがある
- 指示の理解が難しい
- 話し合いが難しい（話し合いの流れが理解できず，ついていけない）

〈話す〉
- ことばにつまったりする
- 単語を羅列したり，短い文で内容的に乏しい話をする
- 思いつくままに話すなど，筋道の通った話をするのが難しい
- 内容をわかりやすく伝えることが難しい

　このような問題の背景のひとつとして特異的言語発達障害（Specific Language Impairment：SLI）と呼ばれる発達障害がある。知的能力障害，聴覚障害，発声発語器官の形態や運動機能の異常，脳性麻痺などの神経機能の障害，自閉症的な対人的関わり合いの障害などがないにもかかわらず言語能力が著しく低下していることから同定される（Leonard, 1998）。

　精神医学の国際的な診断基準である DSM-5 には神経発達症という診断カテゴリーがある。神経発達症群に含まれるコミュニケーション症群の中に「言語症」という名称で記載されている障害は SLI と同等のものと考えられる。言語症の症状として，（1）少ない語彙，（2）限定された構文，（3）話法における障害などが症状として挙げられている（APA, 2013）。文法面に障害が現れやすく，日本語では格助詞や時制の使用などに問題がみられやすいようである。たとえば次のような発話の誤りがみられる。SLI の小学生の発話例である。

- ポケモンに人気がある（正：ポケモンは）
- 紙で切ってる（正：紙を）
- 一言は何もないよ（正：一言で言えば何もなかったよ）
- 昔々あるところに，おじいさんとおばあさんがいます（正：いました）

　助詞の誤り，複雑な構文産生の困難，時制の誤りなどがみられる。この児童は，LD の疑いで来談し，アセスメントの結果，SLI であると判断された。話したいことがなかなかことばにならない，単語は出るが文にならないといったことを主訴としていた。言い誤りは時々起こるもののまったく話せないわけではなく，普段は口数も少なかったため，話しことばの困難はあまり目立たず，担任はことばの障害があるとまったく気づかなかった。

　SLI の子どもは話すことだけでなく聞くことにも困難を抱えている。音声情報の流れを高速で聴覚処理することに困難があり，後述するワーキングメモリーの容量も通常よりも小さい傾向がある。つまり語をスムーズに正確に聞き取り，文全体を聞き取るまで，それらの語を保持しておくことが難しい。

　そして，ことばの遅れが気になる子どもがSLIかどうかを発達初期（たとえば2歳頃）にはっきり診断することはできない。成長とともに問題なく話せるようになる子どもたちの中にも，初語の時期や二語文で話す時期が遅れることがあるからである。後に追いつく子どもを含め，話し始める時期が遅れる子どもは「レイト・トーカー」と呼ばれる。ことばの遅い子といった意味である。レイト・トーカーは，ことば以外の面で発達の遅れがない場合，自然な発達の経過とともにやがて追いつくのか，ことばの遅れがそのまま残って特異的言語障害になるのかの判断は難しい。どの程度の遅れで「レイト・トーカー」とみなすかについては，2歳時に表出できる語彙数が50語に満たず二語文が話せない，などの基準がある（Rescorla, 1989）。

　SLIの子どもは成長とともに話しことばの力は発達するものの，遅れはその後も残り，就学後に読み書きが問題となったり，比喩のような高度なことばの理解力に問題を示したりすることが多いことが報告されている。長期的なフォローアップ調査の知見をまとめると，2歳頃のことばの遅れは取り戻せることが多く，4歳を過ぎるとことばの遅れが持続することが増え，就学時にことばの遅れが残っているとその後に何らかの問題を示すことが多いようである（Leonard, 1998）。

2. 構音障害

　発音が正確に，あるいは自分の意思に従ってできない状態を構音障害という。子どもの構音障害には，口蓋裂など発声発語器官の形態に異常がある器質性構音障害，脳性麻痺など発声発語器官の運動機能に障害がある運動障害性構音障害，それらの背景要因がないにもかかわらず誤った構音パターンが習得される機能性構音障害などがある。機能性構音障害はことばの教室での指導の対象になることの多い言語障害である。DSM-5のコミュニケーション症群に含まれる語音症は機能性構音障害と同じものと考えられる。語音症は構音を獲得する標準的な年齢を過ぎても未熟なあるいは誤った構音が持続する状態であり，ことばの音韻の側面の発達の問題と考えられている。「チ」と「シ」の弁別など語音の聞き分けに問題を生じることもある。

3. 吃音

　発話の流暢性に困難が生じる状態が吃音である。音・音節の繰り返し，引き延ばし，「難発」と呼ばれる音の出にくさなどの言語症状が基本的な問題である。それに加えて，発話に伴う不自然な身体の動きや情緒面の反応などの問題を伴うこともある。3歳頃に発症することが多く，症状には波があり不定期に悪化する。うまく話せないのではないかという予期不安がことばの出にくさを助長することも吃音の特徴である。吃音の発症原因は諸説あるが，発話に関わる脳機能の問題とする説が今日では有力となっている。発達障害者支援法において発達障害に含まれている。DSM-5では神経発達症群の中のコミュニケーション症群に「小児期発症流暢症」として位置づいている。

4. 選択性緘黙

　他の場面では話すことができるにもかかわらず，特定の場面で話すことができない状態が一定期間持続するもので，場面緘黙ともいう。自宅で家族とは話せるが，学校では仲のよい

表 C-2-2　ことばの発達領域と発達の過程（大伴（2021）を一部改変）

発達領域	前言語期	幼児前期	幼児後期	学童期
コミュニケーション	• 共同注意 • 身振り・指差し • 発声行動 （複数音節の連続）	• 機能的な言語表出 （要求，叙述，拒否等） • 簡単な質問への言語的応答	• 自発的質問と質問への応答 • 気持ちの表明	• 発表・報告活動 • 感想，判断の表明 • ディスカッション • 丁寧・敬語表現
語彙		• 社会的語彙 • 基本的な名詞・動詞・形容詞 • 疑問詞「なに」	• 語彙の拡充（疑問詞，心的語彙，位置表現，時間を表す語） • 授受動詞，往来動詞	• 学習語彙 • 心的語彙の拡充 • 順接・逆接の接続詞
統語		• 二〜三語文 • 格助詞の出現 • 動詞語尾形態素のレパートリーの拡大	• 格助詞・助動詞の拡充，受け身・使役文 • 連体修飾節・連用修飾節	• 主語－述語対応の明確化 • 格助詞の正確な使用
談話			• 語り表現の芽生え • ストーリーの理解 • 推論と理由・因果関係の表現	• 比喩・皮肉・ユーモアの理解 • 時系列的表現 • 5W1H を含む表現
書記言語			• 音韻認識 • 運筆の基礎 • プレリテラシー	• 仮名・漢字 • 音読・読解 • 作文

友達であっても話せないといった問題が起こる。DSM-5 では神経発達症群でなく不安症群の中に位置づけられている。発達障害とは異なるが，情緒障害として通級による指導の対象になっている。

5. 聴覚障害

　中耳炎など伝音系の疾患によって起こる聴覚障害を伝音性難聴という。また，内耳から大脳に至る感音系の疾患によって起こる聴覚障害を感音性難聴という。伝音性難聴は医学的な治療で治癒することが多く，補聴器によるきこえの改善が期待できるが，感音性難聴は完治することが難しく，補聴器によるきこえの改善に限界があるため，コミュニケーションや学習のために手話が必要になる場合が多い。そして，音声言語によるコミュニケーションに重度の障害がある聴覚障害を「ろう（聾）」という。難聴は「きこえの教室」と呼ばれる通級指導教室での指導の対象となる。

C-2-4　コミュニケーションと言語の発達（表 C-2-2）

1. 前言語期（0 〜 1 歳）

　乳幼児期のコミュニケーションは，自分から相手に伝えようという意図はなく，赤ちゃんが泣くのを見てお腹が空いたのかと察するなど，子どもの行動から大人が欲求や感情を推測

し応答するという形を取る。そして，通常の発達をしている子どもの場合，生後9カ月頃から視線，指差し，身振りなどの手段を用いて他者に向けた伝達の意図を持つコミュニケーションが可能になる。大人の解釈に依存する発達段階を「聞き手効果段階」，子ども自身の伝達意図がみられる段階を「意図的伝達段階」という（竹田・里見，1994）。

　他者への伝達意図を持つコミュニケーションは共同注意と呼ばれる認知機能によって支えられている。共同注意とは，他者が注意を向けている対象に自分の注意を合わせたり，自分が向けている注意の対象に他者の注意を向けさせたりするなど，注意の対象を他者と共有することである。共同注意は生後9カ月頃からみられるようになり，最初は大人が注視している物や指差ししている物に視線を向ける行動として現れる。次いで，大人と物を交互に見る行動が現れる。そのように対象を通じて大人と子どもが関わりを持つコミュニケーションの様相は「三項関係」と呼ばれ，共同注意の確立を示す指標とされている。

　1歳代の後半になると，ことばの土台になるもうひとつの認知機能が成立する。それまでは目の前にある物だけが子どもの世界のすべてであったのが，目の前にないものについても想像できるようになる。頭に思い描くイメージのことを「表象」という。ふり遊びは表象に支えられており，この時期に芽生える認知発達を反映する行動である。たとえば，積木を自動車に見立ててふり遊びをするとき，子どもは積木によって自動車を表現している。このように他の事物によってある事物を代理して表現する心理機能のことを「象徴機能」（シンボル機能）という。

　ことばは音を発する機能によっても支えられている。生後3カ月頃になると「クー」のように聞こえる発声がみられるようになる。このような発声を「クーイング」と呼ぶ。6カ月頃には「喃語」と呼ばれることば以前の多様な音声の表出がみられるようになる。7カ月以降になると喃語がさらに発達し，同じ音を繰り返して表出するようになる。音声の表出は食べる機能と密接に関係しており，口唇，舌，顎などの摂食のための器官の随意的な運動の発達に伴ってさまざまな音が産生できるようになる。

2. 幼児前期（1〜3歳）

　1歳頃になると，最初の有意味語である初語が現れる。語は最初のうちはゆっくりと増えていくが，1歳代の後半になると表出される語が急増する。その現象を語彙爆発という。また，2歳になる頃までに二語文の表出もみられるようになる。最初は2つの語を単に並べるだけで二語連鎖と呼ばれる。そして，2歳代の後半までにさまざまな動詞や形容詞が獲得され，語連鎖による文表現が広がっていく。疑問詞が使われ「これなに？」など質問を多く行うようになるのも2歳代のことばの発達の特徴である。

　発達初期のことばの習得には大人が重要な役割を果たしている。大人は子どもに対して，その子の発達レベルに合わせ，理解しやすく興味を持ちやすい話しかけ方をする。子どもに向けられた大人の発話のそのような特徴を「マザリーズ」という。マザリーズの特徴を表C-2-3にまとめた。

　ことばの習得は，子どもが注意を向けている対象を言語化することで促進される。そのような行為をパラレルトーク（代弁）という。子どもの発達レベルに合ったことばを添えることがポイントになる。子どもの発達レベルよりも少しだけ進んだことばの提示が効果的で，そのような一歩先の見本提示を拡充模倣という。子どもが自動車を見て「ぶーぶー」と言っ

表 C-2-3　マザリーズの特徴

- 短い句や文でゆっくり明瞭に話す
- 現前の対象物や事象について話す
- 使用される語彙が限定されている
- 「ワンワン」「ブーブー」など擬音語をよく使う
- 単純で繰り返される
- 抑揚が誇張されている
- 文末で声の高さが上がる
- 子どもが言ったことを模倣する

たら「ぶーぶーはしってるね」と言うなど，ことばの表現を少し広げて返すことである。また，子どもが電車を見て「でんちゃ」と言ったら「でんしゃだね」と言うなど，子どもの不正確な発話を正確な表現に直して返すリキャストと呼ばれる手法はことばの正しい習得を助ける。これらのような言語獲得を援助する行為を，日常の育児の中で親は子どもに対して何気なく行っている。

3. 幼児後期（3 〜 6 歳）

　3歳頃になると，「のりもの」「くだもの」などの上位概念と「でんしゃ」「りんご」などの下位概念の対応関係が理解できるようになったり，「上」「下」などの位置を表す語彙の理解や使用ができるようになるなど抽象的なことばの力が育っていく。助詞を含む文の理解や表出が正確になるのもこの時期の特徴である。5歳から6歳頃には受動態の理解ができるようになり，複雑な構文の理解力が発達していく。

　複数の文の連なりである談話の力が芽生えるのもこの時期の特徴である。出来事が時間的，因果的につなげられ，そのことへの考えや気持ちが加えられた語りのことを「ナラティブ」という。「○○したら（原因），○○になったから（結果），○○だと思った（考え）」のような表現である。幼児期に子どもは人と語り合う中で，心的な表現について学ぶ。たとえば，子どもが「うんどうかいで　がんばったけど　まけちゃった」と言い，親が「そうか。くやしかったね」と返す。それに対して子どもが「うん　くやしかった。またがんばる」などと応じる。そのようなやりとりの中で心の状態への言及や感情の共有が起こり，社会的なことばの表現力が広がっていく。ナラティブの表現形式は作文の原型ともいえ，国語系の学習にとって重要である。

　また，この時期には，ことばを構成する音に意識を向ける働きである「音韻認識（音韻意識）」も発達する。音韻認識については後述するが，読み書きの基本になることばの機能である。そして，文字が理解できるようになる少し前から絵本を広げて読むふりをしたり，繰り返し読んでもらった本を丸暗記して読むふりをしたりするなどのプレリテラシーと呼ばれる行動もみられるようになる。

　構音もこの時期に完成する。構音の発達には順序性があり，通常の発達をしている子どもでも日本語の中のすべての語音を一度に習得できるわけではない。一般的に，母音や「パ」「バ」「タ」「ダ」「カ」「ガ」などの破裂音は3歳から4歳頃までに多くの子どもが習得する一方，「サ」「シ」などの摩擦音，「ツ」「ヅ」などの破擦音，「ラ」のような弾音は構音が難し

く，5歳から6歳頃に習得されることが多い。

4. 学童期（6 ～ 12 歳）

　主に小学生の時期である学童期には生活言語の確立とともに学習言語が発達していく。ことばをことばから学ぶという言語習得の方法が主流となり，さまざまな感情を表現する心的語彙，格助詞の正確な使用，比喩・皮肉・ユーモアなどのことばの表層的な意味を超えた高次の表現が可能になる。また一方，読み書きのスキルが獲得され，学習は話しことばから書きことば中心になる。作文の技術はこの時期に習得される。

C-2-5　音を聞き取る働きとその障害

1. 聴知覚と選択的注意

　人はさまざまな音に囲まれて生活しているが，すべての音を等しく聞いているわけではない。そのときに自分に必要な音を無意識のうちに選択して聞いている。ある音に注意が向けられると周囲の雑音は自動的に意識から外される。心理学で選択的注意やカクテルパーティー効果と呼ばれている現象である。また，言語音と環境音など非言語音の区別も自動的になされ，言語音は図 C-2-4 の聴覚認知のルートに乗って処理され意味が理解される。

2. 音韻処理の機能

1）音韻知覚

　語音を弁別し同定する働きのことを音韻知覚と呼ぶ。語音は調音点，調音法，有声性などによって相互に区別される。たとえば「プ」の音は無声の口唇破裂音である。これは「ク」のような奥舌音と調音点で区別され，「フ」のような摩擦音と調音点で区別され，「ブ」のような有声音と有声性の点で区別されることで，「プ」という固有の音のカテゴリーとして認知される。このような弁別のための音声上の特徴を手がかりにして語音は知覚される。

2）音韻認識（音韻意識）

　語を構成する一つ一つの音を意識できる力のことを音韻認識（音韻意識）という。たとえば「つくえ」という語は3つの音からできていることや，最初が「つ」，中央が「く」，最後が「え」の音であるといったことを理解できることである。語から特定の音を抽出する，語を個々の音に分解する，といった操作ができるかどうかによって評価する。これはしりとり遊びをするのに必要な力でもある。文字を読んだり書いたりすることは，このような音韻認識の力が必要となる。ことばの音をどう区切るかは音の種類によって異なる。日本語の場合，音は音節とモーラ（拍）で区切ることができる。表 C-2-4 に示したように，日本語では，清音，濁音，半濁音のような基本的な音節は1音節・1モーラで区切りがわかりやすいが，「ぱん」のような撥音は1音節・2モーラでわかりにくい。拗音，撥音，促音，長音などの特殊音節は，音節とモーラと文字の三者が一対一に対応しないため，音韻の認識と読み書きにつまずきを生じやすい。

表 C-2-4　音節，モーラ，文字の関係（高橋（2001）を一部改変）

音節のタイプ	例	音節の数	モーラの数	文字の数
基本的な音節	<u>く</u>つ （清音・濁音・半濁音）	1 音節	1 モーラ	1 文字
特殊音節	<u>きゃ</u>べつ（拗音）	1 音節	1 モーラ	2 文字
	ぱ<u>ん</u>だ（撥音）	1 音節	2 モーラ	2 文字
	き<u>っ</u>て（促音）	1 音節	2 モーラ	2 文字
	ぶ<u>どう</u>（長音）	1 音節	2 モーラ	2 文字

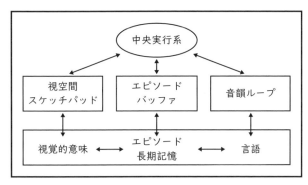

図 C-2-8　ワーキングメモリー（Baddeley, 2000）

3．聞くことに関する記憶のシステム——ワーキングメモリー

　電話番号を聞いてメモするまでの間それを憶えておくというような何らかの作業を遂行するために一時的に必要な情報を保持する記憶のメカニズムのことをワーキングメモリーと呼ぶ（図 C-2-8）。聴覚的な記憶システムとして心の中でことばを繰り返しつぶやく「音韻ループ」，視覚的な記憶システムとして心の中でイメージを思い浮かべる「視空間スケッチパッド」がある。また，「エピソードバッファ」と呼ばれる機能が音韻ループと視空間スケッチパッドからの情報や長期記憶からの情報などを統合する。そして，それらは「中央実行系」と呼ばれるシステムによって制御される。ワーキングメモリーは，語彙の獲得，文の聞き取り，長文の読解，板書のノートへの書き写し，など学習に深く関与している。

4．聞き取りの障害

　通常の聴力検査では明らかな聴力の低下が認められないのに，聞こえにくさや聞き取りの困難を生じる「聴覚情報処理障害」（Auditory Processing Disorder：APD）と呼ばれる状態がある。音の識別，音のパターン認識，競合する音の知覚などに困難が生じ，感覚器の問題でなく中枢神経系の問題と考えられている。音は聞こえているため聴覚障害ではなく，ADHD で起こる注意集中の問題とも特異的言語発達障害で起こることばの聞き取りの問題とも異なる。その本態は十分明らかになっておらず診断も難しいが，このような聞き取りの障害によって学習に困難を抱える子どもは確かにおり，支援が求められている。

C-2-6　語用論とその障害

1. 会話の協調の原理

　グライス（Grice, 1975）は会話における暗黙のルールを「協調の原理」として理論化した。会話においては，話し手と聞き手とが協力し合い，1つの会話の流れが生み出されるよう調整されるという考え方である。この理論によると，会話は以下の4つの格率（行動の原理）に基づいて営まれる。

　　①量の格率：多すぎず少なすぎず相手の求める情報量で話しなさい。
　　②質の格率：真実だと思うことを話しなさい。
　　③関係の格率：相手の話したことに関連することを話しなさい。
　　④様態の格率：できるだけわかりやすく話しなさい。

2. 会話の順番交代

　サックスら（Sacks et al., 1974）は，会話分析の手法を開発し，会話の順番交代に関する暗黙のルールを明らかにした。会話においては話し手と聞き手が交互に入れ替わるが，そのときに誰が話者になるかに関するルールで次のようなものである。①話し手が話し終えたとき，その話し手が次の話し手を選択したら，選択された者は次に話す権利を得て，話す義務が生じる。②次の話し手の選択がなされない場合，最初に話し始めた者が話す権利を得る。③もし，選択もなされず，次に話し始める者もなかった場合，現在の話し手がそのまま話し続けてよい。

3. 発話行為理論

　オースチン（Austin, 1962）の発話行為理論は，話す行為によって話し手は聞き手に何を行っているか，その結果として何が起こるかを問題にする語用論の発展に大きな影響を与えた理論である。発話行為理論によると，発話は3つの視点からみることができる。たとえば，エアコンのそばにいる人に向かって「ちょっと寒くない？」と話したら，その人がエアコンのスイッチを入れてくれたとする。その発話そのものは気温についての確認であるが，その状況ではエアコンのスイッチを入れてほしいという依頼の意図を含んでいる。そして話しかけられた人は意を汲んでスイッチを入れる。このとき，発話そのもの（ちょっと寒くない？）を「発語行為」，発話による意図の伝達（エアコンのスイッチを入れてほしい）を「発語内行為」，発話の結果として行われた行為（エアコンのスイッチを入れる）を「発語媒介行為」という。

4. ポライトネス理論

　人に何らかの依頼をするときなど，相手や状況に応じて話し方の丁寧さを調節する。そのようなことばの丁寧さの調節について，ブラウンとレヴィンソン（Brown & Levinson, 1987）は「ポライトネス理論」を提唱した。ことばの丁寧さは，①相手との社会的関係，

②相手との力関係，③やってほしいことの負担の大きさ，によって決定されるというものである。たとえば，会社の上司や学校の先生には友達に対するようにフランクに話すことはできないし，逆に親友に対しては話し方が丁寧すぎるとよそよそしく不自然である。また，10円を借りたいときには気楽に頼めるが，10万円を借りたいときには気楽には頼めない。

5．語用論に関連する認知機能──心の理論

　語用論に関連する認知機能として共同注意と心の理論がある。共同注意については先述した。心の理論は欲求，信念，意図などの心の状態の理解を支える認知メカニズムである。心の理論の有無は誤信念課題と呼ばれるテスト課題でアセスメントされる。次のような課題である（藤野，2005）。

　「なつきちゃんはボールを箱に入れて部屋を出ました。そこにゆうたくんが来て，ボールを箱からバッグに移し替えました。部屋に戻りボールで遊ぼうと思ったなつきちゃんは箱とバッグ，どちらを探すでしょう？」

　この課題は他者の視点に立つことができるかを評価するもので，通常の発達では 4 歳頃に正答できるようになる。

6．語用論の障害

1）自閉スペクトラム症

　文部科学省（2012）の調査で使われた対人関係などの行動面に関係するチェックリストに以下のような項目が挙げられている。

- 含みのあることばや嫌みを言われても分からず，ことば通りに受けとめてしまうことがある
- 会話の仕方が形式的であり，抑揚なく話したり，間合いが取れなかったりすることがある
- いろいろな事を話すが，その時の場面や相手の感情や立場を理解しない
- 周りの人が困惑するようなことも，配慮しないで言ってしまう

　これらは，自閉スペクトラム症（Autism Spectrum Disorder : ASD）においてよくみられる会話や語用論の問題である。会話では以下のような問題がみられる。話すときに聞き手の注意を得ず，独り言のように誰に話しかけているかわかりにくい。一方的に質問し続けたり，すでに答えてもらったことでも繰り返し質問したりする。相手の話に合わせ話題を維持することが難しく，相手がまだ話しているのに割り込み，自分が話したいことを一方的に話す。相手の話を聞いていないことが多く，相手から聞き返されたときにわかりやすく言い直すことができない。これらは会話の協調の原理のうちの関係の格率や様態の格率，会話の順番交代のルールなどの違反の観点から問題を考えることができる。

　また，意図理解，情報伝達，ポライトネスなどの問題も生じる。話者の語ることばの表面的な意味を超え，その背景にある意図を把握することの難しさで，チェックリストの「含みのあることばや嫌みを言われても分からず，ことば通りに受けとめてしまうことがある」は意図理解の問題といえる。語用論の問題としては，発語行為と発語内行為の理解のギャップ

として発話行為論の観点から考えることができるだろう。情報伝達の問題としては，相手の知らないことを事細かく話すなどがある。相手の視点に立って知っていることと知らないことを考慮しながら伝えることができていない点で心の理論の問題や，不必要に多い情報という点で協調の原理のうちの量の格率の問題が考えられる。その他，チェックリストの「周りの人が困惑するようなことも，配慮しないで言ってしまう」など，場面や相手に応じた話し方にも困難を生じる。これはポライトネスの問題と考えられる。

それから，ナラティブにも問題がみられる。ASD の子どもの語りには時間・因果・意図に関する表現が乏しく，中心となるテーマの説明が不足しており，話を最初から最後まで一貫性をもって語ることが少ないなどの特徴がある。ASD の子どもの作文の苦手さは，このような観点からも理解することができる。

2）語用性言語障害

語用面に障害が起こる「語用性言語障害」と名付けられた言語障害がある。流暢に話すことはできるが話にまとまりがなく逸脱しがちで自然な会話のやりとりができないことを特徴とする。DSM-5 のコミュニケーション症群の中に含まれる「社会的（語用論的）コミュニケーション症」は語用性言語障害に相当する。ことばやコミュニケーションの特徴は ASD に近いが，ASD に特有のこだわりのような行動特徴がみられないことで区別される。

〔引用文献〕

American Psychiatric Association（2013）：Diagnostic and statistical manual of mental disorders Fifth Edition：DSM-5. American Psychiatric Press, Washington, DC. 高橋三郎, 大野　裕（監訳）（2014）：DSM-5 精神疾患の診断・統計マニュアル. 医学書院.

Austin, J.L.（1962）：How to do things with words. Oxford University Press, Oxford. 飯野勝己（訳）（2019）：言語と行為―いかにして言葉でものごとを行うか―. 講談社.

Baddeley, A.D.（2000）：The episodic buffer：A new component of working memory? Trends in Cognitive Sciences, 4, 417-423.

Brown, P. & Levinson, S.C.（1987）：Politeness：Some universals in language usage. Cambridge University Press, Cambridge. 田中典子（監訳）（2011）：ポライトネス―言語使用における，ある普遍現象―. 研究社.

Denes, P.B. & Pinson, E.N.（1963）：The speech chain：The physics and biology of spoken language. Bell Telephone Laboratories, Inc., Murray Hill, N.J. 切替一郎, 藤村　靖（監修）, 神山五郎, 戸塚元吉（訳）（1966）：話しことばの科学―その物理学と生物学―. 東京大学出版会.

藤野　博（2005）：アニメーション版 心の理論課題 ver.2. DIK 教育出版.

Grice, H.P.（1975）：Logic and conversation. In：P. Cole & J. Morgan（Eds.）：Syntax and semantics 3：Speech acts. Academic Press, New York. 清原邦彦（訳）（1998）：論理と会話. 勁草書房.

Leonard, L.B.（1998）：Children with specific language impairment. MIT Press, Cambridge, Massachusetts.

Levelt, W.J., Roelofs, A. & Meyer, A.S.（1999）：A theory of lexical access in speech production. Behavioral and Brain Sciences, 22（1）, 1-38.

文部科学省（2012）：通常の学級に在籍する発達障害の可能性のある特別な教育的支援を必要とする児童生徒に関する調査結果について. https://www.mext.go.jp/a_menu/shotou/tokubetu/material/__icsFiles/afieldfile/2012/12/10/1328729_01.pdf（2022 年 3 月 30 日閲覧）.

大伴　潔（2021）言語とコミュニケーションの発達：1. 発達の全体像. 深浦順一，藤野　博，石坂
　　郁代（編）：標準言語聴覚障害学 言語発達障害学 第3版. 医学書院, pp.2-4.

Rescorla, L.（1989）The Language developmental survey : A screening tool for delayed
　　language in toddlers. Journal of Speech and Hearing Disorders, 54, 587-599.

Sacks, H., Schegloff, E.A. & Jefferson, G.（1974）：A simplest systematics for the
　　organization of turn-taking in conversation. Language, 50（4）, 696-735. 西阪　仰（訳）
　　（2010）：会話のための順番交替の組織─最も単純な体系的記述─. 会話分析基本論集─順番交
　　替と修復の組織─. 世界思想社, pp.5-153.

沢島政行（1980）：発声発語の生理. 堀口申作（編）：聴覚言語障害. 医歯薬出版.

高橋　登（2001）：文字の知識と音韻意識. 秦野悦子（編）：ことばの発達入門. 大修館書店.

竹田契一，里見恵子（1994）：インリアル・アプローチ─子どもとの豊かなコミュニケーションを築
　　く─. 日本文化科学社.

竹田契一（監修），太田信子，西岡有香，田畑友子（2000）：LD サポートプログラム. 日本文化科学
　　社, p.57.

Ⅱ 指　導

C-2-7　発達障害にみられる「聞く・話す」のつまずき

　「聞く・話す」につまずきのある子どもの指導を適切に行うためには，そのつまずきの背景にある認知能力の弱さとの関連を理解しておくことが必要である。以下に「聞く・話す」にみられるつまずきの具体像と認知能力との関連について述べる。

1.「聞く」領域でのつまずきの具体像とその原因

　「聞く」力の弱さは，LD・ADHD・ASD のいずれの障害でも起こる可能性がある。子どもはまず「聞く」力を土台にして言語能力を獲得していく。指示の理解が悪い子ども，ことばの覚え違いや言い間違いが多い子ども，語彙が少ない子ども，生育歴で言語発達の遅れを指摘されたことがわかっている子どもでは，まず「聞く」力について評価する必要がある。

　保育所・幼稚園，学校ではいつも静かな教室で指導者が一人で指示を出し説明をしているわけではない。隣室からの音読の声や歌声，グループ学習における同室内の他のグループの話し声が聞こえることもあり，また昼休みや放課後には委員会のお知らせや掃除の終わりを知らせる校内放送が流れることもある。聴覚情報を処理する際には，さまざまな音声の中から，聞きたい情報に注意を向ける聴覚的な選択的注意の力が音声の知覚・認知に影響する。

　「聞く」力の弱さの原因を考えるときには，まず子どもの選択的注意の状態について検討し，注意が働いていることを前提に，音韻認識（C-2-5 p.34），聴覚的ワーキングメモリー，長期記憶（語彙），長期記憶（統語），多様な情報を統合する力（語用）の 5 つの要素について確認する。

　まず，聴力の損失がないことを確認した上で集団生活の中での子どもを観察し，表 C-2-5 に挙げた様子がないか検討する。表には，どのような認知特性が子どもの「聞く」力の困難の具体像に関わっているか，その可能性のあるものを右上に記載した。具体像はいくつかの認知特性が重なって現れていることがある。条件を変えた場面で観察すると，同じようにみえた現象でもその困難の原因が異なることもある。

　子どもの困難がどのような認知特性によって起こっているのかを特定していくために，後に述べるアセスメントを行う。その「聞く」力の困難を引き起こす原因に基づき，配慮や指導を行う。検査場面で復唱をする力が年齢相応にあり，短期記憶容量には問題がないと思われる子どもでも，実際の場面では聴覚的注意力が大きく関与していて，子どもの「聞く」力を妨害している可能性もある。適切な指導を行うためには，アセスメントの結果と実際の子どもの日頃の行動観察から得られる情報を統合して，「聞く力」の弱さを推定する。

2.「話す」領域でのつまずきの具体像とその原因

　「話す」力は「聞く」力と密接な関係にあり，「聞く」力を基礎にして語彙や構文などの言語能力が育ってくる。最初は家族内で伝わればよかったが，集団生活が始まると指導者や友達とも話す機会が生じる。「話す」には相手がいるので，話す場面の条件によって要求さ

表 C-2-5　「聞く」領域でのつまずきの具体像と原因

観察される具体像＼考えられる原因	注意	音韻認識	聴覚的ワーキングメモリー	長期記憶（語彙）	長期記憶（統語）	情報を統合する力（語用）
①一対一の場面でも，口頭での指示に戸惑っている／口頭での指示がわからない		○	○	○	○	○
②広い場所や集団場面での口頭の指示がわからない／一歩出遅れて行動する	○	○	○	○	○	○
③話し合いや会話に参加しにくい	○	○	○	○	○	○
④遊びなどのルールがわからない	○	○	○	○	○	○
⑤テレビを「テビレ」など，単語の中の音の並びを間違って覚えている		○	○			
⑥だ／ら，ひ／し，など音が似ている文字をいつも誤って書いている		○				
⑦雑音があると聞き取りにくい	○	○	○			
⑧新しいことばをなかなか覚えられない（語彙が少ない）		○	○	○		
⑨板書以外のものは，連絡帳やノートに書けない		○	○			
⑩聞いたことをすぐ忘れてしまう	○	○	○	○	○	
⑪授業中や会話での聞き返しが多い	○	○	○	○	○	○
⑫復唱をすることができるのに意味を覚えていない				○	○	○
⑬聞いていないように見える						○

れるスキルも変化する。たとえば，授業中に質問に答える，与えられたテーマに基づいてスピーチするなどのように決まった枠内で話す場面もあれば，話し合いや会話のように，話し手・聞き手の役割を交互にこなし，話題も変わっていくような場面もある。話し合いや会話では，単に「話す」力だけではなく，「聞く」力と推論の力も必要である。「話す」力の弱さについてみるときには，「聞く」力の弱さにも影響を受けているのか，表現力の問題として「話す」ことだけにつまずいているのかを見極める。

　「話す」力について検討する際には，構音障害の有無，吃音の有無，選択性緘黙の有無など心理的問題についても情報を得る。その後，発話明瞭度には問題がないことを前提として，「話す」力のつまずきの原因を，音韻認識・聴覚的ワーキングメモリー・長期記憶（語彙）・長期記憶（統語）・多様な情報を統合する力（語用）の5つから検討する。さらに「話す」ことには，意欲・自信などの心理的側面も影響する。人前で話すことに不安を感じたり恥ずかしいと思ったりする場合もあり，失敗したくないので話さないという場合もある。

　「話す」力の弱さの具体像とそのつまずきに関連する認知特性について表 C-2-6 に示す。LD・ADHD・ASD のいずれの障害でも「話す」のつまずきは起こる可能性があるが，その表れ方には特徴がある。①から⑰は，気づきの中心となる具体像であるが，たとえばまず⑮の助詞の使用を誤っていることに気づいたならば，⑦，⑬，⑯などの状態がないかどうか確認するという具合に，他の項目でも当てはまるものがないか，確認していくとよい。

表 C-2-6　「話す」領域でのつまずきの具体像と原因

観察される具体像 ＼ 考えられる原因	注意	音韻認識	聴覚的ワーキングメモリー	長期記憶（語彙）	長期記憶（統語）	情報を統合する力（語用）	意欲・自信
①文にならず，単語で質問に応じる		○	○	○	○		○
②単語の中の音を似た音に言い間違えている		○					
③テレビを「テビレ」など，単語の中の音の並びを言い間違えている	○	○	○	○			
④えっと，あの，など間投詞が多い	○	○		○			○
⑤想起できない単語の迂回操作や説明をする		○		○			
⑥言いたい内容とは異なる単語を使う				○			
⑦まとまった内容が伝えられない	○		○	○	○	○	○
⑧すぐに「わからない」と言い黙る			○	○	○	○	○
⑨話題が転々とする	○						
⑩思いついたことをすぐ口にする	○						
⑪自分ばかり一方的に話してしまう	○					○	
⑫敬語など場面に応じた話し方ができない	○				○	○	
⑬質問に答えず違う話題で返す	○		○			○	
⑭その場の話題と異なる話題で話す	○					○	
⑮助詞を誤って使うことが多い				○	○		
⑯独り言を言う	○					○	
⑰聞こえに問題はないがいつも大きな声で話す	○					○	

1）LD にみられる「話す」力のつまずき

　表 C-2-6 の②③④⑤は，音韻認識の弱さのある LD 児によくみられる。単語の中の音をよく似ている音に言い誤ることが多い場合には，音韻の弁別が正しくできないため誤って聞き取ったまま，単語を覚えて使っている可能性がある。文字学習をするまで「こおろぎ」は「こおろり」だと思っていたという児童や，「らくだ」は「だくだ」と覚えてしまっている園児もいる。また，特にモーラ数が多い単語では音の並びを覚えておけないため，「コンクリート→コンリクート」「どうぶつえん→どうつぶえん」のような誤りを示すことがある（③）。

　LD の中でもディスレクシア（読字障害）のある子どもには，音韻認識の弱さに起因していると考えられる③のような誤りや，④や⑤のように概念やイメージは思い出せているのに，なんという名前（音韻の並び）であったかが思い出せない語想起の問題も表れやすい。

2）ADHD にみられる「話す」力のつまずき

　ADHD には注意欠如，多動性，衝動性の特徴があるが，その特徴は話すときにも表れる。話題が転々とする（⑨）のは，注意の転導性によるものと考えられる。自分が話しているその発言中の単語からの連想で本筋からそれてしまい，次々と思い浮かんだ内容を話してしまう。また，思いついたことをすぐに口に出してしまう（⑩）ため，余計な一言を言ってしまったり，発言する許可が得られる前に話し出してしまったりするのは，衝動性によるものである。多弁な人は，多動性が身体の動きにではなく話すほうに表れていることが考えられる。その多弁さのため，他者が話すタイミングを失うくらいだと，語用論の領域である会話をす

るときの約束事にも反することになる。

3）知的障害のない ASD にみられる「話す」力のつまずき

　知的レベルが標準以上ある ASD の子どもには，音韻，統語の問題がみられないことも多い。復唱も音読にも問題が感じられないため，「聞く・話す」について問題がないようにみえるが，小学校高学年以上になったとき，周囲の子どもにはわかっている暗黙の了解がわからなかったり，意味理解の問題から失敗してしまったりしやすい。⑪⑫⑬⑭の様子は，先の基礎理論編で述べられている会話での協調の原理や順番交代，ポライトネス理論に反している状態である。高学年になると目立たなくなることもあるが，幼児期，低学年のときには⑮のように，助詞を誤って使っていることがある。助詞は事物や人の関係を表す働きをしているが，そういった関係がわかりにくいために起こる誤りだと考えられる。

3. 二次的な問題を起こしていないか

　「話す」にもさまざまなつまずきの状態があるが，ある子どもの発話に誤りが多い，と周囲の子どもが気づくと，その誤りをストレートに指摘することも多い。小学校の中学年くらいになると，「〇〇さんの言うことはわからない」「〇〇さんは，へんなことを言う」と言われることも多くなり，自分が話すと失敗をして友達にまた指摘されるのではないか，と思うようになる。吃音や構音障害のために発話がうまくできない場合にも同様のことが起こりやすい。子どもが失敗を恐れて話さなくなると⑧のように，当てられてもすぐに「わからない」と言ったり，黙って固まってしまったりといった二次的な問題も起こりうる。一方，⑰のように声のコントロールがうまくできないと，周りの子どもから「うるさい」と嫌がられることにもなる。

　子どもの様子を観察するとき，単に「〜ができない」と捉えるのではなく，"子どもが困っている"のは「聞く・話す」の困難があるためで，その背景にはそれぞれの認知上の特性があるのだという見方をして，指導を考えていく。

C-2-8 「聞く・話す」のつまずきのアセスメント

　アセスメントの結果は合理的配慮を求める際のエビデンスとなる。「聞く・話す」についてどのような合理的配慮が適切なのか，確かな実態把握を行うために以下の方法を用いる。

1. 学校・園での行動観察

　子どもの「聞く・話す」力をみるにはこれまで述べたように，子どもの学級での行動の様子を丁寧に観察することが重要である。できれば場面を変えて，集団で行動しているときの指示理解の様子と，一対一での指示理解の様子について観察する。子どもの「聞く・話す」について観察するときのポイントを表 C-2-7 に示す。

　「聞く・話す」についての行動を観察した結果，同じ学級の子どもに比べて弱い部分がみられたら，次に保護者の同意を得た上で知能検査，学力検査等によりアセスメントを行う。

表 C-2-7　「聞く・話す」観察のポイント

聞く	話す
・音の聞き間違いはないか ・どれだけ長い文が聞き取れるか ・雑音がある場所での様子はどうか ・集団での指示の理解はできているか ・指示や説明の内容による理解に違いがあるか ・相手の意図を含めた意味を理解しながら聞いているか ・聞く態度はどうか（話し手への注意の持続，会話での約束事を守っているか）	・いつも話している文の長さはどれくらいか（何文節で話しているか） ・年齢相応にまとまった内容を伝えることができているか ・助詞を正しく使えない，使役や受け身文の使い方を誤るなど文法的な誤りが多くないか ・使っている語彙が年齢相応か ・間投詞や迂回する表現が多くないか ・韻律や敬語など，話し方に奇妙さがないか ・その場に適切な話題で話すことができているか

2. 心理検査・言語検査を用いたアセスメントの方法

　発達障害児のアセスメントでよく使われる標準化されている検査は WISC-IV と KABC-II であるが，これらの検査の結果にも「聞く・話す」力が反映されている。どちらの下位検査にもある「数唱」では聴覚的短期記憶をみるが，「数唱」以外にも特に言語を使う検査のプロセスに，「聞く」力や「話す」力を評価するポイントがある。以下に，「聞く・話す」に関するアセスメントの方法を紹介する。言うまでもなく，検査・質問表には対象年齢が示されているので，実施するときには検査実施手順とともに年齢にも注意する。

1）音韻認識（音韻意識）

　音韻意識は音韻認識と同義に使われており，ここでは各検査の中で使っている用語をそのまま用いて紹介する。

- WISC-IV，KABC-II 検査内の行動観察から

　子どもの反応で，問題文の中の一語を「〜って？」と聞き返す場合や，明らかに単語内の音素を聞き誤って解釈したとみられる説明を始めるようなことが他の場面でもあった場合には，子どもの音を聞き取る力について，さらに詳しくみる必要がある。

　軽度の難聴があっても，子ども自身からは訴えがなく気づかれないまま成長している場合もある。聞き取る力の弱さを疑う場合には，まず，耳鼻科で聴力検査を受けてもらうことを勧める。聴力検査には純音で調べる聴力検査以外に語音聴力検査もあるので，可能なら調べてもらうとよい。文字が使える子どもであれば単音の書き取りや，いくつかの文字のセットを見せておいて，指導者が発音した文字を指さす方法（例：「ひ」→〔い　し　き　ひ　ち〕）で，正しく聞き取れているか確認することもできる。

- 「LCSA（LC scale for School-Age children）学齢版——言語・コミュニケーション発達スケール」（大伴他，2012）

　下位検査として「音韻意識」がある。語中音の抽出，語尾音からの語想起，逆唱，置換の課題があり，小学 1 年生から 4 年生までの評価ができる。

- 「読み書き困難児のための音読・音韻処理能力簡易スクリーニング検査 ELC（Easy Literacy Check）」（加藤他，2016）

　　小学 2 年生と 3 年生を対象としたこの検査には，音韻意識を評価する課題として逆唱，削除の「音韻操作課題」がある。

- 「LD-SKAIP（エルディスカイプ）：音韻検査」（日本 LD 学会，2018）

　　日本 LD 学会が開発した「学校で使う LD（発達障害）判断と指導のためのスクリーニング・キット」のステップ II の音韻検査の中に「RAN」「無意味単語復唱」「音韻削除課題」がある。この検査には小学 1 年生から 6 年生までの基準値が設けられている。

2）聴覚的短期記憶

　WISC-IV では「数唱」の順唱について，最長スパンをプロセス得点として算出するようになっているので，子どもの聴覚的短期記憶の状態についてプロセス得点を用いて表すことができる。また，下位検査「理解」や「算数」は問題文が長いため，他の下位検査と比較して，問題を聞いているときの子どもの行動観察，反応の様子（例：繰り返しの要求，聞き返しなど）を詳しく記録しておくことが，子どもの実態把握に役立つ。問題文の繰り返しの要求や聞き返しが何度もあるとき，また，問題文の一部にのみ反応したと推察できる誤答が目立つときには，聴覚的短期記憶の弱さを疑い確かめていく必要がある。

　一般に，意味のあるもののほうが，無意味なものより記憶しやすい。数の順唱では，無意味な並びとはいえ，聴覚刺激をすぐさまそろばんの珠に置き換えてイメージとして記憶できる子どももいるので，事前の情報収集も必要である。3 つの数字を覚えるのが限界の子どもなら，文であれば 4 文節が並んだくらいの長さの復唱は可能だが，それはあくまでも雑音のない検査場面で発揮する力だということを踏まえておく。

3）聴覚的ワーキングメモリー

　物語の内容を理解したり，まとまった内容を伝えたり，話題に沿って会話を続けたりするためにワーキングメモリーが果たす役割は大きい。WISC-IV ではワーキングメモリー指標が算出される。聴覚的ワーキングメモリーの状態を知るには，「数唱」の逆唱のプロセス得点を利用するとよい。単語や非語の逆唱課題も聴覚的ワーキングメモリーを測定している。

4）選択的注意力

　選択的注意力の問題の有無は，静かで話し手との距離の近い関係で行われる一対一の検査場面では見つかりにくい。そこで，集団場面と教室や体育館など学校内でも条件の異なる複数の場所での子どもの様子を観察することが，子どもの困り具合を把握するのに役立つ。聴力検査として，雑音をかけながら聞き取りをさせる検査も可能であるが，どこででもできるというわけではない。まずは，異なった条件（広さ，騒音の状況など）での子どもの行動の観察を丁寧に行う。

5）聴覚的理解力

　聞いて理解する力はさまざまな要素に支えられ，総合されて成り立っている。単に聴覚的短期記憶がよいだけでは不十分で，語彙力や構文理解力，話題に関する知識と，どのような

場面で話されているかという状況判断など，全体を統合して理解する力が必要である。となると，ウェクスラー式知能検査や KABC-II でみることのできる「聞いて理解する力」は，限られた場面での指示や問題文の理解に留まるため，総合的な聞いて理解する力をみるには限界がある。

　そこで，聴覚的短期記憶，語彙力，構文理解力のそれぞれも評価した上で，英語学習で行うような文章での「ヒアリングテスト」をするとよい。LCSA の中には下位検査として「口頭指示の理解」と「聞き取りによる文脈理解」がある。幼児では「質問－応答関係検査」（佐竹他，2004）の最後に「文章の聴理解」があるので，その結果を検討する。中学生以上であれば，「標準失語症検査補助テスト（SLTA-ST）」（高次脳機能障害学会，2011）の中に含まれているニュース文などが収録された CD を用いて行う「長文の理解」を用いることができる。

6）発音（構音）

　言語聴覚士は構音検査を用いて子どもの発音の状態を記録する。「新版構音検査」（今井他，2010）では，日本語のすべての音が網羅されており，子どもになじみのあることばの絵カードを使用する。この構音検査には絵を見て名前を尋ねる「単語の呼称」だけでなく，音節の復唱や文章の発話における構音をチェックするためのシートもある。検査者が自分の耳で子どもの発音の誤りを記録し，音の歪み，脱落，置換などに分類する。ことばの教室などの通級指導教室では「ことばのテスト絵本」（田口・小川口，1987）を用いているところも多い。この絵本を用いて，絵について話をさせたり，絵の名前を言わせたりして子どもの言語表出，言語理解の側面について様子を探る。子どもとのやりとりの中でも，発音の状態を記録することが可能である。

7）語彙力

　語彙力は言語の理解，表現に欠かせない力である。またそれだけではなく，読みの速さにも影響する。語彙力については，理解している語彙の量だけではなく，語想起力（単語を適切に素早く思い出すことができる力），語彙を使って表現する力，単語間の関係を理解する力（反対語，同義語など）など，多面的に検討する必要がある。

- WISC-IV の「言語理解指標」対象年齢 5 歳～ 16 歳 11 カ月
  「類似」「単語」「理解」での評価点を確認する。各検査での子どもの反応を正確に記録すると，語彙知識や語想起の問題を明らかにする手がかりとなる。
- KABC-II「語彙尺度」対象年齢 2 歳 6 カ月～ 18 歳 11 カ月
  「なぞなぞ」「表現語彙」「理解語彙」の評価点を確認する。3 つの検査の評価点に差がある場合，それが子どもの学習や生活上にどのような影響を及ぼしているか検討する。
- 「PVT-R 絵画語い発達検査」（上野他，2008）対象年齢 3 歳～ 12 歳 3 カ月
  本検査は 15 分程度で実施でき，語彙発達の目安となる語彙年齢が算出され，子どもの実態把握をするのに使いやすい検査である。ただし，該当する語を示す絵を指差して答える方法のため，算出される語彙年齢が必ずしも「使える語彙」と同じではないことを承知しておきたい。

- 「標準 抽象語理解力検査（SCTAW）」（宇野他，2002）対象年齢小学 2 年生～成人
  抽象語のみを用いた語彙の検査で，小学 2 年生から成人までを対象としている。聴覚刺激による検査と単語カードを提示して実施する視覚刺激による検査を含むため，聴覚情報と視覚情報の差を検討することができる。

8）統語（構文能力）

　構文能力についての検査としては，「J.COSS 日本語理解テスト」（J.COSS 研究会，2010）がある。このテストは二部構成になっており，一部では就学前幼児と語彙理解に問題があると疑う人に対しての語彙理解を評価する。3 歳以上高齢者までを対象とする二部は 20 項目80 問題で，文に合う絵をそれぞれ選択させ，文の理解力について項目の通過数で発達水準を判定する。この検査には集団検査法もある。

　一方，普段の生活の中で児童が話している文を文字に書き出し，その文がいくつの文節からできているか，あるいは，主語・目的語・述語などが入った文であるかを検討することで，構文に関する発達の状態を評価することも可能である。

　私たちは会話において省略した形で聞いたり答えたりすることが多いが，重要な単語は省略せずに，情報として必要なことを簡潔に話すようにしている。しかし，発達障害のある子どもの中には「行ったよ」などの 1 文節の発話や，「お母さんと行った」のような 2 文節の文でしか答えず，相手が知りたいと思う十分な情報を伝えていないことが多い。また，一見，長い文を使っているようでも「えっと」「あの」など間投詞や指示代名詞が多用されて伝える内容に乏しい場合も多い。「学校から帰っておやつ食べて，テレビ見て，それでゲームして，ごはん食べて，それで宿題して，寝た」のように，文節が順に並んだだけの単純な構造で話している子どももいる。話すときに，いつも短い文しか使わない，あるいは長くても文構造が単純である子どもでは，作文を書かせても同じような状態になる。

　ASD の子どもは，動作の対象を表す助詞（を）や，道具・手段を表す助詞（で），受動態や使役文での動作主を表す助詞（に）を誤ることが多い。これは物事の関係性を理解することが難しいために起こる誤りと考えられ，同様に接続助詞，接続詞を適切に使って文や文章を作ることも苦手としている。

　構文の評価では次の項目について，年齢相応に話すことができているかを観察する。

- 使用している文に含まれる 1 文中の文節数
- 使役文や受動態の使用
- 接続助詞，接続詞の使用
- 形容詞，副詞など修飾語の使用
- 埋め込み文[注1]の使用

9）語用の側面の評価

　語用能力を評価するためには，子どもがどのように言語を使っているか，コミュニケー

注1）2 つの文を 1 つにまとめ，1 つの文がもう一方の文内の誤りを修飾するようにした文。例：「①太郎さんが犬の散歩をしていた」「②花子さんが太郎さんに会った」→「花子さんが犬の散歩をしていた太郎さんに会った」

表 C-2-8　会話分析シート（竹田ら（2005）を改変）

		項目	評価
両者	1	話そうという意欲がある	
	2	どちらかが話題を提供する	
	3	話題を共有する	
	4	話題を勝手に変えない	
	5	話題に関する知識がある	
	6	交互に話す	
話し手	7	聞き手が話題についてどの程度知っているかを知っている	
	8	聞き手の知らないことを話さない（聞き手の知っていることを話題にする）	
	9	必要以上に話し過ぎない（簡潔に）	
	10	言いたいことが伝わるように話す（明確に）	
	11	聞き手の反応を確かめ話す	
聞き手	12	話題や文脈の前提を理解する	
	13	話している内容を理解する	
	14	話し手の意図を理解する	
	15	言語的サインだけでなく，非言語サインにも反応する	
	16	相手が言い終わるまで十分に待つ	
	17	話題を進める（聞いていることを示す）	
	18	話題を進める（相手の言ったことに何かコメントする）	
	19	話題を進める（わからないときに質問し明確にする）	

ションに特異的な特徴があるかどうかをみる必要があるが，一対一の構造化された検査場面では問題がみえにくい。そのため，保護者や担任など子どものことをよく知る人から情報を得ることが必要となる。3歳から15歳までを対象とする「日本版 CCC-2 子どものコミュニケーション・チェックリスト」（大井他，2016）は，コミュニケーションに問題のある子どもの語用論の問題を特定することに役立つ。CCC-2は70問の選択式の質問によって構成されており，回答は子どもの日常生活のことをよく知る人が行う。

　また，表 C-2-8 に示す会話分析シート（竹田他，2005）はインリアル・アプローチで用いられる会話分析シートを改変したものである。インリアル・アプローチは子どもとのよりよいコミュニケーションを目指す語用論的アプローチで，会話の分析シートは大人と子どもの会話場面のビデオ分析に用いられる。評価の欄には大人と子どもそれぞれに「成功している」「失敗している」「曖昧」「対象外」のそれぞれの記号を記入することになっている。児童の会話場面についてのみ評価する場合には，それぞれの項目について，できているか否かを3段階評価または5段階評価を使って記録しておく。

　知的障害のない ASD と社会的コミュニケーション症（p.37）では語用論における障害があり，その障害は長年にわたって続く。会話分析シートに挙げられた項目は基礎理論編で説明されているグライスの会話の協調の原理（p.36）に基づいている。定型発達の子どもは5～6歳になると表の項目に挙がっているようなルールをうまく使いながら会話をすることができるようになる。

10) 幼児期の言語・コミュニケーションに関する検査

　幼児期の「聞く・話す」については以下のような言語検査や質問表を利用することができる。

- 「質問－応答関係検査」対象年齢 2 歳代から就学前（佐竹他，2004）
　短時間で話す力と聞く力を総合して評価することが可能な検査である。下位検査には，なぞなぞ，ことばの説明，物語の説明，お話の内容の聞き取りなどがあり，子どもの言語能力について多角的に評価することができる。また，正答誤答を質的に分析する手続きがあり，子どもの言語の発達段階を評価することができる。
- 「LC スケール増補版──言語・コミュニケーション発達スケール──」対象年齢 0 歳から 6 歳（大伴他，2013）
　乳幼児の言語コミュニケーション発達について言語表出，言語理解，コミュニケーションのそれぞれと 3 つを総合した LC 年齢（言語コミュニケーション年齢）と LC 指数（言語コミュニケーション指数）を求めることができる。
- 「PARS-TR 親面接式自閉スペクトラム症評定尺度テキスト改訂版」（発達障害支援のための評価研究会，2018）
　コミュニケーションを含む 6 領域に関する 57 個の評定項目があり，「聞く・話す」に関する評定項目について保護者がどのように評価しているのかを知ることができる。
- 「日本版 CCC-2 子どものコミュニケーション・チェックリスト」対象年齢 3 歳から 15 歳（大井他，2016）
　語用の側面の評価に記述したように，子どものコミュニケーションの様子を保護者など子どものことをよく知っている人が質問に回答する。3 歳以上で文章での発話のある子どもが対象で，文法，意味，首尾一貫性，文脈の利用などの 10 領域について結果の解釈を行う。

11) 誤りを分析するときの視点

　子どもの問題を評価する方法のひとつに，子どもの示す誤りを分析する方法がある。しかし，話しことばの誤りを分析するのは難しい。話すときには誰でも多少の言い誤りをしながら話しているし，話しことばの言い誤りがあったからといって，それがすぐに何らかの「問題」に直結するわけではない。会話が行われる場面で一つ一つの言い誤りを記録することも不自然であるし，録音しなければ音声の情報は消えてなくなってしまう。また，幼児は覚えたことばをどんどん使っていくが，たとえば「それ，○ちゃんの赤いのトラック」（赤いトラック）のような誤りをするように，年齢によっても許容される度合いが異なる。

　それでも，同年齢の子どもの様子に比べて言い誤りが多いと感じる場合には，保護者の了解を得た上で授業をビデオで収録し，あとで点検，分析するといったことをしてもよいだろう。いくつかの誤りが観察されたら，その誤り方のタイプの特徴，誤りが起こる条件（例：助詞を誤っている，言いたいことばとは違うことばを言う，時間制限があるようなときに誤りが頻発する，一日のうちの決まった時間帯が多いなど）について検討していく。

表 C-2-9 「話す・聞く」の配慮事項

話す	聞く
●話しやすい環境を作る	●雑音への配慮
• 子どもが間違っても，からかわれないような学級づくりをする	• 廊下側，窓際の席を避ける
	• 耳栓の使用を認める
• 黒板に 5W1H のカード等を示し，5W1H に沿って話すことを意識させる	• 使用する教室が音楽室や通行量の多い道路側でない部屋を使う
• モデルになるような子どもを先に指名して，何をどのように話すかを示す	• 運動場，体育館，多目的室など広い場所では，重要な内容についてはあらかじめ文字で示したもの（ボード，プリントなど）を準備しておく
• 口頭発言のみを表現の方法とするのではなく，筆談やその他の方法での表現も認める	
●子どもの失敗への対応	• 遠足などで広い場所で話を聞かなければならないときには，前のほうに来させるか，補助的な役割をする大人がメモを書いて渡す
• 途中で黙ってしまう，立ち上がってもなかなか話し出せない場合には，具体的な質問をして，話を引き出す	●教員の話し方の工夫
	• 発音を明瞭にするように心がける
• 子どもの話がまとまらずしゃべりすぎてしまうときには，指導者が子どもの伝えたい内容を 5W1H に沿って整理して繰り返す	• 指示をした後，子どもに復唱させる
	• 指示や説明は具体的に視覚的な手がかりを使いながら行う
• 順番に当てるときには，「パス」もありにする	• 困難のある子どものそばで指示をわかりやすくして繰り返す
• 発言中にせかさない	
• 発言中に言い直しをさせない	• 注意を引きつけてから話し始める

C-2-9　支援の観点と方法

　「聞く・話す」のつまずきの評価で得た情報を含めた総合的なアセスメント結果を踏まえ，通常の学級，通級指導教室，家庭での支援と配慮の方法を考えていく。

1. 通常の学級での配慮

　子どもが通常の学級にいるときに可能な「聞く・話す」に関する配慮事項は表 C-2-9 のとおりである。また，通級指導教室で授業の何らかの予習をすることは，通常の学級での授業理解を促し，自信を持って発表できるなど積極的な参加につながる。そのためには，通常の学級担任は通級指導教室担任との連携を積極的に行ってほしい。

2. 通級指導教室での指導

　子どもの指導は個別の指導計画に基づいて行われる。「聞く・話す」課題は一対一で丁寧にみなければいけないことも多いが，語用の側面について指導しようとする場合には，少人数のグループ指導のほうが，目的に沿った課題の組み立てがしやすい。話し手・聞き手の役割交替や，話す態度，聞く態度，話し合いの練習などは，大人と練習した後に子ども同士の少人数グループでも練習しておきたい。通常の学級には，同じようなペースで会話ができる子どもがいないこともあるので，安心して話せる相手を通級指導教室の中で見つけられると，会話の機会を増やすことにもつながる。

　通級指導教室で気をつけておきたいことは次の 4 点である。

　　　1）学習へ動機づけと学習意欲の維持に努めること
　　　2）子どもの発達年齢と生活年齢の両面から目標を設定すること
　　　3）明確な指導目標があり，通常の学級との連携を図ること
　　　4）指導目標に合った教材（正確な課題の分析）が使用されること

1）学習への意欲を支え動機を維持する

　低学年の子どもには，課題をすること自体が楽しいと思えるような教材を用いることが，学習への動機づけになる。それには，子ども自身の具体的な経験（旅行やイベントへの参加）を取り入れることや，興味を持っているもの（キャラクターを使う，ゲーム形態にするなど）を使っていくことが有効である。指導者は自分が得意とする教材を使う傾向にあるが，いつも新鮮な気持ちで子どもの視点に立った教材づくりができることを目指したい。ここで，アセスメント時に子どもの興味関心を持っているものを聴取したことが役立つ。

2）子どもの発達年齢と生活年齢の両面から目標を設定する

　課題は，その子どもがあと少しでできる，というレベルから出発し，定着するまでは反復練習も必要である。一般に弱いところへのアプローチは，幼児期から小学低学年の間で可能ではあるが，子どもの苦手意識が大きくなってきているのに，苦手としていることばかりを練習させるのは，意欲の低下につながるので避けるべきである。子どもの自尊心を支え，なりたいもの，したいことが見つけられるような支援をしていく中で，子どもの目標達成のためには必要な力だから，という理由で苦手なことにも取り組める。そのためには，子どもが得意とすること，強いところへのアプローチを忘れてはならない。大人が気になる「できないこと」ばかりに力を注いだ結果，本来なら強いはずの分野が伸び悩むということにならないよう，年齢に関係なく強いところ，得意なことを伸ばすアプローチを続けることが重要である。

　一方，小学校高学年の子どもや中学生以上の生徒には，自分の苦手な分野を理解し，社会生活で困らないように補いの手段が使えることも大切である。メモの取り方，ノートの取り方，IC レコーダーの使い方，電子辞書の活用方法も教えていく。タブレット端末を用いるにしても，必要なアプリケーションは何か，どう使えばよいのかを子どもに教える必要がある。

3）明確な指導目標と通常の学級との連携

　通級指導教室では，学年に関わらずその子どもに必要な内容の指導が実施される。一方，子どもは大半の時間を通常の学級で学習するので，通常の学級で学習することを通級指導教室で予習的に取り組んでおくこと（例：ことばの意味の確認）や，通常の学級で学びやすいような方略を教えておくことが役立つ。そのためには通常の学級の担任との連携が欠かせない。

4）指導目標に合った教材の使用（正確な課題の分析）

　指導目標に合った課題を選択するには，その課題に含まれる要素について熟知しておくことが必要である。「この課題はどのような力を鍛えることができるのか」「鍛えたい力を伸ばすことができる，子どもを引きつける課題にはどのようなものがあるか」ということを考え

ていく。

　LD の子どもにも，学力を定着させるにはその子どもの特性に合った方法での繰り返しが必要である。目標に到達するまで飽きずに練習を続けるために，同じ目標に沿う異なる教材を準備しておくことが大切である。

C-2-10　支援の実際

1. 聞く力・話す力を伸ばす課題

　認知のそれぞれの要素を向上させるために有効な課題例を表C-2-10にまとめた。特に幼児や小学校低学年には，指示をするだけではなく，指示を復唱させてワーキングメモリーの音韻ループを働かせる機会を設ける。意識的に「聞く」ことを練習するには，表 C-2-10 の問題を聞いて考える①〜⑥のような課題が役立つ。一方，高学年になってくると，聞き取ってメモを書くこと，わからないことを（電子）辞書で調べること，電話やオンライン授業での応対の仕方など，実際の生活に必要なスキルとして練習する。中高生では自分の聞く力の状態に応じて，座席を前にしてもらう，指示を繰り返してもらう，一度に一つずつ言ってもらうなどの配慮を自ら申し出ることの練習も取り入れる。

　いずれの場合も，アセスメントに基づき子どもの状態に応じて，少し頑張ればできる課題から始めて徐々に難易度を上げていく。難易度の上げ方には，たとえば，単語のモーラ数を増やしていく，文の文節数を増やす，具体的な単語から抽象語にするなどがある。

2. 統語の側面へのアプローチ

　文の構造を教える場合には，絵や写真を見て説明させる形態をとるが，文の形をあらかじめ ( ) は ( ) を（動詞） ( ) が ( ) に ( ) された のように，見てわかるように示しておく。文の構造や接続詞の使い方は，ことばの決まりとして国語教科の学習で取り上げてはいるが，発達障害のある子どもは授業中の説明だけでは理解できず，練習量も足りない。私たちが自然に学んできた母国語だが，文の構造を教えるには，外国語として学ぶ日本語学習の教材が参考になる。

　文法の用語については小学校高学年から中学校で系統的に学習するが，同時に英語学習にも文法用語が使われ，文の構造を学ぶことが始まる。しかし，学習につまずいている子どもは文法事項の説明に使用される「品詞」「代名詞」「活用」という用語の理解ができていないために，授業の説明もテストの問題もわからない，といったことに陥っている可能性もある。中学生になるとテスト結果だけで判断されてしまいがちだが，学習のプロセスで混乱が生じていることも多いので，個別指導の機会に学習方法を教えることと，何につまずいているのかをもう一度整理しておきたい。

3. コミュニケーション能力を育てる──語用論的アプローチ

1）幼児期

　幼児のことばの発達を促す手法として，インリアル・アプローチがある。インリアル・アプローチは大人と子どもの会話の中で，ことばとコミュニケーションの発達を促す方法だが，

表 C-2-10　「聞く・話す」を伸ばす課題に含まれる要素（竹田ら（2000）を改変）

具体的な教材・課題	選択的注意	音韻知覚	音韻認識	ワーキングメモリー	聴覚的短期記憶	意味概念	語想起	言語理解力	言語表現力	語用論の理解	関係性の理解
①「～さんの命令」ゲーム（キーワードが入っていれば指示に従う）	○	○		○	○	○		○			○
②「旗揚げ」ゲーム（指示通りに旗をあげる）	○			○	○	○					
③なぞなぞ・クイズで遊ぶ（問題を出す，答える）	○	○		○	○	○	○	○		○	
④カルタで遊ぶ	○	○		○	○	○	○				
⑤伝言ゲーム	○			○	○	○				○	
⑥スリーヒントゲーム（3つの文を聞いてカードを取る）	○			○	○	○					
⑦しりとり		○	○				○				
⑧ことばのシャッフル（文字カードの並べ替え）		○	○				○				
⑨反対から言うと（逆唱）		○	○	○							
⑩（　）で始まることば集め（語頭音からの想起）		○	○				○				
⑪（　）文字のことば集め（モーラ数の理解）		○	○				○				
⑫DVDの利用（台詞や説明の聞き取り）	○	○		○	○	○		○			
⑬なぞなぞ・クイズの問題を作成する						○	○		○		
⑭紙芝居・絵本のQ&A	○			○		○	○				○
⑮仲間のことば集め						○	○				
⑯反対語探し（ことばを考える，カードゲームにする）						○	○				○
⑰スピーチ（5W1Hに沿って1週間のニュースを作り発表，好きな物についての発表等）								○	○	○	
⑱みんなでお話づくり（順番に1文ずつ付け足す）				○		○	○	○	○	○	○
⑲お話すごろく（コマにある質問に答える）						○	○	○	○	○	○
⑳話し合い（テーマを決めて話し合う）				○	○	○	○	○	○	○	○

指導では，①子どもの行動をそのまま真似る（ミラリング），②子どもの音声やことばをそのまま真似る（モニタリング），③子どもの行動や気持ちを言語化する（パラレル・トーク），④自分自身の行動や気持ちを言語化する（セルフ・トーク），⑤子どもの発音や文法の間違いを正しく言い直して聞かせる（リフレクティング），⑥ことばの意味や文法を広げて返す（エキスパンション），⑦子どもに会話のモデルを示す（モデリング）の手法を用いる。会話ではさらに「限定質問」「提案」「ト書き発言」を使い，状況や他者の意図の理解を促すため，語用論的アプローチとされている。子どものレベルに合わせたこれらのことばかけにより，子どもと大人のコミュニケーションを成功させ，子どもが「理解してもらえた」と実感し自信が持てるようことばの使い方を教えていく。

2）小学校低学年

　低学年では，話し合いのルールとして，①手を上げて名前を呼ばれた人が発表でき

る，②誰かが話している間に，割り込まない，③多数決で決まったことには従う，などの約束をあらためて教え，そのルールを子どもたちが見て意識できるように黒板などに書いておきながら，実際に話し合いをして練習する。 私は〜と思います 〜さんの意見に賛成（反対）です といった意見の言い方についても黒板に貼るなどして，いつも参考にできるように視覚呈示しておくとよい。

3）小学校高学年

　高学年になると会話の練習を取り入れるが，この場合も会話での約束事を確認し，実際にロールプレイなどを用いて練習する。自分ではできていると思っている場合が多いため，他者から自分がどのように見えているか，ということを意識させるためにビデオを使ってチェックすることが有効である。会話で教えていく事柄としては，次のようなものが挙げられる。

- 体を話し手に向けて聞く
- 視線を相手に向ける
- 相づちをうちながら聞く
- わからないことは質問する
- 話すときには聞く人を見ながら話す
- 質問されたことに答える
- 今の話題について関係のあることを言う
- 少人数のときには相手との距離を考えて立つ
- 声の大きさ，表情にも気を付ける

　子どもの状態に応じて，上記の中から選んで目標を立て練習をするとよい。

　知的障害のない ASD の子どもは他者の視点に立つことが難しく，「心の理論」（p.37 参照）の遅れのために会話で失敗していることも多い。これくらいはわかっているだろう，と思わず，会話のルールとさまざまな場面で非言語コミュニケーションも含めて，どう応答することが適切なのかを教え，ことばの意味や意図を説明していく必要がある。あわせて，程度や様子を表す副詞（そっと，しっかりとなど）や形容詞の意味，気持ちを表すことばの語彙を増やしていく努力も意味理解の不良からくる誤解を防ぐ手立てになる。

〔引用文献〕

　　今井智子，加藤正子，竹下圭子他（2010）：新版 構音検査．千葉テストセンター．

　　一般社団法人 発達障害支援のための評価研究会（2018）：親面接式自閉スペクトラム症評定尺度テキスト改訂版（PARS-TR）．金子書房．

　　一般社団法人日本 LD 学会（編）（2018）：LD-SKAIP．

　　J.COSS 研究会（編）（2010）：J.COSS 日本語理解テスト．風間書房．

　　加藤醇子，安藤壽子，原　惠子他（2016）：読み書き困難児のための音読・音韻処理能力簡易スクリーニング検査 ELC—Easy Literacy Check—．図書文化．

　　高次脳機能障害学会（編）（2011）：標準失語症検査補助テスト改訂第 1 版．新興医学出版．

　　日本版 KABC-II 制作委員会（2013）：日本版 KABC-II 実施マニュアル．丸善メイツ．

　　大井　学，藤野　博，槻舘尚武他（2016）：日本版 CCC-2 子どものコミュニケーション・チェック

リスト. 日本文化科学社.

大伴　潔, 林安紀子, 橋本創一他（編著）（2012）：LCSA 学齢版—言語・コミュニケーション発達スケール—. 学苑社.

大伴　潔, 林安紀子, 橋本創一他（編著）（2013）：LC スケール増補版—言語・コミュニケーション発達スケール—. 学苑社.

佐竹恒夫, 東江浩美, 知念洋美（2004）：質問－応答関係検査 第二版. エスコアール.

田口恒夫, 小川口宏（1987）：新訂版ことばのテストえほん. 日本文化科学社.

竹田契一（監修）, 里見恵子, 河内清美, 石井喜代香（2005）：実践インリアル・アプローチ事例集—豊かなコミュニケーションのために—. 日本文化科学社, p.165.

竹田契一（監修）, 太田信子, 西岡有香, 田畑友子（2000）：LD 児サポートプログラム. 日本文化科学社, pp.166-167.

上野一彦, 名越斉子, 小貫　悟（2008）：PVT-R 絵画語い発達検査. 日本文化科学社.

宇野　彰（監修）, 春原則子, 金子真人（2002）：標準 抽象語理解力検査（SCTAW）. インテルナ出版.

Wechsler, D., 日本版 WISC-IV 刊行委員会（2011）：日本版 WISC-IV 知能検査. 日本文化科学社.

C-3
「読む・書く」の指導

【概要】.................... 教科学習の基礎となる読み書きの困難について，日本語の文字体系における，その発生のメカニズムに関わる認知特性について系統的に概説する。「発達障害：学習障害（LD/SLD），注意欠如・多動症（ADHD），自閉スペクトラム症（ASD），発達性協調運動症（DCD）等」のある子どもにみられる「読む・書く」の困難の具体像について解説する。読み書き能力のアセスメント方法，仮名文字，漢字，英語の読みと書きのつまずきの原因と，原因に応じた支援方策，指導教材と支援の実際について，ICTの活用を含めた事例を挙げながら具体的に説明する。

【キーワード】........... ディスレクシア（読字障害）／仮名，漢字，アルファベット／音韻認識／デコーディング，エンコーディング／流暢性／正確性／ワーキングメモリー／視知覚認知／読解／作文

【到達目標と評価】..... ①ディスレクシアの基本的状態像について説明できる。
②日本語の文字体系の特性と日本の読み書き障害の特徴を説明できる。
③「読む・書く」のアセスメント方法を具体的に挙げることができる。
④「読む・書く」のつまずきの具体像とその原因について説明できる。
⑤つまずきの原因と指導の方法・内容を関連づけて説明できる。

Ⅰ 基本的な理論

C-3-1　はじめに

　21世紀の日本に生きる私たちにとって，読み書きのスキルは学業，職業，娯楽等生活のあらゆる面で欠くことができない。

　言語を獲得し，文字を習得した後に，交通事故や脳梗塞・脳出血などで脳に損傷を受けると，文字が読めない（失読），書けない（失書）状態になることがある。こうした後天性の障害とは異なり，生まれながらに何らかの原因で，読み書きに困難が生じることがある。本章では，読み書きの発達とその基盤，読み書きの障害の原因と障害像について概観する。

C-3-2　文字習得の基盤としての話しことばの発達

　読み書きの障害を考えるにあたり，まず，健常な読み書きの発達を概観する。

　誕生後，就学までの数年のうちに，子どもは母語話者としての基本的な力を獲得する。すなわち，日本語の音を聞き分け，言い分ける力，日常生活でよく使われる語彙の知識（3,000～10,000語），基本的な文法知識（「（主語）が（目的語）を（動詞）」など），状況に応じ

3歳児　お花に　水　あげようとしてんの。（そしたら？）
　　　　お水　あげたの。（そう）　そんで　ちゃんと　なったの。

4歳児　男の人がね，水をお花に　枯れ　枯れてるから
　　　　かけてんの。*だからね*，花が　ちゃんと　な
　　　　上になってるの。

5歳児　男の子がね，菊の花がね　しぼんじゃったからね
　　　　水をかけたんだって。そうしたらね　花が少しのびて
　　　　まっすぐになりそうだったのね　そうしてね
　　　　もう少しかけたら　まっすぐに　なったんだって

図 C-3-1　連続絵の叙述にみえる言語発達（大久保，1973，1977）

た適切なことばの使い方の初歩的な知識である。こうした能力は周囲の人と話しことばをやりとりするコミュニケーションの経験の中で培われる。

　3歳〜5歳の言語発達を，図 C-3-1 にある3枚の連続絵に対する表現の変化を通して考える（大久保，1973，1977）。年少児（3歳）では 1〜2枚について語り，大人の促しを受けて，ようやく他の絵へ言及する子どもがほとんどである。3枚の絵を自発的に関連づけて話せるのは 20％に過ぎない。その割合は，年中児（4歳）では 60％，年長児（5歳）では 80％となる。4歳で，接続詞を使い始め，5歳では，接続詞，接続助詞を多く使用し，因果関係を含めた詳しい説明ができるようになる。これが，文字習得が始まる頃の言語発達の姿である。3枚の絵の内容をまとめて話せるようになるには，全体と部分との関係性が理解でき，それを表現する言語の力（語彙，文法）が育っていることが背景にある。

C-3-3　エマージェントリテラシー

　子どもたちはごく幼いときから，周囲の大人が新聞や本を読む，スマホでメッセージのやりとりをするなどの文字を扱う姿を目にする。また，自らも絵本などで文字に接する。こうした経験を通して，文字は絵とは異なり，読むものであること，ことばを表すものであることを自然と知るようになる。まだ読み書きできないのに，絵本を読んでいるかのように語ったり，文字らしきものを連ねて手紙を書いている姿は，文字についての知識が育ち始めたことを示すものである。このようなふるまいをエマージェントリテラシーといい，文字の読み書きに困難を示す子どもたちは，幼児期にこうした姿が見られないことが知られている。

C-3-4　文字の機能

　世界には，さまざまな文字があるが，すべての文字に共通するのは，文字は，目に見えな

い音声言語を目に見える形で正確に記録するための記号であるということである。音声言語は目に見えない音声の連なりである。音声言語を記録するために，連続する音声を何らかの単位（音の粒）で区切り，その単位ごとに視覚的な記号（文字）を当てはめることが考え出された。

C-3-5　音と文字の対応

　先に，文字は，連続する音声から切り出された音の粒に対応するよう考案された記号であると述べた。

　言語によって音の粒の捉え方，単語の区切り方が異なり，1文字が表す音の粒の大きさが異なる。以下，仮名，漢字，アルファベットの文字と音の関係について述べる。

1. 仮名文字

　日本語の単語を構成する基本的な音の粒はモーラであり，仮名1文字（ひらがな，カタカナ）は1モーラに対応する。モーラとは，俳句，川柳，短歌などの韻律を構成する基本的な単位である。たとえば，下記の俳句は，いずれも日本人には，ごく自然に5・7・5と感じられるだろう。

　　①我と来て　遊べや親の　ない雀（小林一茶）
　　　わ．れ．と．き．て．あ．そ．べ．や．お．や．の．な．い．す．ず．め．
　　②涼風の　曲がりくねって　きたりけり（小林一茶）
　　　りょ．う．ふ．う．の．ま．が．り．く．ね．っ．て．き．た．り．け．り．
　　③春風や　牛に引かれて　善光寺（小林一茶）
　　　は．る．か．ぜ．や．う．し．に．ひ．か．れ．て．ぜ．ん．こ．う．じ．
　　　＿＿は長音，＿＿は促音，～は撥音の部分

　①では，1つの音の粒は，母音あるいは子音と母音の1組みである。②，③では，母音の引き延ばされた部分（長音），つまった部分（促音），跳ねた部分（撥音）も1つの単位となっている。1モーラとはこれら，日本語母語話者が自然に1つの音の粒と聞き取る単位で，具体的には，1つの母音，子音＋母音のペア，長音，促音，撥音である。拗音（きゃ，しゅ，など）は2文字で表記されるが，音の粒は1モーラである。1モーラに仮名1文字が対応し（拗音は例外），その対応は，ほぼ一対一で固定的である。例外は，音／ワ／に対して文字「は」と「わ」，音／エ／に対して文字「え」と「へ」が対応するなどごくわずかである。仮名文字は46文字あり，それに濁点，半濁点，小文字を組み合わせて日本語の約100のモーラを表す。

2. 漢字

　仮名が46文字であるのに対して，漢字の数ははるかに多い。15巻からなる『大漢和辞典』（諸橋他，2000）には約5万字が収録されているが，漢字の実数は10万以上ともいわれている。学習指導要領では小学校6年間に1,006字の学習が示されており，社会生活上

の目安として常用漢字 2,136 文字が指定されている。

　仮名 1 文字は 1 モーラという音の単位に対応するが，漢字 1 文字は 1 つの意味の単位に対応する。

　漢字の音と文字の対応関係は，仮名文字より複雑で流動的である。同一の漢字が文脈により異なる音と対応する。たとえば，「大きなくりの木の下には木製のベンチがある」という文では，「木」はそれぞれ / キ // モク / の音を表す。小学校低学年での漢字学習では，単独で用いられ，訓読みされる漢字が多く扱われるが，小学 3 年生頃から，熟語の学習が増え，読み替えた複数の音を学習することになる（「重」は「体重」では / ジュウ /，「重複」では / チョウ /，「重い」では / オモ / と対応する）。ほとんどの漢字は複数の音と対応し，また，同じ音に対して複数の漢字が対応する（/ ジュウ / に対しては，十，重，拾，充，住，銃などが対応する）。さらに文脈によっては送りがなも使用され，漢字の音と文字の関係は複雑で，仮名文字に比して，学習の負荷が高いといえる。

3. アルファベット

　2020（令和 2）年に小学校での英語が教科として位置づけられ，小学校から英語の読み書きの学習が始まった。

　英語は 26 文字のアルファベットを用いて表記される。英語アルファベットの文字・音対応の基本単位は音素である。音素は，1 子音あるいは 1 母音が 1 単位をなし，モーラより小さな音の粒である。日本語の「た」に対応する 1 モーラ /ta/ は，/t/ と /a/ の 2 音素から成り立っている。英語の単語 hat は /h//æ//t/ の 3 つの音素からなり，それぞれに文字 h，a，t が対応している。

　英語のアルファベットの音・文字の対応は，仮名文字のように規則的，固定的な一対一の対応ではなく，1 音素に複数の文字（列）が対応するものが少なくない。たとえば，音素 /k/ には k（kettle），c（cat），q，ck（quick），ch（school）などの文字が対応する。また，1 つの文字が単語によって異なる音と対応する場合も少なくない（文字 a は cat では / æ/ を，cake では /ei/ に対応する）。

　英語のアルファベットでの読み書きは，モーラより小さな音の粒（音素）の認識を必要とし，かつ，音・文字対応が複雑であるので，日本語母語話者にとっては学習の負荷が高くなる。したがって，日本語の音・対応に困難を生じる場合，英語の読み書きは一層難しくなると考えられる。

　図 C-3-2 は言語による音・文字対応の規則性の度合い（透明性が高いということは音・文字が一対一に規則的に対応すること，透明性が低いとは対応が不規則であることを示す），1 文字が表す音の粒の大きさの異なり（粒性）を示す。

C-3-6　日本語における音韻認識の発達

　話しことばの中の音の粒（単位）に気づき，その粒を操作できる能力を音韻認識・音韻意識（phonological awareness）という。仮名文字ではモーラが，アルファベットでは音素の意識が音・文字対応の基本的単位である。音韻認識は，話しことばの中の耳になじんだフレーズの気づきから，フレーズの中の単語の気づきへ，さらに単語の中の音の粒の気づきへ

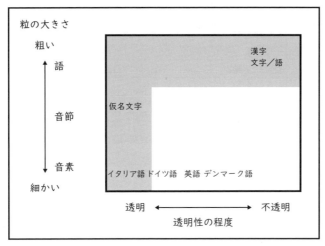

図 C-3-2　綴字と音韻の対応についての粒性と透明性の仮説
（スノウリング（2008）／もとは Wydell & Butterworth（1999）に拠る）

というように，大きな単位から小さな単位の気づきに進むと考えられている。子どもたちは，「おて／らの／おしょ／さんが……」とか，「ど／の／お／せ／ん／べ（い）／が……」と歌いながら手を動かしたり，じゃんけんをして，「グ／リ／コ」と言いながら，階段を 1 段ずつ移動する遊びなどの中で，ことばを分解することを楽しみながら行っている。それらの経験は音韻認識の発達を促す役割を果たしている。

　定型発達では，おおむね 4 歳後半で，「うさぎ」のような直音（拗音，促音，撥音以外の音）で構成されている語をモーラに分解することができるようになる。また，タイルなどで各モーラを示し，語頭のタイルを「これは何？」と聞くと答えられるようになる（語頭音抽出）。音韻認識の発達がこの段階に達していることが，仮名文字習得の必須の条件であるとされている（天野，1987）（ただし，ASD など定型と異なる言語発達を辿る場合は，音韻認識とあまり関係ない形で文字習得がなされる場合がある）。

　モーラの音韻認識の発達は，単語から特定の音を抜かして言うモーラ削除（「たぬき」から /ta/ を抜いて /nuki/ と言うなど）や，単語の逆唱（「たぬき」を語尾から逆唱して /kinuta/ と言うなど）の反応から把握できる。そうした操作から観察される就学前の音韻認識の発達を表 C-3-1 に示す（就学後の発達については，「C-3-10 評価」を参照のこと）。

C-3-7　低次レベルの読み書きと高次レベルの読み書き

　読み書きの発達とその問題を低次レベルと高次レベルの読み書きに分けて考える。

1. 低次レベルの読み書き——デコーディングとエンコーディング

　低次レベルの読み書きは，単文字・単語レベルの処理をいう。書かれた文字・単語を音声に変換すること，音声化することをデコーディングという。音を文字に変換することをエンコーディングという。デコーディングは，音読だけでなく，黙読の際にも脳内で行われており，書かれた文字が音声化されることで，言語の形が立ち上がり，言語処理がなされる。

表 C-3-1　幼児期の音韻意識（認識）の発達（原，2003）

4 歳後半	・音韻分解 ・語頭音，語尾音抽出
5 歳前半	・語中音抽出
5 歳後半	・しりとりが何往復か続く ・2 モーラ語の逆唱（うし→しう）
6 歳前半	・3 モーラ語の逆唱（あたま→またあ） ・単語から 1 音（語頭・語中・語尾）抜かして言う（例：'き' を取る。きつね→つね，うきわ→うわ，たぬき→たぬ）

エンコーディングは，脳内で音に対応する文字を想起する（長期記憶から引き出す）ことである。文字を書くという行為を意味するものではない。書くという行為にエンコーディングは必須であるが，想起された文字を，筆記具を使い腕，指などを動かして一画ずつ記すことには，視覚－構成能力や運動（特に微細運動）などが関わる。

2. 高次レベルの読み書き——読解と作文

高次レベルの読み書きは，句，節，文，テキストの処理をいう。学齢児にとって重要な高次レベルの読み書きは読解と作文である。

読解は読んだものを理解することであり，単に書かれたものをデコーディングするだけではなく，語彙，文法，推論，ワーキングメモリー，背景知識，情報を統合する能力等々多くの能力が関わる複雑な精神活動である。デコーディングができなければ読解は成立しないが，デコーディングができても，読解が成立するとは限らない。

作文もまた多くの能力が関わる複雑な処理を必要とする。作文では，読者を想定して，わかりやすく伝えるために，テーマに沿って構成・展開を考え（段落構成など），適切な語彙を選択し，わかりやすい文で表現する力が求められる。

読解も作文も，低次レベルデコーディング・エンコーディングに加えて，多くのスキルが関わる複雑な処理を必要とする。

3. 効率的なデコーディング——ワーキングメモリー，流暢性，正確さ

読解の第一歩は，正確で流暢なデコーディングであるが，その他多様な処理が関わる（変換された音を単語としてまとめあげる，単語の意味を長期記憶から引き出す，複数の単語の連続を文章として認識し理解する，段落全体の意味を抽出する，文章全体の意味を把握する，など）。そのすべての過程でワーキングメモリーが重要な役割を果たす。しかし，ワーキングメモリーの容量には限度がある。未熟な逐字読みで，1 文字のデコーディングに時間・エネルギーが費やされるなら，複数の音をまとめて単語として認識するだけで，ワーキングメモリーの容量を消費してしまい，文章の処理まで至らない。読解がスムーズに行われるためには，単語処理が効率的に，正確に素早く（流暢に）行われて，ワーキングメモリーに負荷をかけないことが必要なのである。

正確なデコーディングとは，書かれた通り正確に音声化するということである。流暢なデコーディングとは，容易にすらすらと，そして，その単語にふさわしい形で（その単語に合

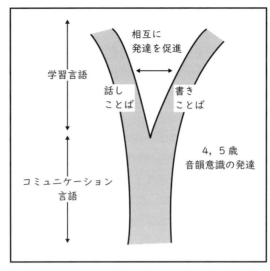

図 C-3-3　コミュニケーション言語と学習言語（大石，2007，p.65）

致したアクセントで）音声化することである。たとえば，「あめ」（アクセント型は関東地方では「雨」は高低，「飴」は低高）は，「あまいあめ」「はげしいあめ」の文脈で，正しくそれぞれ異なるアクセントをつけて音声化されれば，単語が正しく認識されたことになる。読解が成立するためには，デコーディングが正確に，流暢に，ほとんど自動的というほどに素早くなされることが必要である。

　定型発達児では，仮名単語のデコーディングは，小学1年から小学3年にかけて目覚ましく発達し，その後の変化はゆるやかになり（5文字以上の文字数の多い有意味語や非語のデコーディング能力は小学4年・5年まで発達が続く）（原，2013），それ以降は，語彙力が読解力と強く関係する（高橋，1999）。

4. 読み書きと学習言語

　幼児期は周囲の人たちとコミュニケーションするための話しことばが発達する。幼児期後期の音韻認識の発達が橋渡しとなり，書きことばの世界が始まる（図C-3-3）。書きことばが本格的に展開するのは学齢期以降である。学年の上昇とともに言語発達における書きことばの比重が高まる。日常会話では，場面文脈の支えがあるので，主語や助詞などは頻繁に省略され，聞いてわかりやすい語が好まれるので，抽象的で難しい語彙の使用は少ない。書きことばは，場面の支えがないので，主語や助詞など省略せず，文法的に整った文が用いられ，抽象的で高度な意味の語彙や，複雑な構文が使われることも少なくない。こうした書きことばを読むことによって，高度な語彙や構文の知識が習得される。学齢期の言語発達の大きな柱は学習や思考のための学習言語の習得にある。学習言語の中核は，抽象的な意味を表す高度な語彙と文章の読解力・表現力であり，それらの習得には，書きことばの経験が大きく影響する。読み書きに困難のある児童生徒の支援を考えるには，読み書きの経験が学習言語の習得を支えていることに十分留意しなければならない。

5.　文字習得の基盤としての視知覚認知と協調運動能力

　文字の習得は音と文字の関係を覚えることである。したがって，文字習得には，音の側面の処理能力，文字（形態）の側面の処理能力，音と文字の2つの系列の対連合学習・対応学習が関わる。音の側面の処理の中核は音韻認識である。文字（形態）の側面の処理には，視知覚と，書くという運動が関わる。

　文字の処理には，複数の線で構成されている文字の形を見分ける力が必要とされる。図形の形・大小・方向に関する視知覚は，形の弁別能力がまず発達し，4歳で円，三角，四角，台形など15種の図形をほぼ100%の正確さで弁別することができ，次いで大小を弁別する能力が発達し，5歳では，5つの異なる大きさの判別を80%の正確さで行うことができると報告されている。方向（角度）の知覚の発達は，大小弁別機能よりやや遅れ，45度の異なりが正確にわかるのは6歳過ぎである（田中，1986）。

　書字の土台となる図形を描く能力は，3歳で円模写が可能になり，5歳後半で円，長方形，正方形，三角形の4種をほぼ正確に描けるようになる。

　書字は筆記具を用いた，視覚と協調した微細な運動である。手指の巧緻性に問題があると（発達性協調運動症），視覚認知には問題がなくとも，書字に影響する。

C-3-8　ディスレクシア

　ディスレクシアはLDの中核をなす読みの障害である。知的な問題がないにもかかわらず，読むことが特異的に困難になるものである。読むことが困難であると，書くことにも影響するので，読み書き障害と言われることも少なくない。

　ディスレクシアは米国精神医学会のDSM-5では，神経発達症群／神経発達障害群の中の限局性学習症／限局性学習障害に分類される（APA, 2013）。世界保健機関（WHO）による国際疾病分類（ICD-10）では，学力の特異的発達障害の中の特異的読字障害が該当する。精神障害者保健福祉手帳など，自立支援のための医療的な意見書などは，ICD-10の分類を用いる。

　ディスレクシアの国際的研究・支援組織である国際ディスレクシア協会（International Dyslexia Association:IDA）はディスレクシアを以下のように定義している。

　　　ディスレクシアは神経学的な原因による特異的な学習障害である。その特徴は，正確，かつ／あるいは，流暢に単語を認識することの困難さ，つづりの稚拙さ，単語を音声に変換する（デコーディング）の弱さにある。こうした困難さは，他の認知能力や学校での効果的指導からは予測しえない言語の音韻的な側面に関する弱さが主な原因である。二次的に，読解の問題を引き起こしたり，読みの経験が少なくなることで，語彙や知識の発達を阻害することが起こりうる（翻訳は筆者）（IDA, 2002）。

　ディスレクシアは，文字・単語を音声に変換する（デコーディング）が流暢に・正確に行えないという低次レベルの読みの問題である。まったく読めないわけではなく，たどたどしい逐字読みや，読み誤りが多い不正確な読みになる。何らかの神経学的な原因による音韻的

側面の弱さのためにデコーディングの問題が生じるとされている。

　音韻的側面の弱さの中核は音韻認識の問題である。音韻認識の弱さがあるため，単語の中に音の粒を見出せない／音の粒に分解できない／誤った分解となるなどが起こり，音と文字の対応に支障を来すと考えられる。音韻認識とディスレクシアの関係についての欧米を中心とした過去数十年間の研究から，ディスレクシアと診断された子どもには，音韻認識の未熟さが見出され，就学前に音韻認識が年齢より未熟であると，就学後読み書きの困難が生じることが多いことが明らかになっている。

　ディスレクシアの程度は軽度から重度までさまざまであり，全般的知的能力，能力の偏りの有無，得意な面，不得意な面などにより，臨床像は多様である。

　日本語でディスレクシアがある場合，日本語と英語では音・文字対応の様相が異なるので，英語の読み書き習得はより一層困難になる。

C-3-9　さまざまな読み書きの困難さ

1. ディスレクシア（1）——低学年でひらがな学習の困難さで顕在化

　A児（男児）は，小学校入学直後から，宿題の文字練習や音読を極端に嫌がり，専門機関を受診することになった。小学校1年3学期時点で，ひらがなはほとんど読めず，自分の名を示す3文字を選択することはできたが，並べ方がわからなかった。知能検査の結果，指標間にはばらつきはみられたが，知的発達はおおむね正常範囲であった（WISC-IV：FSIQ 93，VCI 101，PRI 104，WMI 79，PSI 88）。

　就学前は特に発達の問題を指摘されたことはなかった。絵本の読み聞かせは好んだが，自分から読もうとすることはなく，文字への関心はなかった。

　音韻分解課題（絵カードを見せて，呼称しながら1音ずつタイルを指さす）では，「りんご」「きって」「カード」を「りん／ご」「きっ／て」「カー／ド」と音節で2つに分解し，モーラ意識の未熟さがうかがわれた。「うし」の音を2つのタイルで視覚的に示し，語尾から逆に言うよう（逆唱）に説明を繰り返したが，理解できなかった。これらのことよりA児の音韻認識は，年中児（5歳）より未熟であると判断された。A児は年齢，知的発達に比較して，明らかにデコーディング能力が低く，音韻発達が遅れており，ディスレクシアと考えられた。

　A児は，約半年間個別指導を受けて，ひらがな単文字は正確に速く読めるようになった。そこで，2文字単語の読みを試みたところ，難なく読めた文字が，単語では読めなくなる／遅くなることが生じた。このことは，文字列をまとめて1つの単語として認識することは，1文字ずつをデコーディングすることとは質の異なる音韻の処理を要することを示唆する。1文字のデコーディングだけでは，単語の複数の音を処理するには不十分なのである。A児は，単語レベルのデコーディング指導を丁寧に行うと，数文からなるテキストがある程度流暢に読めるようになるまで，さほど時間を要しなかった。単語レベルで，複数音の処理をたくさん経験したことが，文レベルの音韻処理の習熟につながったと推測された。

　A児は小学4年時点で，デコーディングの正確さは獲得したが，流暢性では学年相当に追いつくことはできず（小学2年時で，学年平均の2.5倍，小学4年では学年平均の1.8倍

の音読時間），テストでは時間延長か読み上げが必要であった。

　漢字学習は，小学 3 年の時に小学 1 年配当の漢字を約 70％，小学 4 年では，小学 2 年配当の漢字を約 65％読めるようになったが，書くことは難しく，タブレット端末を活用して，板書を撮影したり，音声入力で作文を作成するなどの支援を受けた。

2. ディスレクシア（2）──中高学年で漢字学習の困難さで顕在化し，英語学習も困難

　B 児（女児）は，小学校 4 年時に，漢字の定着の悪さを主訴として専門機関を受診した。知的レベルは平均域（WISC-IV：FSIQ 96, VCI 101, PRI 98, WMI 88, PSI 96）であった。漢字の困難さだけでなくデコーディングの問題も見出された（仮名単語の音読速度は，小学 4 年時点で，小学 2 年レベル）。単語逆唱の正答率と反応時間が小学 1 年レベル，削除課題は，正答率は学年相当であったが，反応時間が小学 1 年相当で，音韻認識の未熟さが認められた。これらのことからディスレクシアと判断された。

　漢字は，「学校名」を「がっこうなま」，「大切」を「だいきり」，「海外」を「うみそと」と読み誤った。漢字の書字では，「あるく」を「足く」（意味的に関連した文字），「せんせい」を「生先」（漢字の順序の入れ替え），「としょ」を「国書」（形の類似した文字），「こころ」を「心ろ」（過剰な文字の付加）と記す誤りがみられた。B 児の文章表現（図 C-3-4）には漢字がまったく用いられておらず，ひらがな表記の誤りがみられた（ころがって→ころがて，すくって→すくて，もとどおり→もどうり）。これらの誤りは，IDA の定義にディスレクシアの中核症状として記された 'つづりの稚拙さ' の日本語での姿と考えられる。

　B 児の音韻操作の弱さは漢字熟語の習得に影響した。熟語を，他の 2 つの熟語の中での読み方を合わせて読むよう教えることがある（'運動' の「ウン」と '回転' の「テン」を合わせて，『ウンテン』（運転））。2 つの熟語それぞれの音を分割したものを統合するには音韻の操作を必要とする。B 児はその方法に対して「聞いているだけで頭が混乱する。『ウンテン』と丸覚えするほうがいい」と言った。このことに B 児の音韻操作とワーキングメモリーの弱さが推測された。

　B 児のデコーディングは，改善はしたが，常に学年平均より遅かった。長文読解は制限時間内では読みきれなかった。デコーディングすることで精いっぱいで，内容理解が難しかったので，漢字にふりがなをつけ，読み上げてもらう配慮を受けた。漢字の習得は，読みは 2 学年下の漢字が 6 割程度，書きは 3 ～ 4 割程度であった。音列の長い語（四字熟語など）を覚えることが困難であり，また，一度誤って学習した音が修正されにくいことが特徴的であった（「実用的」を「じゅうじつてき」，「おなじみ」を「おなじ」など）。

　中学進学後，B 児は，学習で 2 つの問題に直面した。授業を聞いて理解することと英語学習の困難である。B 児は，小学校では，読み書きは苦手だが，授業は聞けば理解できると自信を持っていた。しかし，中学では，教員が授業説明で用いる語彙が難しく，理解できなかった。読む経験の乏しさと音韻の弱さから，学習言語の語彙の習得が不十分であったことによると思われた。

　ディスレクシアの読み書きの困難のある B 児は，英語の読み書きで問題が生じることは十分予想された。読み書き以前に，まず，英単語の音を覚えることに困難が生じた。中 1 の最初に教科書に出てくる基本語 /ai/ (I), /ju:/ (you), /hi:/ (he), /ʃi:/ (she), /ðis/

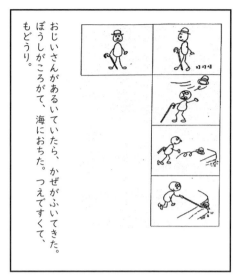

おじいさんがあるいていたら、かぜがふいてきた。ぼうしがころがって、海におちた。つえですくて、もどうり。

図 C-3-4　B 児の作文／4 コマ漫画の文章表現

(this)，/ðæt/（that），/hiə/（here），/ðeə/（there）などがなかなか覚えられなかった。これらは，英語の母語話者にとっては，丸ごと覚えて，見たらすぐ理解できる基本単語である。B 児は，/hi:/，/ʃi:/ が人を表す対語であるとわかるが，どちらが'彼'か'彼女'なのか混乱した。/ðis/-/ðæt/ や /hiə/-/ðeə/ などの対語についても同様であった。覚えにくさは単語の長さとは関係なく，単音節語であっても，日本語にない音素（/ð, θ, f/ など）が含まれている語は，特に困難だった。

　スペリングはより一層困難であった。スペリングの誤りには，apple を apuru に，school を skulu とするなどがあり，ローマ字の影響と日本語の音韻の影響で，母音を挿入して聞き取っている様子がうかがわれた。英語の試験は，多肢選択形式のリスニング課題は，聞き取れた部分から推測して回答できたが，それ以外は，ほとんど手をつけられず，英語のテストはいつも 100 点満点中 20 ～ 30 点程度であった。

3. ADHD の読み書きの問題

　ADHD は 8 ～ 12%の子どもに認められ，LD 児の 45%に ADHD の併存が認められると報告されている（Biederman et al., 1991 ; Biederman & Faraone, 2005）。学級内では落ち着きのなさや衝動性など行動面が問題とされることが多いが，そうした行動の背景に，読み書きの LD が併存していて，授業が理解できず，学習に取り組めないということもあるので注意を要する。

　ディスレクシアが併存していないにもかかわらず，ADHD の特性から読み書きに困難を生じることがある。

　C 児（男児）は知的な問題はなく（WISC-IV:FSIQ 98），小学校 2 年時に ADHD と診断された。DN-CAS 検査結果はプランニング 85，同時処理 96，注意 72，継次処理 85，全検査 79 で，同時処理に比べて継次処理の低さ，注意能力の低さが見出された。読みの困難を主訴に評価を受けたのは小学 4 年のことであった。

C 児の読み誤り例
- 自己修正
　くらい，くらやみの
- 語頭部分の繰り返し
　ひる，ひる，ひるま
- 行を飛ばして読む
　ことはあさないように，
　ことはありません
- 読み誤り
　生えていたり→生えていて
- 読み抜かし
　出会うことは→会うことは

ふかい海の中は、昼間でもたいようの光がとどかない、くらやみのせかいです。そこにすむ深海魚は、口がとても大きかったり、するどい歯が生えていたり、見かけはこわい顔をしています。しかし、ふかい海では生き物の数も少ないので、かんたんにえさに出会うことはありません。だから見つけたえものをにがさないように大きな口をしています。また、なかまに自分のいる場所を知らせるためや、くらやみの中でえさをとるために、体の一部分が光る魚もいます。

三・四年生用

図 C-3-5　LCSA の音読課題と C 児の読み誤り

　単語の音読では有意味語も無意味語もほぼ学年平均で，デコーディングの問題がなく，音韻操作課題結果からは，音韻認識には特に問題は見出されなかったので，ディスレクシアの併存はないと判断された。しかし，文章の音読では，読みの誤りが目立った。LCSA 学齢版言語・コミュニケーション発達スケール（大伴他，2012）の「音読」課題で，図 C-3-5 に示したような自己修正，単語の語頭部分の繰り返し，行を飛ばして読み直す，読み抜かしなどが多く，音読時間も平均より長かった。長文の問題文を読み聞かせて質問すると正確に回答することができ，内容理解に問題はないことがわかった。したがって読む分量が増えると，注意の問題から読み誤りが生じると推測された。

　C 児の書く文には単語の文字が抜けたり，書き間違いがみられたが，「1 行ずつゆっくり読んで見直して」と言うと，間違いに気づき修正することができた。長い文章になると，主語が脱落している箇所や順序が整理されていない箇所がみられた。想起されたままを，推敲することなくつづられたものと思われる。

　C 児の作文（運動会の棒送りの競技でクラスが勝ったこと）
　ぼう送りをがんばりました。1 組にかって，うれしかった。あとで足がちょっと<u>いたいく</u> ［いたく］ なりました。ぼうのはしっこだったので，コーンの<u>とろこ</u> ［ところ］ は，すごくがんばりました。1 組が<u>かかって</u> ［かかって］ たけど，ぼくの前の○○君たちがぬかしました。だから，ぼくたちも負けないぞと思いました。
　下線部は書き誤った箇所。［　］内は，見直して修正した形。

　C 児の読み書きの問題は，デコーディングの問題によるものではなく，ADHD の特性である注意力の問題が影響していると考えられる。

4. ASD の読み書きの問題

D 児（小学 4 年男児）は小学 2 年時に ASD と診断された。算数の文章問題を含む，読解の問題を苦手としていた。

D 児の音読は正確で，速度は有意味単語も無意味単語も学年平均より速く，デコーディング能力は優れていた。音韻認識にも問題はなかった。したがって，ディスレクシアではないと判断された。

表 C-3-2　F 児の漢字の誤り例（太字部分）
会議に**決**席する。
卒業記**年**の絵を完成させる。
寄**不**金が集まる。

書字は，ひらがなの特殊モーラ表記の誤りはなく，漢字は画数の多寡にかかわらず，形は正確に書けていたが，同じ音の文字と書き誤るエラーが散見された（表 C-3-2）。漢字の学習は，音・文字・意味の 3 つを学ぶ必要があるが，D 児は音・文字対応は習得していたが，意味との結びつきが学習できていなかったと考えられる。

D 児は，文章は自ら読んでも，読み上げてもらっても，また，説明文でも物語文でも理解が難しく，特に，「どうして」「なぜ」のような理由を問う質問が苦手であった。

LCSA では「音読」の評価点 13，「音韻意識」10 だが，「聞き取り文脈理解」（説明文と物語文を聞いて質問に答える），「文章の読解」（音読した文章に関する質問に答える）の評価点はいずれも 2 で，課題間に大きな差があった。

4 コマ漫画（日本高次脳機能障害学会 Brain Function Test 委員会，2003）をもとに書いた文章は，同学年の定型発達児の書いたものと比べると，ごく簡単な文でやや主題とずれた内容を記しており，主人公である猫の行動の意図，出来事の因果関係などへの言及はなされていない（図 C-3-6）。

D 児の読み書きの問題はデコーディングの問題ではなく，高次の読み書きの読解・文章表現の問題である。

D 児には語彙や関係性の理解の問題があった。LCSA の「慣用句」（「口が軽い」「雪のようなうさぎ」などの慣用句や比喩表現の理解），「心的語彙」「文表現」（図 C-3-7 を参照）にほとんど正答できず，語の応用的な意味の理解，文脈から心情を推測すること，絵に描かれ

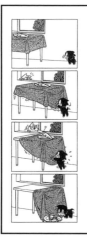

【D 児が書いた文章】
　黒いねこは，テーブルクロスをひっぱりました。白いねこが魚をとりました。お皿がわれました。

【同学年の健常児の作文】
　黒いねこが，テーブルの上のお皿にお魚があるのを見つけました。
　黒いねこは，お魚をとろうとして，テーブルクロスを引っぱりました。
　白いねこがまどの外から，魚を見ています。
　黒ねこが，いっしょうけんめいテーブルクロスを引っぱってるときに，白いねこがまどから魚をとってしまいました。
　黒いねこが，もっとひっぱると，お皿が落ちて割れてしまいました。
　でも，お魚がなくて，黒ねこは，あれ，どうしてお魚がないのかなと思いました。

図 C-3-6　D 児の 4 コマ漫画の文章表現

「心的語彙」問題例とD児の回答

「友だちはとてもじょうずにピアノをひきます。わたしも同じようにひけるといいなと思います。」
今のことばを言った人の気持ちを3つの中から選んでください。

選択肢：おしい・うらやましい・うれしい　　　　　　　　　　D児回答は「うれしい」

「文表現」問題例とD児の回答

にんぎょうは　おんなのこに
ふくをきせて　（　　）。

D児回答　　　　います

おとこのこは　いぬに　ボール
をおいかけ　（　　）。

ています

図C-3-7　LCSA「心的語彙」・「文表現」問題例とD児の回答

た2者の関係（してもらっているのか，させているのか，など）とその言語表現の理解が著しく困難であった。こうした関係性や抽象的な意味理解，他者の視点で考えることの困難さが，D児の高次レベルの読み書き（読解，作文）の問題の背景にあると考えられる。

ASDについては，D児にみられるような高次レベルの読解の問題が多く報告されてきた。留意すべきは，ASDとLDとの併存が少なくないことである（ASD・LDの併存12.9%，ASD・ADHD・LDの併存41.5%（平谷，2018））。LD併存の有無を確認することは支援をする上で重要である。

5. 視知覚認知，発達性協調運動症

書くことの困難さでは字形が整わない，マス目に文字が入らない，偏と旁を逆にするなどの訴えが少なくない。その問題の背景には，視覚認知，構成の問題，発達性協調運動症などが，単独で，あるいは，併存して，関わっていることが多い。

1）視知覚認知──構成の問題

E児（小学4年 女児）は知的発達，言語発達ともに問題はなかったが，文字の形が整わず，自分で書いた文字が読めないということが主訴であった。幼児期は，お絵描き，積木遊び，パズル遊び，折り紙，ブロック遊びはあまりしなかった。

形の類似した文字（わ／ね／れ，ぬ／め，木／氷／水，石／右など）を混同して読み／書き誤った。算数の図形の問題や，表やグラフの読み取りができず，ことばでの説明が必要だった。

E児には絵描き歌を用いて，継次的に一画ずつ描く練習を行ったが，空間の処理が困難で，書字に大きく影響した（図C-3-8）。

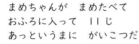

まめちゃんが　まめたべて
おふろに入って　11じ
あっというまに　がいこつだ

ターゲット文字は「後」

図 C-3-8　E 児の絵描き歌で描いた絵（左）と漢字書字の試みの様子「後」（右）

2）発達性協調運動症（不器用）

　F 児（小学 2 年男児）の主訴は，文字の形が整わないということであった（図C-3-9）。言語発達，知的発達には問題はなかった。絵本の読み聞かせを好み，よく聞いていたが，絵や文字を見ることは少なかった。ハサミを使うことは苦手で，塗り絵では力をこめすぎてしまい，枠からはみ出してしまいがちであった。ブロック遊びや折り紙は好まなかった。

　形の異同弁別は，口頭での回答，あるいは，指さしで選択する回答では問題がなかったが，筆記具を用いて丸で囲むような回答形式では，正確ではあるが，時間がかかった。

　F 児に対しては，作業療法士と協力して，椅子と机の調整，姿勢の保ち方，本児にとって書きやすい筆記具の選択，マス目を大きくするなどの工夫をした。

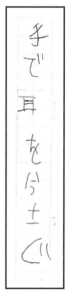

図 C-3-9　F 児（発達性協調運動症）の書字「手で耳をふさぐ」

C-3-10　評価

　読み書きの評価は，知的レベル，低次レベル・高次レベルの読み書き能力，音韻認識，視知覚，併存症の有無の確認など多岐にわたる。専門多職種が，子ども一人一人の主訴・症状に合わせて必要な評価を行い，総合的に判断することが必要な場合も少なくない。

1．知的レベルの確認

　読み書き障害が疑われる場合，まず，対象児の知的発達レベルを確認する。WISC-IV を用いるのが一般的で，全検査 IQ（FSIQ）で全般的な認知発達レベルを確認するだけでなく，4 つの指標間のばらつきの検討と，各指標の下位検査結果にも注意を払うことが肝要である。

　音韻処理に問題があると VCI と WMI が，視知覚認知の問題があると PRI が，発達性協調運動症があると PSI が低くなる傾向がある。しかし，こうした傾向は，すべてに当てはまるわけではないことに十分留意し，一人一人を多角的に丁寧にみなくてはならない。

KABC-II は，認知能力と習得度の比較ができ，習得度検査に読み・書きの検査が含まれている。カウフマンモデル及び CHC モデルに基づいて，読み書きの問題を分析的に考えることができる。

2. 読み書きの評価

認知的な問題がないと確認された場合，読み書き能力に年齢，知的レベルと比較した落ち込みがあるかどうかを，低次レベル（デコーディング・エンコーディング）と高次レベル（読解・作文）それぞれについて調べる。このような評価は煩雑に思えるが，適切な支援のためには子どもの問題をきめ細かく把握することが必要である。授業観察やノート・掲示物なども参考になるが，大雑把になりやすく，評価は，個別で行うことが望ましい。

読み書きの問題が確認されたら，その要因を考えるために，読み書きの基盤の能力や読み書きと関係する能力の評価を行う。

1）単文字レベルの評価

ひらがなとカタカナそれぞれについて，清音 46 文字，濁音，半濁音，拗音表記文字の音読と聴書を行う。低学年でディスレクシアが疑われる場合，この評価は必須である。

2）単語レベルの評価

有意味語と無意味語それぞれを音読させ，流暢性（音読時間）と正確さ（誤り数）を測る。無意味語課題はデコーディング能力の評価として特に有効である。高学年のディスレクシア児では，有意味語のデコーディングは学年相当だが，無意味語では平均から大きな差がみられることがある。有意味語と無意味語の結果の比較によって，デコーディング能力の様相をより細かく捉えることができる。

3）漢字の評価

どの学年配当の漢字まで学習できているのか音読と書き取り課題を行う。

4）文（センテンス）レベル

単文の読み書きの評価は少ない。絵本やかるたの読み札などを音読させることで，大まかに文レベルの読みの様子を把握することができる。書く力は，短い日記を書かせたり，簡単な絵（女の子がりんごを食べている。杖を持った男の人が歩いている。など）を示し，文章表現させてみることも参考になる。

5）テキストレベルの読み書き

テキストレベルの音読の正確さや流暢性の評価には LCSA の「文の音読」課題を用いることができる（対象年齢は小学 4 年まで）。読解は，各種検査の読解問題（LCSA，CARD 包括的領域別言語検査，Reading Test など）を用いる。

テキストレベルの書き（作文）は，短い作文を書かせたり，4 コマ漫画（事例 B 児，D 児で紹介したものなど）や数枚の連続絵を用いて，文章表現を書かせてみるとよい。漢字の使用，表記の正しさだけでなく，主語・述語などの文法的な正しさ，ストーリーの流れを整理

して，適切な接続詞を用いて表現できるか，などに着目して評価する。

デコーディングと読解の評価の主な検査を表 C-3-3 に示す。

3. 音韻認識の評価

ディスレクシアが疑われるときには音韻認識の評価を行う。就学前児の音韻認識の発達指標はすでに表 C-3-1 に示した。小学校低学年で音韻発達が年中・年長児レベルに達していない場合は音韻認識が未熟であると判断できる。

音韻操作能力は，学齢期には，より多くのモーラをより速く内的に処理できるように発達する。学齢期の音韻認識の標準化された検査はないが参考数値を示す（表 C-3-4（原，2016より）。

逆唱やモーラ削除課題では正答数，反応時間だけでなく，回答方法の観察も大事である。課題語を空書したり，指折りして数えたり，モーラ数ごとに指を動かして考えるのは，音韻を内的に処理できず，視覚や運動覚で補って考えようとするもので，音韻操作の未熟さを示すと考えられる。

4. 視知覚認知

視知覚認知の評価には，WISC-IV「積木模様」，KABC-II「模様の構成」が参考になる。いずれも全体と個々の要素の関係を考えながら構成する課題である。書字の文字全体，偏と旁，各画の関係を分析し，一画ずつ書いて構成する書字の行為と共通する点がある。

ベンダー・ゲシュタルト・テスト（Bender Gestalt Test）の図形模写課題やレイの複雑図形検査（Rey-Osterrieth complex figure test : ROCFT）の模写を用いることもできる。DTVP フロスティッグ視知覚発達検査を活用することもできるが，対象年齢に注意が必要である（7 歳 11 カ月まで）。

5. その他

1）対連合学習

文字学習は文字と音の恣意的な対応関係を学ぶ対連合学習である。KABC-II の「語の学習」は対象物と名称（音）の対連合学習の能力の評価であり，参考になる。

2）言語力

文字習得は言語発達の基盤の上に成り立つ。したがって読み書きの評価に，言語力の評価が含まれることが望ましい。語彙力の検査には，PVT-R（絵画語い発達検査）（上野他，2008）がある。広範な言語力の評価には LSCA（小学 1 年〜 4 年が対象），CARD 包括的領域別読み能力検査がある。

C-3-11　まとめ

本章では，読み書きの発達とその基盤を考え，読み書きとその問題を低次レベルと高次レベルに分けて論じた。LD の中核をなすディスレクシアはじめ，ADHD, ASD, 視知覚認知の課題，発達性協調運動症など，多様な要因による読み書きの困難さのさまざまの様相を概観

表 C-3-3 読み書き検査

検査	音読 ひらがな 単文字	音読 ひらがな 単語	音読 カタカナ 単文字	音読 カタカナ 単語	音読 漢字	音読 単文	音読 テキスト	書字 ひらがな 単文字	書字 ひらがな 単語	書字 カタカナ 単文字	書字 カタカナ 単語	書字 漢字	書字 単文	読解
特異的発達障害 診断・治療のための実践ガイドライン	AF	AF	AF	AF	AF	AF	AF	A						
改訂版 標準読み書きスクリーニング検査（STRAW-R）	A	A	A	A	A				A	A	A	A		
KABC-II「ことばの読み」														
「ことばの書き」									A		A	A		
「文の構成」													A	
「文の理解」														
LCSA *							AF							○
CARD 包括的領域別読み能力検査														○
小学生の読み書きの URAWSS II								AF	AF	AF	AF	AF		○
Reading Test **		AF			(A) *									
ELC ***							AF							○

A は正確性の評価、F は流暢性の評価。
* 対象は小学1年〜4年
** 対象学年により課題が異なる
（A）は黙読で、読み方を問う質問形式
*** 対象は小学2・3年

表 C-3-4　モーラ削除・逆唱課題結果（原（2016）p.172 を改変）

モーラ削除課題

	3モーラ		4モーラ		5モーラ	
	有意味語（4語）	非語（6語）	有意味語（4語）	非語（6語）	有意味語（4語）	非語（6語）
課題語（下線は削除対象モーラ）						
	あした	**れ**くの	**ね**くたい	**な**おのし	ゆきだるま	いさみき**れ**
	せ**な**か	く**せ**か	**た**まねぎ	いそ**れ**す	あまのが**わ**	そ**ど**ゆこて
	みど**り**	てに**ど**	あさが**お**	よ**で**すち	はな**し**あい	めち**た**にこ
	たい**こ**	い**で**り	ひま**わ**り	なゆか**た**	**め**だまやき	**わ**くれみし
		けみ**ろ**		ぶとみ**ご**		ねぼから**ま**
	がもせ			の**せ**くめ		きど**ご**めす
正答数（正答数 下段（　）内は標準偏差）						
小1	3.7 (0.6)	4.5 (1.4)	3.5 (0.7)	4.2 (1.2)	3.1 (1.1)	3.2 (1.4)
小2	3.9 (0.3)	5.5 (0.7)	3.7 (0.6)	5.0 (1.1)	3.7 (0.7)	3.8 (1.5)
小3	3.9 (0.4)	5.5 (0.8)	3.8 (0.6)	4.9 (1.3)	3.6 (0.7)	4.5 (1.4)
小4	3.9 (0.4)	5.6 (0.8)	3.8 (0.5)	5.2 (1.0)	3.7 (0.5)	4.7 (1.1)
小5	3.9 (0.7)	5.7 (0.4)	3.9 (0.3)	5.4 (0.9)	3.8 (0.5)	4.8 (1.0)
小6	4.0 (0.2)	5.7 (0.5)	4.0 (0.2)	5.6 (0.6)	3.9 (0.3)	5.2 (0.8)
反応時間（正答1語あたりの平均反応時間 単位：秒）（　）内は標準偏差						
小1	2.5 (1.7)	2.8 (2.0)	4.2 (1.9)	5.4 (2.6)	5.5 (2.8)	6.0 (3.4)
小2	1.6 (1.2)	2.0 (1.0)	3.3 (2.2)	4.4 (2.7)	4.0 (2.3)	4.0 (1.9)
小3	1.1 (0.5)	1.4 (0.7)	2.6 (1.7)	2.9 (1.7)	3.3 (2.0)	3.4 (2.0)
小4	1.1 (0.5)	1.4 (0.9)	2.0 (1.2)	2.6 (1.3)	2.5 (1.4)	2.9 (1.2)
小5	0.8 (0.4)	0.9 (0.4)	1.5 (0.8)	2.0 (1.1)	2.1 (0.9)	2.6 (1.4)
小6	0.9 (0.3)	0.9 (0.3)	1.4 (0.5)	1.6 (0.6)	1.8 (0.6)	1.9 (0.6)

逆唱課題

	2モーラ		3モーラ		4モーラ	
	有意味語（4語）	非語（6語）	有意味語（4語）	非語（6語）	有意味語（4語）	非語（6語）
課題語						
	うま	かの	あたま	みしけ	かいもの	おりのし
	あり	すせ	かめら	たぐめ	くつした	そよこも
	がむ	ねど	たまご	かこき	にわとり	たとてつ
	つき	にけ	つくえ	まかた	なわとび	さごめす
		ばみ		たちの		ねびぐの
		なさ		せとく		るはたの
正答数（正答数 下段（　）内は標準偏差）						
小1	3.9 (0.3)	5.7 (0.5)	3.1 (1.1)	4.1 (1.6)	2.2 (1.6)	1.6 (1.5)
小2	3.9 (0.3)	5.8 (0.4)	3.7 (0.7)	4.7 (1.3)	2.8 (1.3)	2.5 (1.8)
小3		5.6 (0.5)	3.3 (0.9)	4.6 (1.3)	2.0 (1.1)	2.6 (1.5)
小4		5.7 (0.6)	3.5 (0.8)	5.0 (1.4)	3.1 (1.3)	3.0 (2.0)
小5		5.9 (0.4)	3.6 (0.6)	5.0 (1.1)	3.5 (1.9)	3.4 (1.7)
小6		5.9 (0.3)	3.8 (0.5)	5.1 (1.0)	3.3 (0.8)	3.5 (1.6)
反応時間（正答1語あたりの平均反応時間 単位：秒）（　）内は標準偏差						
小1	1.9 (0.8)	2.1 (0.7)	5.8 (3.1)	6.2 (3.0)	12.0 (6.9)	12.9 (7.9)
小2	1.7 (0.8)	2.0 (0.8)	5.5 (4.0)	7.0 (4.2)	9.4 (5.3)	9.9 (4.4)
小3		1.6 (0.5)	3.4 (1.7)	4.0 (2.0)	7.0 (4.0)	7.1 (3.6)
小4		1.6 (0.4)	3.7 (2.0)	4.4 (2.4)	7.1 (4.2)	6.9 (2.8)
小5		1.3 (0.3)	2.8 (1.1)	3.5 (1.3)	5.7 (2.3)	6.8 (2.8)
小6		1.3 (0.3)	2.5 (0.9)	2.9 (1.4)	4.1 (1.7)	5.5 (3.6)

した。ディスレクシアはデコーディングの障害であるが，デコーディングが困難であると，読み書きの経験を通じて学習する，学習や思考に必要な学習言語の習得を阻害し，高次の読み書きのみならず，学習全般に大きく影響する。支援にあたっては，ディスレクシアに限らず，読み書きの困難さのもたらすこのような広範な影響をよく認識し，学習を支える必要がある。

〔引用文献〕

天野　清（1987）：音韻分析とこどもの literacy の習得．教育心理学年報，27，141-164.

American Psychiatric Association（2013）：Diagnostic and statistical manual of mental disorders Fifth Edition：DSM-5. American Psychiatric Press, Washington, DC. 高橋三郎，大野　裕（監訳）（2014）：DSM-5 精神疾患の診断・統計マニュアル．医学書院．

Biederman, J. & Faraone, S.V.（2005）：Attention-deficit hyperactivity disorder.Lancet, 366, 237-248.

Biederman, J., Newcorn, J. & Sprich, S.（1991）：Comorbidity of attention deficit with conduct, depressive, anxiety and other disorders. American Journal of Psychiatry, 148, 564-577.

福沢周亮，平山祐一郎（2009, 2012, 2008）：全国標準 Reading-Test 読書力診断検査小学校低学年用／小学校中学年用／小学校高学年用．図書文化．

原　惠子（2003）：子どもの音韻障害と音韻意識．コミュニケーション障害学，20，98-102.

原　惠子（2013）：発達性ディスレクシアの早期発見スクリーニング検査開発 2013 年度第 8 回 児童教育実践についての研究助成事業 研究成果報告書（要約）．https://www.hakuhodofoundation.or.jp/subsidy/recipient/pdf/8th12.pdf（2022 年 4 月 6 日閲覧）．

原　惠子（2016）：学習障害—発達性読み書き障害を中心に—．石田宏代，石崎郁代（編）：言語聴覚士のための言語発達障害学 第 2 版．医歯薬出版，p.172.

平谷美智雄（2018）：クリニックでの診断例のまとめと療育支援．平谷子ども発達クリニックにおけるディスレクシアの取り組み—福井県特別支援教育センターとの連携—．一般社団法人日本 LD 学会第 27 回大会（新潟）自主シンポジウム抄録．

飯鉢和子，鈴木陽子，茂木茂八（1977）：DTVP フロスティッグ視知覚発達検査．日本文化科学社．

稲垣真澄（2010）：特異的発達障害 診断・治療のための実践ガイドライン．診断と治療社．

International Dyslexia Association（2002）：Definition of dyslexia. https://dyslexiaida.org/definition-of-dyslexia/（2022 年 1 月 23 日閲覧）．

加藤醇子，安藤壽子，原　惠子他（2016）：ELC Easy Literacy Check. 図書文化．

河野俊寛，平林ルミ，中邑賢龍（2017）：URAWSS II. atacLab.

厚生労働省大臣官房統計情報部（編）（2016）：疾病，傷害及び死因の統計分類提要 ICD-10（2013 年版）準拠 第三巻 索引表．一般財団法人厚生労働統計協会．

諸橋轍治，鎌田　正，米山寅次郎（2000）：大漢和辞典．大修館書店．

日本版 KABC-II 制作委員会（2016）：日本版 KABC-II. 丸善出版．

日本版 WISC-IV 刊行委員会（2010）：WISC-IV 知能検査．日本文化科学社．

日本高次脳機能障害学会 Brain Function Test 委員会（2003）：SLTA 標準失語症検査．新興医学出版社．

大石敬子（2007）：読み書きの指導．一般財団法人特別支援教育士資格認定協会（編）：特別支援教育の理論と実践 II 指導．金剛出版，pp.59-90.

大久保愛（1973）：幼児の文構造の発達—3 歳－ 6 歳の場合—．集英出版．

大久保愛（1977）：幼児のことばとおとな．三省堂．

大伴　潔，林安紀子，橋本創一他（2012）：LCSA 学齢版言語・コミュニケーション発達スケール．学苑社．

マーガレット・J・スノウリング（著），加藤醇子・宇野　彰（監訳）（2008）：ディスレクシア 読み

書きの LD—親と専門家のためのガイド—. 東京書籍.

高橋　登（1999）：子どもの読み能力の獲得過程. 風間書房.

玉井　浩（監修）（2014）：CARD 包括的領域別読み能力検査. ウィードプランニング.

田中敏隆（1986）：発達と指導—誕生から就学までを中心にして—. 中央法規出版.

上野一彦, 名越斉子, 小貫　悟（2008）：PVT-R 絵画語い発達検査. 日本文化科学社.

宇野　彰, 春原則子, 金子真人他（2017）：改訂版 標準読み書きスクリーニング検査（STRAW-R）. インテルナ出版.

Wydell, N.T. & Butterworth, B.（1999）：A case study of an English-Japanese bilingual with monolingual dyslexia. Cognition, 70, 273–305.

Ⅱ　臨床・実践について

C-3-12　「読む・書く」のアセスメントの実際

　「読む・書く」の困難を考えるときには，低次の読み書きと高次の読み書きに分けて考えるとわかりやすくなる。低次の読み書きは，文字を音に変換する（デコーディング），音を文字に変換する（エンコーディング）過程をいう。一方，高次の読み書きは，読解であり作文である。低次の「読む・書く」に困難があると，結果として高次の「読む・書く」にも困難が生じることがある。知的障害があると，低次の読み書き過程には困難がなくても，高次の「読む・書く」に困難が生じることがある。LD では，文部科学省の定義の中に，「知的発達に遅れはないが」とあるので，高次ではなく低次の「読む・書く」の部分に困難があることになる。

　低次の「読む・書く」に困難がある状態とは，まったく読めない，まったく書けないという状態ではない。読み書きの流暢性と正確性に困難がある状態をいう。したがって，アセスメントは，読みの流暢性と正確性，書きの流暢性と正確性の 4 項目を検査し，同学年の平均値と比較してその困難度を判定することになる。読み書きの正確性は，ひらがな，カタカナ，漢字それぞれについて確認する必要がある。ひらがなとカタカナについては，単文字と単語についても確認が必要な場合がある。

　検査につなげるためには，学校や家庭で，読み書きに苦労している子どもの姿に気づく必要がある。早期の気づきは早期支援につながる。努力不足ではないことに気づくことは，不登校等の二次的な問題を防ぐ上で重要である。

　アセスメントの手順を図 C-3-10 に示した。

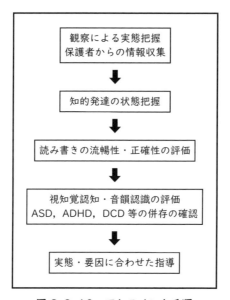

図 C-3-10　アセスメント手順

1.「読む・書く」の実態把握

読み書きに困難があると，以下のような姿が観察されることが多い。

1）小学校 1 年生・2 年生

- 一文字一文字読む（逐語読み）
- 文末を適当に自分で変えて読む
- 飛ばし読みがある
- 似た文字を間違う（「ぬ」と「め」,「わ」と「ね」など）
- 鏡文字を書く
- カタカナが覚えられない
- 音読の宿題を嫌がる
- 漢字の宿題を嫌がる

2）小学校 3 年生以降

- 単語や文節の途中で区切って読んでしまう
- 黙読が難しい
- 特殊音節（「ちゅ」「しょう」「がっ」など）が正確に書けない
- 音が同じ助詞を間違う（「へ」と「え」,「は」と「わ」,「を」と「お」）
- 濁点や半濁点が抜ける
- 句読点がない文になる
- ひらがなばかりの文を書く
- 漢字の読み書きがすらすらと正確にできない

3）中学校以降

- 英語の習得が難しい（リスニングはできることがある）
- 試験で点数が取れず学習意欲が持てない

不登校になっている子どもの中に読み書きの困難がある場合がある。小枝（2002）では，LD と診断された小学生の 34.5%，中学生の 59.5%が不登校になっていたと報告している。同様に，石井・上野（2008）でも，情緒障害通級指導教室に通っている LD 児のうち，小学生は 11.1%，中学生は 50.0%が不登校であったことが報告されている。

2. 保護者からの情報収集

「読む・書く」の困難さの判定は，小学校入学後の文字学習が始まってからでないと確定できない。DSM-5 の LD の項目にも，「正規の教育が開始された後にのみ診断が可能となる」と書かれている。しかし，就学前のエピソードには特徴的なものがあり，それらのエピソードを保護者から集めることは重要である（APA, 2013）。

読み書きに困難がある子どもの就学前のエピソードを精選して，読み書きの困難を早期に発見しようと開発された CLASP（稲垣, 2020）というチェックリストがある。「文字を読

表 C-3-5　読み書き検査一覧と検査項目

検査名	読み		書き	
	流暢性	正確性	流暢性	正確性
標準読み書きスクリーニング検査（STRAW-R）	○	○		○
特異的発達障害 診断・治療のための実践ガイドライン	○	○		
小中学生の読み書きの理解（URAWSS II）	○		○	
「読めた」「わかった」「できた」読み書きアセスメント	○	○		○
KABC-II の「読み尺度」と「書き尺度」		○		○
包括的領域別読み能力検査（CARD）	○			
LD-SKAIP	○	○	○	○

むことに関心がない」「単語の発音を正確に言えないことがある」「自分の名前や，ことばを言いながら，一音一歩ずつ移動する，あるいはコマを動かす遊びができない」「歌の歌詞を覚えることに苦労する」「文字や文字らしきものを書きたがらない，書くことに関心がない」の5項目の質問がある。それぞれを，「全くない」「ごくまれにある」「時々ある」「しばしばある」「常にある」の5段階でチェックする。「しばしばある」「常にある」の項目が１つ以上あると，「限局性学習症の可能性がある」と判定する。

　その他，生育歴，療育歴，家庭環境なども可能な範囲で聞いておくと，「読む・書く」の困難の原因を探る上で有効である。読み書き障害の遺伝例報告は海外では多くあるので，保護者や親族の中に，漢字を覚えることや読むのが極端に苦手だったりする人がいるかどうか聞いておくのは，読み書き障害であるかどうか判断する上で貴重な情報になる。また，自閉スペクトラム症や注意欠如・多動症等の可能性も探っておくと，支援を考えるときに役立つ。

3. 知的発達の状態

　知的な発達の遅れが原因であるのかそうでないかを確認することは，支援を考える際に重要な観点になる。知的発達の確認には，WISC-IV（WISC-V），KABC-II 等の心理検査が使用されることが多い。

4. 読み書きの検査

　以下では，学年ごとの平均値とカットオフ値が示されていて，入手が容易なものを取り上げた。学年ごとの平均値とカットオフ値は重要である。それは，読み書きに困難がある子どもも，成長に伴って困難さが自然に改善することが多いからである。重要なことは，同学年の平均値との差に注目し，その差に対して支援を行うことである。

　それぞれの検査が，読み書きの流暢性と正確性のどの項目を対象としているかを表C-3-5にまとめた。

1）標準読み書きスクリーニング検査（STRAW-R）（宇野他，2017）

　読み（音読）の流暢性と正確性，書きの正確性が評価できる。対象は，読みの流暢性は小学１年生から高校３年生まで，ひらがな，カタカナ，漢字の読み書きの正確性は小学１年生から中学３年生までである。判定は，流暢性は読みにかかった時間，正確性は正答数を，各

学年の平均値と標準偏差と比較して行う。手引書には，平均値，－1標準偏差の値，－1.5標準偏差の値，－2標準偏差の値が記載されている。医学上は2標準偏差以上離れている場合を異常とするが，教育上は，－1.5標準偏差に1点不足しているから問題がないとは考えないし，－1標準偏差ライン付近の児童生徒であっても支援する必要がある場合もあるので，3つの基準値が示されていると説明されている。

2）『特異的発達障害 診断・治療のための実践ガイドライン』（稲垣，2010）

　読み（音読）の流暢性と正確性が評価できる。対象は小学1年生から小学6年生までである。「読み書きの症状チェック表」が用意されており，7項目以上にチェックがついた場合に読み検査に進むことになっている。判定は，速度（読み時間）と読み誤りの数を，学年ごとの平均値及び標準偏差と比較して行う。カットオフ値は2標準偏差以上の差となっている。音読時間が平均＋2標準偏差を超える所見が2種類以上の課題でみられる場合を異常と判定する，＋1.5標準偏差を超える所見が2種類以上の検査でみられる場合は，経過観察を行い定期的に読字と書字の症状を確認する，読み誤りの個数が＋2標準偏差を超える場合は，誤りパターンを詳細に検討し総合的に判断する，となっている。

3）小中学生の読み書きの理解（URAWSS II）（河野他，2017）

　読み（黙読）と書きの流暢性が測定できる。対象は小学1年生から成人までである。判定は，各学年の平均値と標準偏差を比較して行う。カットオフ値は平均値と1.5標準偏差以上の差としている。「手引き」には，平均値以上の場合，1標準偏差以上の差の場合，1.5標準偏差以上の差の場合の値が，書字速度と読み速度それぞれ学年ごとに記載されている。

4）「読めた」「わかった」「できた」読み書きアセスメント（東京都教育委員会，2017, 2018）

　読みの流暢性と正確性，書きの正確性が測定できる。小学生と中学生が対象となる。カットオフ値はパーセンタイル値で設定されている。5パーセンタイル値以下を「困難」，10パーセンタイル値以下で5パーセンタイル値以上を「低成績」，50パーセンタイル値以下で10パーセンタイル値以上を「非低成績」，50パーセンタイル値以上を「良好」と判定する。Windows用のソフトも用意されており，表に成績を入力すると，自動で「困難」から「良好」までの判定がされて色別で表示される。

5）KABC-II（日本版 KABC-II 制作委員会，2013）

　KABC-II の習得尺度の中の読み尺度と書き尺度の課題は，読み書きの正確性を測定できる。小学生から18歳11カ月まで使用できる。結果は，カットオフ値ではなく，発達相当年齢とパーセンタイル値で示すことになる。

6）包括的領域別読み能力検査（CARD）（奥村他，2014）

　低次と高次の読みの評価ができる。低次の読みの流暢性を測定できる課題は，「ことばの問題」の中の「ことば探し」が該当する。結果は，平均10で1標準偏差3の評価点，平均100で1標準偏差15の指数，パーセンタイル及びテスト年齢で示される。

7) LD-SKAIP（日本 LD 学会，2018）

　読み書きの流暢性と正確性の 4 項目を，タブレット端末（iPad）を使用して評価する。対象は小学 1 年生から小学 6 年生である。

　ステップⅠ，ステップⅡ，ステップⅢの 3 ステップで構成されている。ステップⅠはチェックリストで，担任等の大人が実施する。ステップⅡで低次の読み書きの流暢性と正確性を測定する。ステップⅢは高次の読み書きを評価する。ステップⅡの判定は，「A. 経過をみて，必要に応じて再度評価を行う」「B. 支援の必要性について検討する」「C. 早急に状態把握を行う」の 3 段階に自動で判定される。ステップⅡ以上を実施するには，LD-SKAIP 講習会を受講する必要がある。

8) LDI-R（上野他，2008）

　文部科学省の学習障害の定義の中にある「聞く」「話す」「読む」「書く」「計算する」「推論する」と，中学生を対象とした「英語」と「数学」の基礎的学力の領域と，「行動」と「社会性」を併せた，小学生 8 領域，中学生 10 領域を評価するチェックリストである。対象は小学 1 年生から中学 3 年生までになる。「ない」「まれにある」「ときどきある」「よくある」の 4 段階評定を用いて評価する。判定は，領域ごとの粗点合計からパーセンタイル段階（PL）を求め，プロフィール判定基準に基づいて行う。

9) 英語の検査

　英単語の読み書きの正確性を評価する，中学生の英単語の読み書きの理解（URAWSS-English）がある（村田他，2017）。対象は中学生である。単語テスト（英語→日本語，日本語→英語）と，音声読み上げで実施する単語テスト（英語→日本語）及び仮名表記回答で行う単語テスト（日本語→英語）の得点の乖離をみることで，各生徒の英単語の読み書きの習得の様子と，学習支援の方法を判断することができる。

　英単語を日本語に変換する単語テストで，独力で回答した場合よりも，単語の読み上げを聞いてから回答した場合の正答数が多い場合は，英単語の文字を音に変換することに困難があることがわかる。この場合は，読み上げ（代読）支援が有効な可能性がある。

　日本語を英語に変換する単語テストで，日本語単語をアルファベットで回答する場合の正答数よりも，日本語単語を仮名表記で回答する場合の正答数が多ければ，アルファベット文字には変換できないけれども音としては英単語を知っていることになる。この場合は，カタカナ表記や ICT を使った英語での音声入力が有効である可能性が考えられる。

　カットオフ値はパーセンタイル値で示されている。「英単語を書くことに困難があり，日本語の読み書きの困難さについて精査が必要である」と判定されるのは 10 パーセンタイル値，「やや正確に書くことができない状態なので，日本語の読み書きの程度を確認する必要がある」は 25 パーセンタイル値である。

10) 視知覚認知の検査

　視知覚認知の検査としては，教育現場ではフロスティッグ視知覚発達検査（DTVP）（飯鉢他，1977）が使いやすい。ただし，フロスティッグ視知覚発達検査で使われている比較的単純な図形課題では，視知覚認知の問題から読み書きに困難があっても検出できないことが

ある。レイの複雑図形検査（RCFT）（Meyers & Meyers, 1995）は視知覚認知の問題の検出力は高い。しかし，レイの複雑図形検査は日本語版がなく，平均値も日本人のものは研究論文段階のものだけである（荻野他, 2019）。

　「見る」力を育てるビジョン・アセスメント「WAVES」（竹田, 2014）は，視知覚，目と手の協応，眼球運動の3領域の視覚関連基礎スキルを，10種類の下位検査でアセスメントする検査である。この検査にはトレーニングブックも付属していて，検査結果からビジョン・トレーニングに進むことができる。

11）音韻認識の検査

　音韻認識とは，ことばを音の単位で自由に操作できる力のことである。たとえば，「たいこ」ということばの「た」を取ったら「いこ」になる，逆から言うと「こいた」になるなどの操作ができる力をいう。

　音韻認識の検査は，音韻削除課題（「あたま」から「あ」をとって「たま」を答えるなど），逆唱課題（「きつね」を逆から言って「ねつき」と答えるなど），無意味単語音読，しりとり課題などがある。正答数や反応時間の平均値と標準偏差が示されていて入手しやすい音韻検査は3つある。1つは宇野ら（2002）の音韻検査で，対象は小学校1年生から6年生までである。2つめはELC（加藤他, 2016）で，対象は小学校2年生と3年生である。3つめは原（2016）の音韻検査で，対象は小学校1年生から6年生までになっている。

C-3-13　「読む・書く」の指導の実際

　指導は，読み書きの流暢性・正確性を改善することを目標とした指導と，読み書きの流暢性・正確性を補助代替する支援の2つに分けることができる。

1. 読み書きの流暢性・正確性の改善を目標とした指導

1）ひらがな・カタカナ

（1）単文字レベル

　①キーワード法：「りんご」の「り」のように，意味ある単語と関連づけてひらがなを覚える方法である（図C-3-11）。単語は，本人が好きなキャラクターを使うと有効なことが多い。特に，ASDがあって興味関心が狭い場合には，本人の興味関心を活用することが重要になる。

図C-3-11　キーワード法

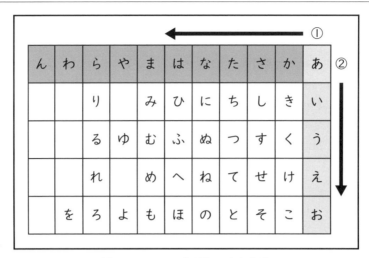

図 C-3-12　ひらがな五十音表法

図 C-3-13　粘土やモールで文字を作る

②ひらがな五十音表法：[1] 五十音を，「あ，か，さ，た，……わ，を，ん」と各列の最初の音を言えるようにする。[2] その後，「あ，あいうえお，あか，かきくけこ，あかさ，さしすせそ……，あかさたなはまやらわ，わをん」と，言えるようする。[3] あ段，か段……と言えるようにする（図 C-3-12）。

③粘土やモールで文字を作る：粘土やモールなどで，ひらがな文字やカタカナ文字を作って覚える方法である（図 C-3-13）。英語圏では，アルファベットを砂の上で書くという方法も使われている。

（2）単語レベル
　特殊音節については，以下のように視覚化と動作化の 2 つの方法がある。

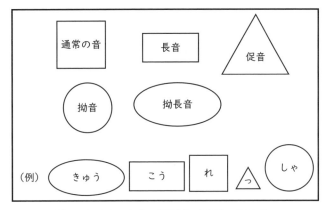

図 C-3-14　文字の視覚化（天野，2006）

図 C-3-15　書き順を言語化（下村，2019）

　①視覚化：特殊音節のように発音しない文字を視覚化するために，特殊音節にそれぞれ形を割り当てて，意識させる方法がある（天野，2006）（図 C-3-14）。

　②動作化：特殊音節のように発音しない文字や，濁音・半濁音のような濁点・半濁点の違いだけの文字などを意識させるために，決めたサイン（動作）を付ける方法がある（海津，2010）。

（3）文章レベル──文節ごとに区切りを入れる練習
　小学校 3 年生以降になると，教科書は分かち書きではなくなる。読み書きに困難がある子どもは，3 年生になって急にその困難さが目立つことがあるが，それは文章の区切りをスムーズに見つけることができなくなるからである。
　文章を区切っていく練習をすることによって，ことばをかたまりで捉えることがスムーズになる可能性がある。また，区切りを入れた文章は，視覚的にも読みやすくなる。

2）漢字
　書き順を言語化する（下村，2019）（図 C-3-15），語呂合わせで覚える（学研プラス，2017；受験研究社，2018），偏と旁の組み合わせにして覚える（奥野かるた店，2010）などの方法がある。

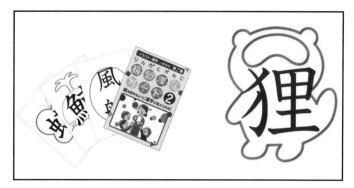

図 C-3-16　輪郭漢字カード（教育技術研究所／ https://www.tiotoss.jp）

　漢字は，書けなくても意味がわかっていれば，文章読解に有効な手がかりになる。教育技術研究所（2002, 2004）は，表は漢字，裏は漢字とその意味を示す絵が重ねて描かれているカードで，フラッシュカードとして使って漢字の意味を覚えることができる（図 C-3-16）。

2. 読み書きの流暢性・正確性を補助代替する支援

1）読みへの支援

（1）ふりがな（ルビ）を付ける

　漢字にふりがなを自動でつけるソフトやアプリがある。ただし，視知覚認知機能の困難が原因の読み書き障害には効果がないばかりか，複雑な漢字にふりがなを付けることによって，さらに読みを困難にする場合もあるので注意が必要になる。

（2）文章の音声化

　文章を音声で聞くことで，内容を理解できるようになる子どもがいる。人による読み上げ（代読）は，高校入試での合理的配慮として提供された事例がすでに複数ある。ただし，ワーキングメモリーが弱い場合は，読み上げる速度を遅くする，一度に読み上げる文字数を少なくする等の調整が必要になる。パソコン等での読み上げやIC レコーダー等の録音を使用すると，最適な代読速度等を本人が自分で調整できるようになる。読み上げ機能は，パソコン，タブレット端末，スマートフォン等に標準機能として備わっていることが多い。

　タブレット端末やスマートフォンの OCR（光学的文字認識）アプリは，読みたいページを画像に撮るだけで文字を自動で認識してくれるので，標準機能の読み上げを組み合わせて使うと，簡単に文章を音声化できる（図 C-3-17）。

（3）読み環境の整備

　①スリット・カラーフィルター：文字の量を調節したり色をつけたりすると，読みやすくなる子どもがいる。リーディング・スリットやカラーフィルターなどが使える。ただし，カラーフィルター使用によって読み速度が上がるかどうかの研究結果は分かれている。主観的な印象では読むことが楽になるという研究結果は多い。

図 C-3-17　OCR アプリを使って文章を音声化して内容を理解

　②拡大コピー：拡大するだけで読みやすくなる子どもがいる。ただし，どの程度の拡大率が読みやすいのかは子どもによって異なるので，適切な拡大倍率を見つける必要がある。

　③フォント：明朝体や教科書体のデザインや縦画と横画の太さの違いに影響されて，文字から音への変換がスムーズにいかない子どもがいる。そのような場合，フォントを丸ゴシックやユニバーサルデザインフォント（UD フォント）に変更すると，「読みやすい」と感想を言うことがある。ただし，カラーフィルターと同様に，フォントの変更によって読み速度が上がるかどうかは研究によって結果は分かれている。読むことへの主観的印象は楽になるという研究結果は多い。

2）書きへの支援
（1）キーボード入力

　タッチタイピングでキーボード入力できるようになると，音を文字に変換する際（エンコーディング）に，文字イメージを介さないで，音は直接指の運動を介して文字に変換されるようになる。つまり，手続き記憶を使って文字出力ができるようになると考えられる（山田他，2019）。そのため，音を文字に変換する過程が原因で，鉛筆等の筆記用具では流暢に書くことができない子どもも，キーボードを使うと，同学年の平均速度で書字が可能となる。

　五十音配列のキーボードを使えば，ローマ字入力が苦手な子どもも楽に入力できる。キーボードの配列を五十音配列にするソフトもある。

（2）画像

　板書をカメラで写すことは，合理的配慮としてすでに学校の教室で実施された事例が複数ある（河野，2021）。しかし，注意することがある。まず，写すときに無音カメラアプリを使ってシャッター音が鳴らないようにすることである。授業中にシャッター音が鳴ることは，クラスの同級生にとってはわかっていても気になる。次に，撮った画像を整理することが必要になる。通常のノートのように，科目ごとにフォルダーを作って整理するという方法がわかりやすい。同時に，画像を印刷してバインダーに綴っていくと，板書を画像に撮っているけれどノートとして撮っていることを，他の子どもに理解してもらえる。最後に，板書画像に画像加工アプリを使って大事なところに線を入れたり，補助的なことを書き込みができたりする方法を知っておくと，復習するときに役立つ。

3）高次の読み書きへの支援

（1）高次の読みへの支援——速読スキル

　読み書きの流暢性の困難は大人になっても残っているという報告がある（河野，2014）。流暢性の困難に対しては，合理的配慮として時間延長があるが，時間延長は疲労を招く。その結果，時間延長がされても本来の高次の読み書きの能力が発揮できない，ということも起こりうる。そのような場合，速読スキルが有効になることがある。スキャニングやスキミングとよばれる速読スキルがある。スキャニングは特定の情報を抜き出すことを目的にした読み方で，スキミングは文章の概要や要点を掴むことが目的の読み方になる。速読スキルについては石黒（2010）に詳しい。

（2）高次の書きへの支援

　①マッピングソフト：定型発達であれば，頭の中に記憶しておいたアイデアを文字に変えていくことに，大きな困難はない。しかし，低次の書きに困難があると，音を文字に変換することにエネルギーを使ってしまい，書きたい内容を忘れてしまうことがある。そのような場合，書きたい内容を付箋などの紙に書いて保存し，それを見ながら文章にすれば，低次の書きにエネルギーを集中できるようになる。パソコンやタブレット端末・スマートフォンを使って同じことをするためのマインドマップ®と呼ばれるソフトやアプリがある。

　②ファイブパラグラフ・エッセイ（Five Paragraph Essay）：書きたいアイデアを記憶しつつ文字化し，さらに書く順番も考えるとなると，低次の書きに困難がある場合は，作文が困難になることが多い。そのような場合，書く順番を指定しておくと，作文が楽になることがある。さらに，図 C-3-18 のマッピングソフトと組み合わせると，より楽に作文を書くことができる可能性が高くなる。

　書く順番の例としてファイブパラグラフ・エッセイがある。これは，5 段落で作文を書く枠組みで，1 段落で結論，2 段落から 4 段落で理由を 3 つ書き，最後の 5 段落で結論を繰り返す，という構造になっている。たとえば，遠足の作文を書くとする。1 段落で「遠足は楽しくなかった」と結論を書き，その理由として，2 段落から 4 段落に「暑かった」「鬼ごっこをして転んで膝をすりむいた」「弁当にきらいな梅干しが入っていた」と説明して，最後の 5 段落で「だから，遠足は楽しくなかった。でも，学校での勉強よりはまし」と書けば作文に

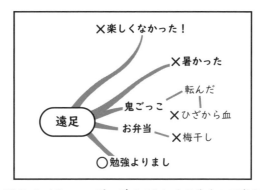

図C-3-18　マッピングソフトによる作文の下書き

なる。

C-3-14　自閉スペクトラム症（ASD），注意欠如・多動症（ADHD），発達性協調運動症（DCD）がある子どもへの支援・指導

ASD, ADHD, DCD のそれぞれの特性を理解することが重要である。それらの特性が「読む・書く」にどのような影響を与えているかを理解できると，支援・指導の方向がわかる。

1．自閉スペクトラム症（ASD）

ASD の場合は，興味関心の狭さから，関心のない内容の文章を読もうとしなかったり，字が自分の思い通りの形で書けないこと，きれいに消せないことが許せず，書くことを極端に嫌がったりすることがある。そのような場合，低次の読み書きに困難があるのではないか，と疑われることがある。ASD のある子どもにそのような様子が見られたら，本人が好きなテーマ・内容を使って，低次の読み書きの能力を確認することが有効である。

2．注意欠如・多動症（ADHD）

多動性・衝動性の強い ADHD の場合は，マスからはみ出した乱雑な字を書くことが多い。服薬によって多動性・衝動性がコントロールされると，マスの中に入った乱雑とはいえない字になることがある。

3．発達性協調運動症（DCD）

DCD の場合も乱雑な書字になることが多い。DCD は ADHD と異なり，服薬による改善は認められないことが多い。キーボード入力スキルの獲得にも苦労する場合がある。しかし，スマートフォンのフリック入力では，キーボードよりも少ない入力操作になるので，入力スキルが上達する可能性がある。

なお，日本語において ASD に読み書き障害が合併している割合は 25.8%，ADHD に読み

書き障害が合併している割合は 43.6% という報告がある（岡他，2012）。重複している場合は，それぞれの特性への対応が必要になる。

C-3-15　英語の指導の実際

1. できるようにする支援

1）シンセティック・フォニックス（Synthetic Phonics）

　1文字1音対応でアルファベットを1つずつ教えながら，既習の文字をさまざまに組み合せて，文字と音がつながって単語になることを指導する方法である。たとえば，street という単語を読み書きするときには，s-t-r-ee-t と分けて1つずつ文字と音を対応させる。シンセティック・フォニックスの中の1つであるジョリー・フォニックス（Jolly Phonics）による指導書が，日本でも発売されている。村上（2021）に包括的な説明がある。

2. 補助代替支援

1）読むことへの支援

（1）OCR アプリ

　日本語と同様に，画像に撮ることでデジタルテキスト化してくれる OCR アプリが使える。

（2）音声読み上げ

　人工合成音声による音声読み上げ（代読）は，日本語の場合は漢字を読みまちがえることがあるが，英語ではほぼ 100% 正確に音声化する。音声も，男性の声か女性の声かの選択，イギリス英語かアメリカ英語かなどの選択も可能になっている。

2）書くことへの支援

（1）単語予測機能付きキーボード入力アプリ

　文脈から文法的に正しい候補単語が予測されて出てくるキーボード入力アプリがある。たとえば「They」と入力すると，候補には「are」「have」「were」などが最初に出てくる。もし「w」を入力すると，「were」「will」が候補になり，「will」を選択すると，「be」「have」「not」が候補として並ぶというように，次々と文法的に正しい選択肢が示される。このような単語予測機能を使うと，入力のときにスペルミスをする可能性が高い読み書きに困難がある人にとっては，文章内容を考えることにエネルギーを使えるという利点がある。また，文法の学習にもなる。

（2）音声入力

　英語でも音声入力は有効である。しかし，英語で音声入力するときに気を付けることは，入力時のキーボードを英語入力にしておくことである。キーボードを日本語入力のままにしておくと，日本語変換されてしまう。

（3）カタカナ表記

　ここで「カタカナ表記」と表現しているのは，「チョコレート」等のカタカナ英語と呼ばれる日本語英語をカタカナにして表記したものではなく，英語の発音に近い表記にしたもののことである。「チョコレート」であれば，「チョックリット」と表記することである。カタカナ表記が認められた中学生の事例が，福井県特別支援教育センター（2020）の中に掲載されている。

〔引用文献〕
　天野　清（2006）：学習障害の予防教育への探求．中央大学出版部．

　American Psychiatric Association（2013）：Diagnostic and statistical manual of mental disorders Fifth Edition : DSM-5. American Psychiatric Press, Washington, DC. 高橋三郎，大野　裕（監訳）（2014）：DSM-5 精神疾患の診断・統計マニュアル．医学書院．

　福井県特別支援教育センター（2020）：読みや書きに困難さがある児童生徒に対するアセスメント・指導・支援パッケージ 第2版．http://www.fukuisec.ed.jp/（2022年2月13日閲覧）．

　学研プラス（2017）：小学全漢字おぼえるカード．

　原　惠子（2016）：学習障害─発達性読み書き障害を中心に─．石田宏代，石坂郁代（編）：言語聴覚士のための言語発達障害学 第2版．医歯薬出版，pp.166-180.

　飯鉢和子，鈴木陽子，茂木茂八（1977）：DTVP フロスティッグ視知覚発達検査．日本文化科学社．

　稲垣真澄（2010）：特異的発達障害 診断・治療のための実践ガイドライン．診断と治療社．

　稲垣真澄（2020）：吃音？チック？読み書き障害？不器用？の子どもたちへ─保育所・幼稚園・巡回相談で役立つ"気づきと手立て"のヒント集─．診断と治療社．

　石黒　圭（2010）：「読む」技術．光文社．

　石井恵子，上野一彦（2008）：発達障害のある児童生徒の不登校傾向について─情緒障害通級指導学級の実態調査を通して─．LD研究，17，90-96.

　一般社団法人日本LD学会（2018）：LD-SKAIP.

　受験研究社（2018）：小学漢字新辞典．

　海津亜希子（2010）：多層指導モデル MIM 読みのアセスメント・指導パッケージ．学研教育みらい．

　加藤醇子，安藤壽子，原　惠子他（2016）：読み書き困難児のための音読・音韻処理能力簡易スクリーニング検査 ELC．図書文化社．

　小枝達也（2002）：心身の不適応行動の背景にある発達障害．発達障害研究，23，258-266.

　河野俊寛（2014）：学齢期に読み書き困難のエピソードがある成人8例の読み書きの流暢性及び認知特性─後方視的研究─．LD研究，23，466-472.

　河野俊寛（2021）：日本における読み書き障害のある子どもへの ICT を活用した支援の現状と課題．LD研究，30，283-287.

　河野俊寛，平林ルミ，中邑賢龍（2017）：小中学生の読み書きの理解 URAWSS II．atacLab.

　教育技術研究所（2002）：輪郭漢字カード第1集．

　教育技術研究所（2004）：輪郭漢字カード第2集．

　Meyers, J.E. & Meyers, K.R.（1995）：Rey Complex Figure Test and Recognition Trial. Psychological Assessment Resources, Odessa.

　村上加代子（2021）：個に応じた英語指導をめざして．くろしお出版．

　村田美和，平林ルミ，河野俊寛他（2017）：中学生の英単語の読み書きの理解 URAWSS-English. atacLab.

　日本版 KABC-II 制作委員会（2013）：日本版 KABC-II．丸善出版．

　日本版 WISC-IV 刊行委員会（2010）：WISC-IV 知能検査．日本文化科学社．

　日本版 WISC-V 刊行委員会（2021）：WISC-V 知能検査．日本文化科学社．

　荻野優子，川崎聡大，奥村智人他（2019）：児童期における Rey-Osterrieth Complex Figure Test の発達経過とその尺度構成の検討．バイオメディカル・ファジィ・システム学会誌，21，69-77.

岡　牧郎，竹内章人，諸岡輝子他（2012）：広汎性発達障害と注意欠陥多動性障害に合併する読字障害に関する研究．脳と発達，44，378-386.

奥村智人，川崎聡大，西岡有香他（2014）：包括的領域別読み能力検査 CARD．ウィードプランニング.

奥野かるた店（2010）：漢字博士入門編.

下村　昇（2019）：となえておぼえる漢字の本 改訂 4 版 小学 1 年生〜6 年生．偕成社.

竹田契一（監修）（2014）：『見る力』を育てるビジョン・アセスメント「WAVES」．学研教育みらい.

東京都教育委員会（2017）：「読めた」「わかった」「できた」読み書きアセスメント（小学校版）．https://www.dik-uni.com/koik/（2022 年 2 月 13 日閲覧）.

東京都教育委員会（2018）：「読めた」「わかった」「できた」読み書きアセスメント（中学校版）．https://www.dik-uni.com/koik/（2022 年 2 月 13 日閲覧）.

上野一彦，篁　倫子，海津亜希子（2008）：LDI-R—LD 判断のための調査票—．日本文化科学社.

宇野　彰，小枝達也，原　仁他（2002）：学習障害児の早期発見検査法の開発および治療法と治療効果の研究．厚生労働科学研究成果データベース，https://mhlw-grants.niph.go.jp/project/6633（2022 年 2 月 13 日閲覧）.

宇野　彰，春原則子，金子真人他（2017）：改訂版 標準 読み書きスクリーニング検査（STRAW-R）—正確性と流暢性の評価—．インテルナ出版.

山田晃司，橋本竜作，立岡愛弓他（2019）：ローマ字書字とタイピングに乖離を示した左前頭葉損傷の 1 例．高次脳機能研究，39，43-51.

C-4
「計算する・推論する」の指導

【概要】..................... 算数・数学の学習の基礎となる「計算する・推論する」の能力の発達と困難について基本的な説明ができるようにすることが目標である。まず，「計算する・推論する」の内容がどのようなものか，そのアセスメント，つまずきの具体像とその原因について説明ができるようにする。さらに，つまずきの原因と指導の方法・内容を関連づけて説明ができるようにする。

【キーワード】........... 算数障害／数概念／基数性，序数性／ワーキングメモリー／文章題

【到達目標と評価】..... ①算数・数学の学習の基礎となる「計算する・推論する」の能力の発達と困難について基本的な説明ができる。
②「計算する・推論する」のアセスメントについて説明できる。
③「計算する・推論する」のつまずきの具体像とその原因について説明できる。
④つまずきの原因と指導の方法・内容を関連づけて説明できる。

C-4-1　算数障害 (mathematical learning disabilities)

　学習障害の定義の中で，「計算する」「推論する」の習得の困難さがあるものが，算数障害にあたる。算数や計算に特異的障害があるということの研究は，1890 年代からの脳出血などでできたことができなくなった成人の失算 (acalculia) や計算障害 (dyscalculia) の神経心理学的研究から始まっている。その後，子どもに関しても，そのような計算等に特異的に障害が現れるタイプがあるという認知神経心理学的研究が行われるようになってきた。脳損傷児の研究 (Strauss & Werner, 1938)，さらには 1960 年代に，もともと生得的に数や計算に関する習得の困難さがある発達性計算障害 (developmental dyscalculia) の研究が始まってきた（熊谷，1997）。それとは別に，1962 年にはカーク (Kirk, S.A.) が，学習障害の定義の中で「計算する」などの算数に関わる習得の困難さの問題がある子どもがいる，ということを明確にしている（熊谷，1999）。

　米国精神医学会の診断基準である DSM (Diagnostic and Statistical Manual of Mental Disorders) や世界保健機関 (WHO) の ICD (International Classification of Disorders) という医学的診断基準の中にも，学習に関する特異的な習得の困難さに言及しており，それらの中で，読みの不全，書字表出の不全とともに算数をともなう不全も必ずある (DSM-5 ; specific learning disorder with impairment in mathematics, ICD-10 ; developmental learning disorder with impairment in mathematics)。DSM についても，ICD についても，それらの中身は変化してきている。現在，DSM-5 (APA, 2013) というものが用いられており，また，ICD-11 (WHO, 2021) も，そのような内容にほぼ類似の定義となった。表 C-4-1 では，まず，DSM-5 (APA, 2013) の定義を挙げておく。

　この DSM-5 の A にあるように，限局性学習障害の子どもたちは「学習や学業的技能の使

表 C-4-1　DSM-5 の限局性学習障害の定義の中で算数に関連した項目（APA, 2013）

診断基準原版の英語	日本語版の訳及び私訳
A. Difficulties learning and using academic skills, as indicated by the presence of at least one of following symptoms that have persisted for at least 6 months, despite the provision of interventions that target those difficulties:	学習や学業的技能の使用に困難があり，その困難を対象とした介入が提供されているにもかかわらず，以下の症状の少なくとも1つが存在し6カ月以上持続することによって明らかになる。
1. Word reading（略） 2. Meaning of what is read（略） 3. Spelling（略） 4. Written Expression（略）	1. 単語の読み（略） 2. 読み理解（略） 3. 綴り（略） 4. 書き（略）
5. Difficulties mastering <u>number sense</u>, <u>number facts</u>, or calculation (e.g., has poor understanding of numbers, their magnitude, and relationships; counts on fingers to add single-digit number instead of recalling the math fact as peers do; gets lost in the midst of arithmetic computation and may switch procedures)	5. <u>数字の概念</u>，<u>数値</u>，または計算を習得することの困難さ（例：数字，その大小，及び関係の理解に乏しい。1桁のたし算を行うのに同級生がやるように数的事実を思い浮かべるのではなく，指を折って数える。算術計算の途中で迷ってしまい方法を変更するかもしれない）。 〔<u>数の感覚</u>，<u>数的事実</u>，または計算の習得の困難（例：数，その大きさ，及び関係の理解に乏しい，他の者がやるように，数学的事実を記憶から再生するのではなく，1桁の数を足すにも指を折って数える，計算の最中に戸惑ったり，計算の手続きを変更したりするなど）私訳〕
6. Difficulties with mathematical reasoning (e.g., has severe difficulty applying mathematical concepts, fact, or procedures to solve quantitative problems)	6. 数学的推論の困難さ（例：定量的問題を解くために，数学的概念，数学的事実，または数学的方法を適用することが非常に困難である）
315.00（F81.0） With impairment in reading （内容略）	315.00（F81.0） 読みの障害を伴う （内容略）
315.2（F81.81） With impairment in written expression （内容略）	315.2（F81.81） 書きの障害を伴う （内容略）
315.1（F81.2） With impairment in mathematics • Number sense • Memorization of arithmetic facts • Accurate or fluent calculation • Accurate math reasoning	315.1（F81.2） 算数（数学）の障害を伴う • 数の感覚 • 数学的事実（算数的事実）の記憶 • 計算の正確さまたは流暢性 • 数学的推理（推論）の正確さ

＊私訳について：筆者が相互の英語熟語のつじつまが合うように訳した。
　なお，日本語版の翻訳では，arithmetic も mathematics も同じ数学という熟語で翻訳されている。

表 C-4-2　本章における分類と DSM-5 との関係

分類	熊谷（2018b）の分類	DSM-5 の 315.1（F81.2）との対応
1. 数処理	数詞（言語シンボル） 数字（視覚シンボル） 具体物（操作可能なもの） それら 3 つの対応関係	（5. にある「数値」に関係する）
2. 数概念	序数性（順序性の理解） 基数性（数量の理解）	数の感覚（主に数量の理解）
3. 計算	暗算（事実として記憶されるか） 筆算（数字の配置，計算手続き）	数学的事実の記憶 計算の正確さまたは流暢性
4. 推論	文章題解法 演繹的推論 帰納的推論 類推的推論など	数学的推理の正確さ （量的問題を解決するため手続きを適用する）

　用に困難があり，その困難を対象とした介入が提供されているにもかかわらず，以下の症状の少なくとも 1 つが存在し 6 カ月以上持続することによって明らかになる」とある。そして，その下位分類として，1. 2. は読みの困難，3. 4. は書きの困難について言及しており，5. 6. は，算数の困難に関して言及している。

　5. は，数の感覚，数的事実，または計算の習得の困難としており，たとえば，数，その大きさ，及び関係の理解に乏しい，他の者がやるように，数学的事実を記憶から再生するのではなく，1 桁の数を足すにも指を折って数える，計算の最中に戸惑ったり，計算の手続きを変更したりするなどという内容となっており，数や数を使った計算，というものに焦点が当てられている。また，6. は，数学的推論の困難さであり，たとえば，量的問題を解決するため，数学的な概念，数学的事実または数学的な手続きを適用することの困難さという内容となっており，すなわち，具体的な場面などで，数を使用した推論ができないということに焦点が当てられている。

　そしてさらに，315.1（F81.2）として「算数（数学）の障害を伴う」ということについては，特に，「数の感覚」「数学的事実（算数的事実）の記憶」「計算の正確さまたは流暢性」「数学的推理（推論）の正確さ」と挙げている。計算の正確さまたは流暢性など，他と被る表現もあるため，正確に区別することが困難である。そのため，これまでの計算障害，発達性計算障害の研究，さらにはカークからの学習障害の定義の流れを踏まえて，表 C-4-2 のように整理する。すなわち，DSM-5 に示されたことは，認知的な面からみて算数に関して，能力のアンバランスがある場合，すべてを網羅しているわけではないため，それらを補完して示した，ということである。

　すなわち，5 の文章にある「数値」ということについては，数というのが，数詞や数字，具体物という 3 つの側面があり，それぞれが対応していることが必要であるが，そもそも学習障害での算数の習得の困難さは能力のアンバランスに起因しており，たとえば，数詞を言い数字が書けるが，数字で書かれたものが数詞で表現されないなどの問題もありうる，ということである。そのため，3 つの相互関係が成立しているかどうか，考える必要がある。また，次に数概念の段階を考えてほしいのであるが，数処理のような単なるマッチングとい

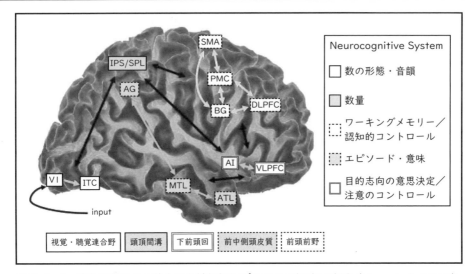

図 C-4-1　算数に関与する基本的な神経認知プロセスの概略回路図（Fias et al., 2013）

うことだけではなく，数自体にどのような意味があるかについてである。これについては，DSM-5 では，「数の感覚」といい，数量のほうが強調されて扱われている。しかし，それは基数性であり，さらにもう一方では序数性という概念もあるということを意識したい。計算においては，これは演算の種類ごとに分けるというよりも，計算式を見て，すぐに記憶の中から数的事実を呼び起こせる（検索できる），という暗算の範囲の計算，暗算を使いながら，多数桁の数と数をたしたり，かけたりする筆算では，計算手続きが必要となる。その暗算と筆算の両者を考える必要がある。さらに筆算は，計算手続きと空間的な数字の配置をうまく使えるかどうか，という点で検討されなければならない。推論については，数を具体的な場面で使う場合にその場面から計算式が意味的にも結び付けられ，しかも現実的な数として答えが導かれるようにならねばいけない。そのために，文章題の解法というのは，操作的なアセスメントにも入ってくるものであるが，他に「推論」の種類としては，文章題の解法だけでなく「演繹」「帰納」「類推」等の推論ができるかどうかに関しても考慮すべきであろう。

C-4-2　算数に関与する基本的な神経認知プロセス

　算数は，神経心理学的にも認知神経心理学的にも研究されてきたが，脳の機能を考えると，非常に広い部位に関係している。したがって，算数はある焦点的部位での特定の能力というわけではないことがわかる。

　Fias et al.（2013）（図 C-4-1）は，これまでの MRI に関する論文を概説し，脳の中で，算数に関する部位をいくつかの機能単位に分けて示した。数というシンボルを見ても，それは，数詞という言語的な側面と数字という視覚的な側面，そしてそれが表すドットの数や量という具体物の側面などさまざまな側面がある。

　図 C-4-1 の部位のほとんどは皮質の灰白質中心であるが，皮質下にもわたり機能していると考えられており，複雑である。ただし，ここには，いくつかの機能単位がある。それら

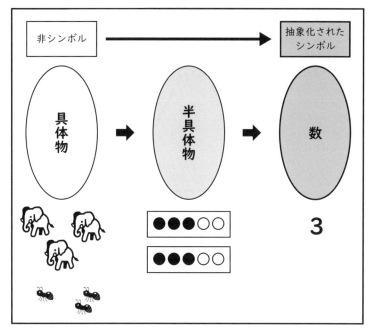

図 C-4-2　数（number）の獲得過程——具体物－半具体物－数（シンボル）

をまず，考えてみたい。数が視覚情報として入力されるか，聴覚情報として入力されるかでも異なるが，視覚的な数（数字）と聴覚的な数（数詞）が視覚・聴覚連合野でマッチングされている。さらに，頭頂間溝にある数の感覚，特にそれらが表す数量とも結びつく。また，前中側頭皮質から，過去に蓄えられた数についての経験や数の知識が呼び起こされて，数の量をバックアップすることになる。下前頭回より，目的的思考に沿った注意のコントロールがなされ，前頭前野の認知的コントロール機能であるワーキングメモリーを使用して，ある筆算や文章題を解くなど目の前の課題を自分で手順を追いながら，操作する。

C-4-3　4 つの分類によるアセスメントと指導

1. 数処理

1）数処理の内容

　この数処理というのは，成人の後天性の障害である失算（acalculia），計算障害（dyscalculia），あるいは発達性計算障害（Developmental Dyscalculia）の中で，評価項目として計算と同様に重要な項目であった。子どもが数を獲得する過程には，数字が前提にあるわけではない。音楽のように覚えた数詞の系列を用いて具体物（分離量）を数えるところから始まる。そこから，具体物の特性を取り去り，数という部分だけに注目した上で数を獲得していくこととなる。そして，具体物を数詞の系列を使い計数するという経験の中から，数の空間的な位置関係（3 は 2 の向こう側，4 は 5 の手前など）を把握することになる（図C-4-2）。

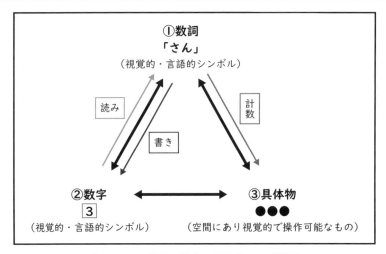

図 C-4-3　数詞・数字・具体物の三項関係

　数の発達を考える場合には，数詞や数字以前に具体物との対応関係があってこそ，数詞や数字が習得されるということがあるため，ここでは，数詞・数字・具体物の三項関係が成立しているかどうかを問題とする。図 C-4-3 には，「3」を例として書いておいた。まず，数詞の系列が「いち，に，さん，し……」のようにある程度の数，歌のように記憶される（聴覚的記憶力が必要）と，それを使用して，みかんやりんごなど具体的な物を「計数する」ことができるようになってくる。具体物を計数する場合には，並べて数えたほうがすでに数えたものと数えていないものがわかりやすいということから，空間的な配置として，横並びで数えることほうが有効であり，その空間的な配置から，「いち」の次は「に」，「に」の次は「さん」などというように距離との関係などもこの計数から，理解されてくる。その後，就学前に，テレビや時計盤などを見ていく経験から，10 以下程度の数詞と数字がマッチングできるようになる。就学後に，数詞と数字と具体物の対応関係が整理されることとなる。

　そして，数がだんだん大きくなっていくと，数詞，数字が十進法の規則に基づいて言い方や書き方がなされていく（図 C-4-4）。このような，数詞や数字の表し方の中に多数桁をどのように表すか，ということが入ってくる。たとえば，「よんひゃくご」は「405」と書く，1,052 は「せんごじゅうに」と言うなどである。また，具体物のほうは，連続量としての理解が進んでくる。すなわち，分離量である具体物を計数することによって，数の位置関係がわかり，数直線の理解ができてくるようになる。

2）アセスメント

　表 C-4-3 にあるように，どの数までの三項関係が成立しているのかについて，アセスメントを行う。

3）支援

　この数詞，数字，具体物の三項関係は，すごろくを行うとよい。その子どもが理解している数の範囲はどこまでで，どこからが三項の対応関係ができていないのかをアセスメントに

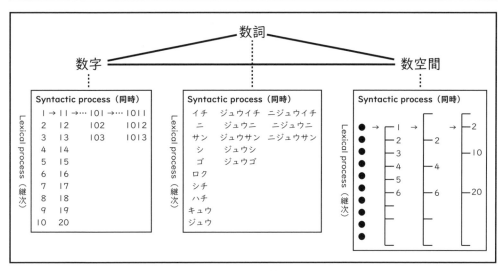

図 C-4-4　大きな数の三項関係

表 C-4-3　数処理のアセスメントのための課題と課題例

課題（いくつまで三項関係ができているか）	課題の例
同じ数で，数詞→数字 　　　　　数字（カード）→具体物　等	「ハチはどう書きますか？」「8」 「8個とってください」　　　　　「●●●●●●●●」
同じ数で，数字→数詞 　　　　　具体物→数詞	「105はいくつって言いますか？」 「これ（10の棒と1の□など使って）は，何個でしょう？」

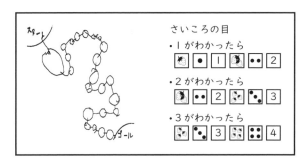

図 C-4-5　数処理の支援：すごろくゲーム

おいて，明確にしておく。その中で三項関係ができている数とできていない数の境界のあたりをすごろくゲームを使用して支援をはじめる。さいころを振り，コマを進めることになるが，そのときに，コマを動かしながら数詞を言うという作業をさせることが必要である。

　たとえば，⑤，⑩，⑮，⑳……など5飛びにしたり，さらに大きな数にしたりしてもよい。

　図 C-4-5 では，三項関係として「1」しかわからない子どもの指導のためのさいころの目を書いている。はじめ1と2のさいころを作成し，すごろくが正確にできたら，3を導入

表 C-4-4　序数性のアセスメント

規則	課題例
1 飛び	①—②—○—④—○—⑥—⑦—○—⑨—⑩
2 飛び	②—④—○—⑧—○—⑫—⑭—○—⑱—⑳……
3 飛び	③—○—⑨—⑫—○—⑱—㉑……
5 飛び	⑤—⑩—⑮—○—㉕—○—㉟—㊵—○—㊿……
10 飛び	⑩—○—㉚—○—㊿—……

し，2 と 3 でさいころを構成する。これですごろくが正確にできたら，3 に 4 を導入するということにしている。

2.　数概念

1）数概念の内容

　数概念には，序数性と基数性がある。序数性とは，数が順番を表すものであるという意味を理解しており，「〇ちゃんは，前から〇番目」と言うことができるということである。DSM-5 では，基数性（数の感覚）を問題にしているが，序数性があるのは忘れてはいけない。

　また，基数性とは，数が量を表すものであるという意味を理解しており，これは，ある直線やあるものに対して，数と合う具体物が思い浮かぶかどうか（熊谷，2007）である。

2）アセスメント

（1）序数性

　表 C-4-4 のようなものの中に数字の系列のわからないところを当てはめられることができるか，ということになる。基盤となる能力としては，WISC 検査のワーキングメモリーや DN-CAS，KABC-II 検査にある継次（処理）の能力が関係しており，これらの能力が低い場合には，序数性の獲得に困難さがある可能性がある。

（2）基数性

　図 C-4-6（熊谷，2007；2018α）に示されている線分図及び丸の大きさの記載について，アセスメントを行うとよい。基盤となる能力としては，WISC 検査で測定される知覚推理や同時（処理）が関係しており，これらの能力が低い場合には，基数性の獲得の困難さがある可能性がある。

3）数概念の支援

（1）序数性の獲得が困難な場合

　数詞や数字の順序が理解できない場合には，ワーキングメモリーの弱さがあるなどが考えられる。そのため，数系列を十進法が視覚的にもわかりやすい状態で提示しながら，そこにある数字等を口頭で読むなどして，数の構造を理解しやすいようにする方法などがある。

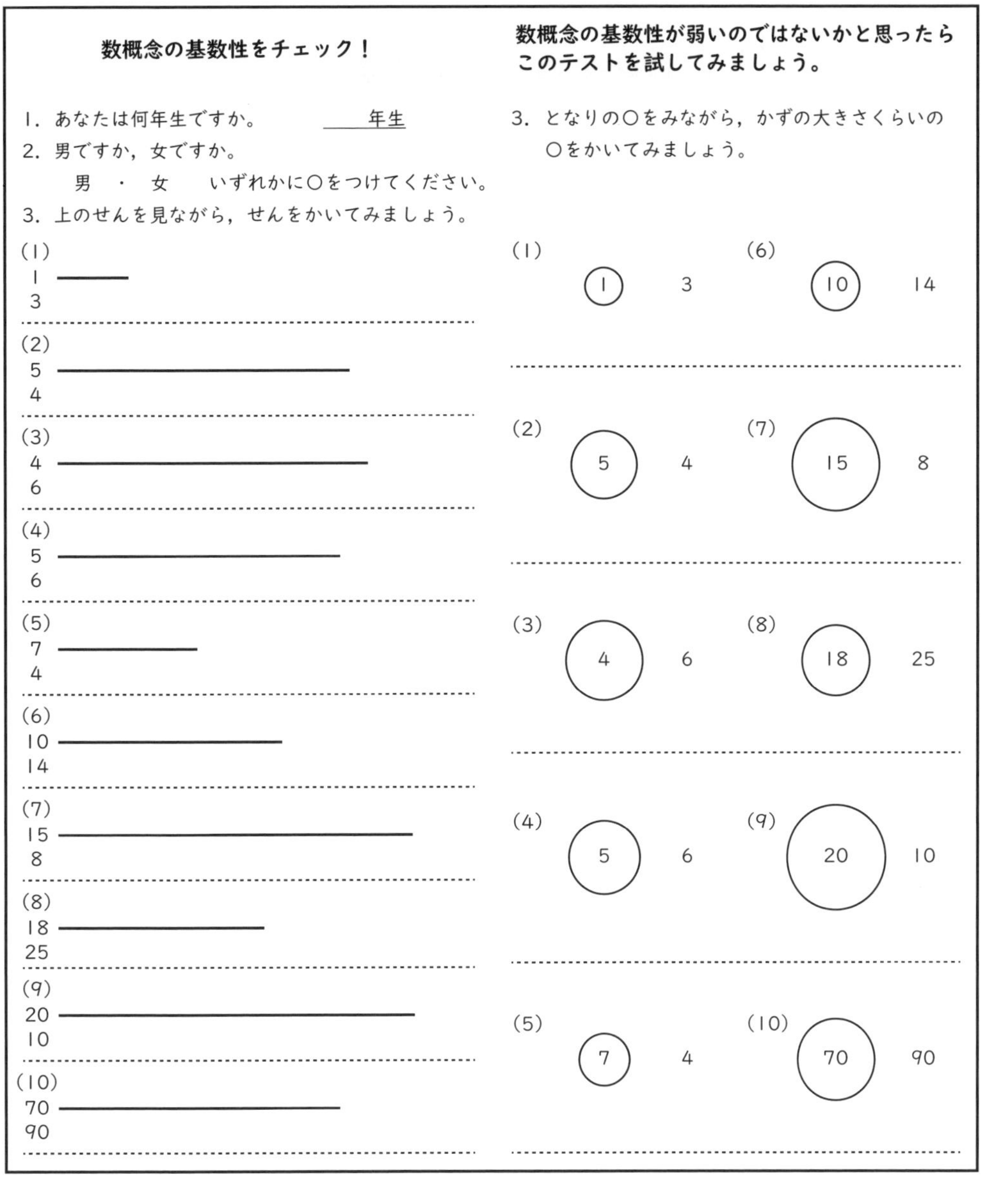

図 C-4-6　数量概念の理解を測定するプリント（熊谷，2007；2018a に再掲）

（2）基数性の獲得が困難な場合

　数を量として捉える，感覚的に捉えるということが非常に困難であり，数直線などの課題ができない子どもがいる。このような子どもたちは，分離量は正確に数えられるが，連続量となると捉えにくくなる。はじめから分離量を見せると，いつまでも量としての感覚を得ることができないため，連続量を提示し，本人たちがわかりやすい分離量にするという作業をさせる（図 C-4-7）。

　また，数直線の意味は，本来それぞれの目盛りまでの線分の長さを表しているということになるが，目盛りがあるために，ぶつぶつと途切れた物として知覚されてしまう。そのため，

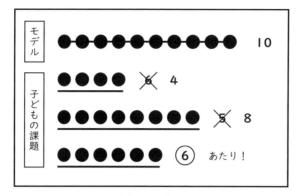

図 C-4-7　基数性の獲得のための支援

はじめに線を何本か描く。最上部の線には，指導者がシールを貼っていき，それをモデルとして子どもが以下の線上にシールを貼るようにする（図の中ではわかりやすいようにシールの大きさを小さめにして，子どもの課題では線の上部にシールを示しているが，実際には線上にすきまができないように貼らせる）。シールを貼る前に，それぞれの線にシールが何個貼れるのかというように問い，予想させて，線の横に数字で書く。子どもが実際に自分で線の上にシールを貼り，確認する。

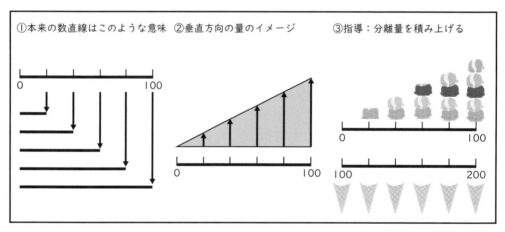

図 C-4-8　数直線解決のための支援（熊谷・山本，2021）

数直線の課題を行うために，図 C-4-8 のように，縦軸のほうに量のイメージがわかるようにする工夫が必要である。目盛りの場所に具体的な分離量を載せていき，その目盛りがどのくらいの量を表しているのかをイメージさせる。

3. 計算する

　ここは，計算式の計算を指す。計算について，認知的に背景を考慮すると，暗算と筆算に分けて考える必要がある（図 C-4-9）。すなわち，数的事実の記憶というのは，暗算で行う計算式となり，DSM-5 では，「数学的事実の記憶」に当たる。これは，暗算の範囲の計算が自動化され，記憶からすぐに検索できるということである。

　日本と他の国ではその範囲がやや異なるので，注意したい（例：欧米では，1桁の加減算のみが暗算の範囲となるし，逆に乗除算では，12×12 までが暗算の範囲となるなど）。

暗算の範囲の計算	筆算の範囲の計算
たし算（和が20まで） 　3＋4＝7（和が10まで） 　7＋8＝15（和が20まで）	**たし算（和が20以上）** 　24＋37＝61 　389＋42＝431
ひき算（被減数が20まで） 　8－2＝6（被減数が10以下） 　16－8＝8（被減数が20以下）	**ひき算（被減数が20以上）** 　61－28＝33 　5680－3531＝2149
かけ算（九九の範囲） 　4×3＝12　　9×9＝81	**かけ算（九九の範囲を超える）** 　32×47＝1504
わり算（九九の範囲） 　72÷8＝9	**わり算（九九の範囲を超える）** 　1599÷13＝123

暗算の計算の範囲の数の関係：数学的（数的）事実
（3, 4, 7）（7, 8, 15）（8, 2, 6）（16, 8, 8）（4, 3, 12）（9, 9, 81）（72, 8, 9）など

図 C-4-9　暗算と筆算の範囲

1）暗算と筆算の内容的な違い

　暗算は，自分で記憶した数学的事実を思い出すことにより計算を実行することとなる。しかし，暗算の習得が困難な場合には，ワーキングメモリーの弱さが挙げられる。そもそも，子どもははじめから暗算ができるわけではない。そのため，数的事実が記憶できるようにまずは支援する必要がある。

　また，筆算は，暗算ができるだけでは決してできず，計算手続きが必要となる。なお，計算手続きができる場合に，数字の位置関係が不正確になってしまう子どももいる。

2）アセスメント

（1）暗算の範囲の計算

- 10までのたし算（たし算）
- 10までの被減数のひき算（ひき算）
- 20までの繰り上がりのある計算（くり上がり）
- 20までの被減数のひき算（くり下がり）

　上記の4種類に分けてアセスメントを行うとよい。数的事実がきちんと出来上がり，暗算化するには，1問の計算を1.5秒以内でできるようになる必要がある。ただし，それぞれの計算が暗算化するのは，時間がかかる。表 C-4-5 にあるように学年推移の目安を載せる。たとえばたし算であれば，1年生で10問を18秒でできるのが平均的な子どもであるということになる。

（2）筆算の範囲の計算

　時間がかかってもいいので，加減乗除の計算の手続きが正確にできるかどうかをみてい

表 C-4-5　暗算の範囲の計算の計算時間の学年推移
（各学年の１問の計算時間の中央値）（山本他，2022）

	小学１年生	小学２年生	小学３年生	小学４年生
たし算	1.8 秒	1.7 秒	1.5 秒	1.4 秒
ひき算	2.1 秒	1.9 秒	1.8 秒	1.6 秒
くり上がり	3.0 秒	2.6 秒	2.2 秒	2.0 秒
くり下がり	3.1 秒	2.8 秒	2.6 秒	2.4 秒

表 C-4-6　暗算範囲の加減算の指導（山本（2018）を表にまとめた）

No.	活動	内容
1	５の補数	後出しじゃんけんの要領で５の補数を指で表現する
2	４以下の数	後出しじゃんけんの要領で４以下の数の補数を指で表現する
3	５といくつ	５以上の数を５といくつで表現する
4	10 の補数	後出しじゃんけんの要領で 10 の補数を指で表現する
5	たし算	一覧表の中で理解する
6	ひき算	一覧表の中で理解する
7	くり上がり	「○と○で 10」にする以外に「○は５といくつ」を使って計算操作ができるようにする。五二進法の使用など。
8	くり下がり	減減法・減加法での計算操作ができるようにする

く。計算手続きの習得が困難な場合には，DN-CAS や KABC-II 検査での継次（処理）が低い場合がある。数字の位置関係については，WISC 検査の知覚推理指標や DN-CAS，KABC-II 検査での同時（処理）が低い可能性がある。

3）指導・支援
（1）暗算範囲の計算の支援
　表 C-4-6 にあるような指導方法（山本，2018）もある。10 の合成分解は，学校の授業で行うと思うが，５の合成分解は，暗算の習得が困難な子どもにとっては重要である。
　10 という数を５と５で 10 となるということを強調するものである。
　また，九九については，聴覚的短期記憶やワーキングメモリーが弱い場合には，九九表を使用するとよいが，いきなりすべてを覚えるのはとても難しい。そのため，とりあえず，5×5 ＝ 25 までをミニ九九表として学習する方法もある（図 C-4-10）（熊谷・山本，2021）。

（3）筆算の指導・支援
　手続きがわからなくなる場合には，手続き表・やくそく表（図 C-4-11）などを作成するとよい。また，数字の配置の混乱がある場合には，マス目のある計算用紙を与えることにする。余計なところに時間や負担をかけないようにすることが大切である。

4．数的推論

1）数的推論の内容
　数を使った推論ということになると，まず，文章題ができるのかどうかである。文章題は，

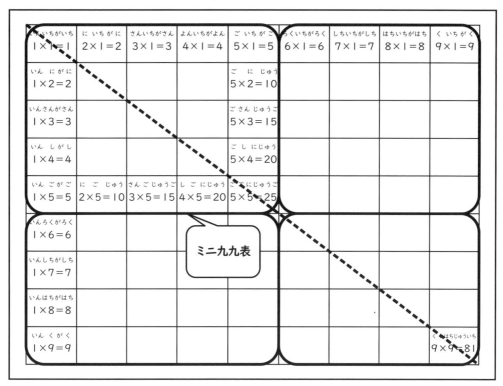

図 C-4-10　九九表を分割して覚える方法（熊谷・山本，2021）

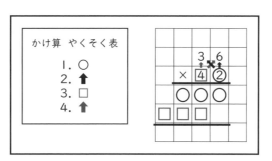

図 C-4-11　やくそく表を使った矢印やマーク

○や□はすでに書いてあり，矢印を自分で書きながら計算に取り組む。

応用問題であり，数概念ができている上で，具体的な場面に数を当てはめ，そして答えを類推するということになる。単に計算式を計算するだけではないのである。実際に，欧米の検査では，文章題の問題が採用されている。

　図 C-4-12 には，文章題解法の過程が示してある。この中で，統合過程（視覚化）及びプランニング過程（立式）の 2 つの過程に注目する。

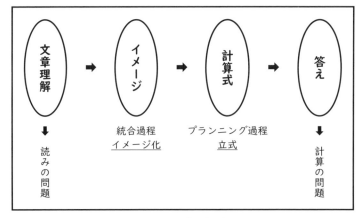

図 C-4-12　文章題解法の過程

2）アセスメント

（1）統合過程

　統合過程は，文章を言語として理解するだけではなく，視覚化することである。ここの困難さは，実際に，文章題を絵や図に描くことができないということで，明確になる。また，この過程に困難がある場合には，WISC の言語理解指標あるいは知覚推理指標の低さが影響する場合がある。特に後者が多い。しかし，両者には問題はなくても，言語からイメージへの変換がうまくいかない場合もあるので，得点の上下のみにとらわれないようにしなければならない。

（2）プランニング過程

　プランニング過程は，イメージ化された内容を計算式に変換することである。立式において，困難となる場合は，文章題全体の流れがわからなくなるような，DN-CAS・KABC-II 検査で測定される同時（処理）が低い場合である。文章題のはじめに未知数がくるような場合の文章題で困難となる。

3）指導・支援

（1）統合過程

　文章題は，およそ 3 つの内容から構成されている。したがって，文章を 3 つ程度に分け，それぞれの文章を書いたら，自分でそのイメージを図に描くようにする（図 C-4-13）。書くことが不得意な場合には特に文を書かなくてもいい。この絵や図に表すことを丁寧に行うことが重要である。大人は，テープ図を与えたり，図を描く方法を与えたりしてしまいがちであるが，自分で考えて描くということが重要である。

（2）プランニング過程

　この過程の習得が困難な場合，これを本質的に解決するのは，正直なところ非常に難しい。
　未知数がはじめにある場合には，それを□や X（エックス）と置いてしまい，計算式を作り，意味はともかく，計算式を手続きとして変形していきながら，最終的に□や X に置き

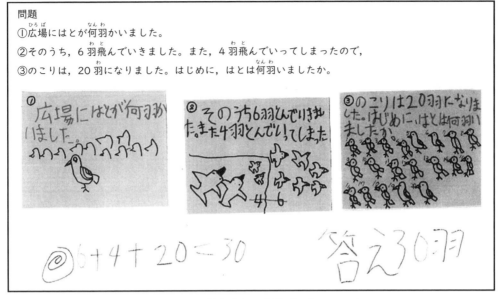

図 C-4-13　統合過程の支援（松井，2009）

換えた未知数を求めていくということになる。このようなやり方は単にハウツーを教えるにとどまるが，できなかったことができるようになり，本人の自信を回復することにつながれば，結果的にはよいと思われることもある。

4）数学的推論

　数学的推論，すなわち，数学的な考え方（片桐，2017）には以下のようなものがある。これらについては，詳しくふれてはいないが，このような考え方ができるのかどうかについても一つ一つ考える必要がある。特に，①帰納的な推論，②演繹的な推論，③類推的な推論，この3つについては学習指導要領に明記されているように，重要である。

　　①帰納的な推論（個々具体→共通する法則性）
　　②演繹的な推論（共通法則→個々への当てはめ）
　　③類推的な推論（同じルールを他に当てはめ）
　　④統合的な推論（個々の事柄をまとめる）
　　⑤発展的な推論（統合したことをより広く当てはめる）
　　⑥抽象化（共通性から表象を作りあげる）
　　⑦一般化（ある事象をより大きな集合で一般的に考える）
　　⑧特殊化（ある事象をより小さい集合で考える）
　　⑨記号化（ある事象を，数量や図形に置き換える）
　　⑩単純化（いくつかの条件を一時無視して基本を考える）

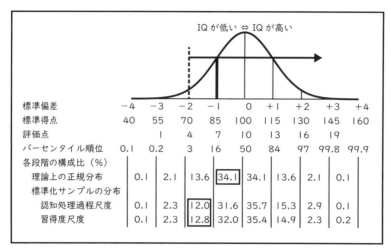

図 C-4-14　知的能力の分布

C-4-4　算数障害か否か

　学習障害であろうとなかろうと，算数が困難である場合には，支援をするという必要がある。学習障害の中の算数障害だといえるのか，または，そうではないのかは，全体的な知的能力を測定しなくてはならない。全体的な知的能力がどのくらいなのかどうかは，算数指導の到達目標を定める上では重要である。

　図 C-4-14 にあるように，知的障害ではなくても，境界域知能である IQ 70-85 程度の子どもたちは 13.6％いる。これらの子どもたちは，算数の習得に困難さが現れる。特に，小学校 5，6 年生頃に習得が期待される，異分母分数の意味理解や計算内容，割合，比率などの理解や問題解決には至らないことが多い（図 C-4-15）。表 C-4-7 のピアジェ（Piaget, J.）の発達段階を参考に指導目標を立てる必要がある。

　学習障害の中の算数障害というのは，少なくとも，境界域以上の知的能力のある子どもたちが前提となる。そして，認知能力のアンバランスがある。アンバランスの程度はさまざまである。

　数処理については，言語や視覚という感覚モダリティが関係しており，言語理解という，聞いたり話したりする能力と見たり操作したりする能力にアンバランスがあると，数詞・数字・具体物の三項関係の成立に影響する。さらに，ルリア（Liria, A.R.）の知能モデルにあるような，継次（処理），同時（処理）におけるアンバランスが算数障害の多くに困難をもたらす（図 C-4-16）。なお，継次（処理）には，ワーキングメモリーという側面もあるため，継次（処理）が低いということはワーキングメモリーが低いことになる。

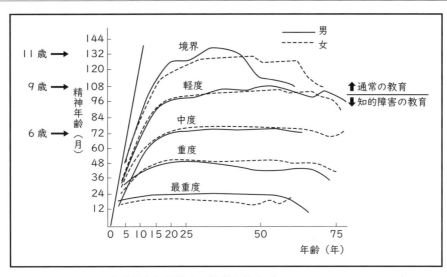

図 C-4-15　全体的な知的能力と抽象化能力（Fisher & Zeaman, 1970）

表 C-4-7　ピアジェの発達段階（鈴木（1986）を参考にまとめたもの）

精神年齢	時期	内容
0 ～ 2 歳	感覚運動の時期	反射により外界への対応を行っている時期から行動の習慣ができてきて，なおかつ視覚，触覚，聴覚などが結合されていく時期。
2 ～ 7 歳	前操作的表象の時期	言語機能・運動機能ともに発達が著しい時期。表象は知覚または自己の運動と結びついて形成される。
7 ～ 11 歳	具体的操作の時期	実際に取り扱うことができる対象に関する操作ができる時期。長さ，距離，連続量，不連続量などのすべてを操作でき，比較的理解可能となる。
11 歳以降	形式的操作の時期	抽象的思考ができるようになる時期。説明・映像などから具体的イメージを描くことができる。知識・経験を応用し，仮説を立て，結果を予測して行動・発言できる。

継次処理↑	同時処理↓	継次処理↓ （ワーキングメモリー↓）	同時処理↑
数処理		数処理	
・数系列 ○	数の規則性 ×	・数系列 ×	数の規則性 ○
数概念		数概念	
・序数性 ○	基数性 ×	・序数性 ×	基数性 ○
計算		計算	
・暗算　○～△	筆算 ○	・暗算：覚えるまで ×	筆算 ×
文章題		文章題	
・統合過程：文章⇒イメージ ×～△		・統合過程：文章⇒イメージ ○	
・プランニング過程：イメージ⇒計算式 ×～△		・プランニング過程：イメージ⇒計算式 ×～△	
・答えの類推 ×		・答えの類推 ○	

図 C-4-16　認知能力や処理能力のアンバランスと算数障害

C-4-5　まとめ

　算数（数学）学習には，全体的な知的能力，言語性の能力，非言語性の能力，継次処理能力，同時処理能力，プランニング，注意などさまざまな機能や因子が関与している。そして，全体的な知的能力が高くても，能力のアンバランスがあり，数処理，数概念，計算，数的推論のいずれかの困難がある場合を算数障害という。このような子どもたちの指導や支援に当たる場合には，基本的には高い能力を利用して，低い能力を補うという指導が望まれる。

　また，通常の学級に在籍する子どもたちの中で知的水準の原因で算数の習得困難がある場合には，ピアジェの発達段階などを参考にして，将来の生活で利用できるような指導内容が望まれる。いずれにしても，知的能力を個別施行の標準化された検査でその高さやアンバランスな状況をきちんと見極めることが必要である。

〔引用文献〕

American Psychiatric Association（2013）：Specific Learning Disorder. In：Diagnostic and statistical manual of mental disorders Fifth Edition：DSM-5. American Psychiatric Press, Washington, DC, pp.66-74. 高橋三郎，大野　裕（監訳）（2014）：限局性学習障害. In：DSM-5 精神疾患の診断・統計マニュアル 第 1 版第 2 刷. 医学書院，pp.65-73.

Fias, W., Menon, V. & Szucs, D.（2013）：Multiple components of developmental dyscalculia. Trends in Neuroscience and Education, 2（2），43-47.

Fisher, M.A. & Zeaman, D.（1970）：Growth and decline of retardate intelligence. International Review of Research in Mental Retardation, 4, 151-191.

片桐重男（2017）：名著復刻 数学的な考え方の具体化―数学的な考え方・態度とその指導 1―. 明治図書.

熊谷恵子（1997）：算数障害の概念 ―神経心理学および認知神経心理学的視点から―. 特殊教育学研究，35（3），51-61.

熊谷恵子（1999）：算数障害の概念―法的定義，学習障害研究，医学的診断基準の視点から―. 特殊教育学研究，37（3），97-106.

熊谷恵子（2007）：学習障害児の数量概念の理解度を測定する手法についての基礎的研究. LD 研究，16（3），312-322.

熊谷恵子（2018a）：数概念の基数性をチェック！. 熊谷恵子，山本ゆう（著）：通常学級で役立つ算数障害の理解と指導法―みんなをつまずかせない！すぐに使える！アイディア 48 ―. 学研プラス，pp.12-15.

熊谷恵子（2018b）：「計算する・推論する」につまずきがある算数障害. 熊谷恵子，山本ゆう（著）：通常学級で役立つ算数障害の理解と指導法―みんなをつまずかせない！すぐに使える！アイディア 48―. 学研プラス，p.16.

熊谷恵子，山本ゆう（2021）：特別支援教育で役立つ かけ算・わり算の計算と文章題のドリル―算数障害のある子への指導法もわかる―. 学研プラス.

松井文子（2009）：算数文章題解法の困難と指導―健常児の分析と高機能広汎性発達障害児の指導―. 平成 20 年度筑波大学大学院教育研究科カウンセリング専攻修士論文. 未刊行.

Strauss, AA & Werner, H.（1938）：Deficiency in the ginger shema in relation to arithmetic （finger agnogia and acalculia）. American Journal of Orthopsychiatry, 8, 719-725.

鈴木　治（1986）：精神発達の段階. 波多野完治（編）：ピアジェの発達心理学. 国土社，pp.16-33.

WHO（2021）：Developmental Learning Disorder. https://icd.who.int/browse11/l-m/en#/http%3a%2f%2fid.who.int%2ficd%2fentity%2f2099676649（2022 年 7 月 5 日閲覧）.

山本ゆう（2018）：算数障害の学習指導法（数の合成・分解～くり下がりのひき算）. 熊谷恵子，山本

ゆう（著）：通常学級で役立つ算数障害の理解と指導法―みんなをつまずかせない！すぐに使える！アイディア48―．学研プラス，pp.86-105.

山本ゆう，安藤瑞穂，熊谷恵子（2021）：計算に困難のある子どもの反応時間を指標にした評価と指導．K-ABCアセスメント研究，23，17-29.

山本ゆう，安藤瑞穂，熊谷恵子（2022）：加減算習得の学年推移と計算に困難のある子どもの特徴―制限時間下での正答率と反応時間の分析―．LD研究，31（2），135-155.

C-5
ソーシャルスキルの指導

【概要】.....................ソーシャルスキル指導の意義と目的について説明する。「発達障害：学習障害（LD/SLD），注意欠如・多動症（ADHD），自閉スペクトラム症（ASD），発達性協調運動症（DCD）等」のある子どもにみられるソーシャルスキルの課題と困難，及びソーシャルスキルのアセスメント方法について解説する。学校現場を中心にソーシャルスキル指導の目標・内容・方法を紹介しながら，具体的な活動を含めた指導の実際について説明する。将来の自立のために必要なセルフアドボカシーとしての自己理解や援助を求めるスキル，及びライフスキルについても述べる。

【キーワード】...........ソーシャルスキル／ライフスキル／ソーシャルスキルの指導方法／感情と表現／適応／自尊感情／社会情緒的発達／自己理解／他者理解／セルフアドボカシー

【到達目標と評価】.....①「発達障害等」のある子どもにみられるソーシャルスキルの課題と困難について説明できる。
②ソーシャルスキルのアセスメント方法について説明できる。
③ソーシャルスキル指導の基本的な原理と指導法について説明できる。
④ソーシャルスキルに関連するライフスキル，セルフアドボカシーについて説明できる。

Ⅰ 基本的な理論

C-5-1　社会性とは

1．社会性とは何か

　ソーシャルスキルの指導について考えていく上でまず社会性とは何かについて触れてみたい。社会性の定義は研究者によりさまざまであるが，心理学事典（中島他，1999）には「人間関係を形成し，円滑に維持するための社会生活を送る上で欠かせないもの」とある。また，社会性に含まれる課題として，①対人行動がとれること：他者に対して適切な対応ができること，②集団行動がとれること：集団の中で協調的に行動できること，③社会的欲求があること：仲間から好意を受けたいという欲求を持つことや仲間として認められたいという欲求を持つこと，④社会的関心があること：時代の情勢，風潮に感心を寄せること，を挙げている。近年，ダイバーシティといった考え方やSDGsが掲げられるようになり，社会性の考え方もより柔軟さが求められるようになると思われる。「社会性がある人」を平易なことばに置き換えると，「その場（社会）を共有する相手に受け入れられるとともに自分の目的も達成できる人」といってよいだろう。「I'm OK. You're OK.」（Harris, 1967）ということばがある

が，お互いが心地よく過ごせる状況を作れるということがすなわち社会性があり，その社会に適応しているといってよいであろう。

2. 感情及び社会情緒的発達

　「社会性のある人」になっていくには乳幼児時期からの情緒の発達や人への関心や良好な関係の成立が重要である。感情や社会情緒的発達を以下に概観する。乳児は生後数週間でお腹が満たされたこと，十分に睡眠がとれたこと，抱っこされたときの心地よさなどを快と，空腹や痛みに対しては不快と認識する。もっとも初期の感情である。6〜8週間で生活風景や生活音と人の声や視線の違いに気づき，人に微笑む。3カ月頃には母親などの主たる養育者を特定の相手としてわかるようになり，不快を快に変えてくれる人だと認識する。そして6カ月頃にはその人との安定した愛着が形成されるようになる。安全，安心を保証されることは情緒の安定をもたらす。本田（2002）によると，不快の感情が先に分化し，6カ月には怒り，嫌悪，を感じるようになり，10カ月にはできたことによる満足げな表情を示すという。また，1歳以降には甘え，嫉妬，悲しみ，不安，驚き，1歳半頃には照れ，共感といった感情がみられてくるという。2歳以降になると「自分でやりたい！」「もう一度！」「みてみて！」と独立成就，承認の気持ちが育ち，いわゆる「イヤイヤ期，第一次反抗期」に入る。さらに4歳頃になると，「お兄ちゃんなんだから」といった誇りや恥，さらに罪悪感も感じるようになる。学童期以降，満足や成功とともに失敗や挫折を体験しながら自分の感情の表現方法や対処法を獲得していく。

　他児との関わりをみていくと，4，5カ月頃には，他の乳児の泣き声を意識し，9〜13カ月には髪を引っぱったり，声や動作をまねるようになる。仲間と関わりたいという気持ちの芽生えである。仲間関係もおもちゃの取り合い，並行遊び，おもちゃの貸し借りを経て，3歳にもなれば，一緒に遊ぶことの楽しさやうれしさを感じ，けんかをしながらも砂場やおままごと，積木などで協同協力遊びをするようになってくる。4歳も過ぎればルールが理解できるようになり，徐々に適切な交渉方法を獲得していき，子ども同士の遊びを好むようになる。学童期になると，趣味嗜好が合う相手との関わりをより好むようになり，大人からの評価よりも仲間からの評価に価値を感じるようになる。学童後期以降，異性との関わり方や先輩後輩との関わり方なども学び，最終的には支え合い，共感し合いながらも適切な距離がとれる友人関係が保たれることが望ましいであろう。また，仲間意識が強くなるギャングエイジといわれる時期の子ども同士の関わりは親から心理的に自立する上では大切なものだが，排除的になったり，誤った価値観で関係性が構築されないか見守っていかなければならない。

C-5-2　ソーシャルスキルとは

1. ソーシャルスキルとは

　ここまで社会性について述べてきたが，社会性という広範囲で包括的な概念をより具体的，目的的な行動として捉えようとするのがソーシャルスキルである。ソーシャルスキルの定義もさまざまではあるが，心理教育的実践の視点ではソーシャルスキルを「対人場面において相手への効果的な働きかけを支える技能」としている（日本 LD 学会，2017）。相川

表 C-5-I　ソーシャルスキルの領域（安住・三島（2009）を一部改変）

コミュニケーションスキル	社会的行動（集団適応）	自己認知スキル
• コミュニケーション態度 • 会話を続ける • ノンバーバルコミュニケーション • 相手の状況や気持ちの理解	• 集団参加 • ルール理解 • 集団場面での気持ちのコントロール • 提案，助言，協力，共感，主張	• 五感，ボディイメージ • 自分や家族などの理解

（2000）はソーシャルスキルを，「①具体的な対人場面で用いられるもので，②対人目標を達成するために使い，③相手の反応を解読し，次に対人目標を決定する，そして対人反応を決める。その際は感情のコントロールを意識して対人反応を実行する。④言語ないし非言語による対人反応で実行し，⑤他者からは効果性と適切性で評価され，⑥自分と他者の反応によって変容していく⑦具体的に記述できる行為であり，⑧不慣れな環境では意識的に行われるが熟知した状況では自動化しているもの」としている（筆者が一部改変）。

2. ソーシャルスキルの領域

1）領域の分け方

　そのスキル（技能）領域も対象者によって多岐にわたっている。子どもを対象としては，荒川と藤生（1999）は「集団への参加」「友人への攻撃」「感情のコントロール不全」「友人への配慮」「自己顕示」の5領域を，小貫ら（2004）は「集団参加行動」「言語的コミュニケーション」「非言語的コミュニケーション」「情緒的行動領域」「自己・他者認知」の5領域を，岡田ら（2012）は「学習態勢・集団行動」「コミュニケーション」「仲間関係」「情緒・自己」の4領域を挙げている。一例として表 C-5-I を挙げ，その下位項目やセルフアドボカシーについて次に述べる。

2）コミュニケーション能力

　コミュニケーション能力はソーシャルスキルの中核ともいえるだろう。やりとりを成立させるには相手の話が聞けないといけないし，自分の思いや考えを他者にわかってもらえなければ目的は達成されない。基本的な態度として，話し手のほうに注意を向けて最後まで静かに話が聞ける，相づちを打ったり，返答や質問をして会話が維持できる，指示に従うことができるといった「聞く側のスキル」と，順序立てて相手にわかるように伝えるといった「話す側のスキル」が考えられる。また，適切な声の大きさや早さ，距離感を意識して話す，声の調子や表情，ジェスチャーで自分の気持ちを表現したり相手の気持ちをくみ取るなどのノンバーバルコミュニケーションのスキルもコミュニケーションを良好に進める上では大切である。さらに他者と自分の違いを踏まえた話し方や敬語や親しみを込めた表現を状況や対象によって使い分けること，冗談の理解，言外の意味の理解なども挙げられる。

3）社会的行動（集団適応）

　コミュニケーションが一対一もしくは多くても数名であるのに対し，社会的行動はクラスなど集団内での適切な振る舞いを意味する。そこには当然ルールが伴ってくる。あいさつや

謝罪ができる，お礼が言える，約束やルールが守れる，集団内の役割を果たすことができる，仲間の嫌がることはしない，一定時間集団活動に参加できる，適切に要求を伝えたり援助要請ができる，勝敗のある活動に参加できる，などが含まれる。また，必要なことを適切に主張できたり不適切な要求は断れること，トラブルの回避や思い通りにいかないときに妥協や思考の転換ができること，仲間を応援したり褒めたり助けたりかばったり慰める，時には黙って見守るなどの高次なスキルも含まれる。

4）自己理解，他者理解

　自己理解や他者理解の内容は嗜好興味関心，感情や立場，状況，適性など多岐にわたる。自分の嫌いなことや苦手なことを自覚できればそれに対しての援助要請，代替案の検討や回避ができるし，適切な自己評価ができれば成長を自覚でき，次への改善点も意識できる。人として自立していく上で，マイナス面プラス面両面の自己理解はアイデンティティを確立するために大切である。また他者の嗜好や状況，考え，感じ方がわかればそれを踏まえた関わりができ，相手と良好な関係が作れる。同じ興味関心や感じ方を持つ相手とはより親しい関係を作ることもできる。

5）セルフアドボカシー

　セルフアドボカシーとは，日本語では「自己権利擁護」と訳され，障害や困難のある当事者が，自分の利益や欲求，意思，権利を自ら主張することを意味する。障害のある人を「支援される側」として受け身の存在と捉えるのではなく，「支援を求めていく」能動的な存在として捉える視点である。合理的配慮を得るためには本人からの主体的な要請が必要である。そのためには，自分にはどのような支援が必要であるかという自己理解が必要になるし，必要性を他者に伝えるスキル，主張する力が必要になる。そういった意味で，発達障害のある児童生徒にとって援助要請や適切な主張，自己理解は非常に大切なスキルである。自分自身の得意不得意を知り，それらの対処法や周囲に理解や支援を求める方法として「私のトリセツ」「あたし研究」などの自己理解シートづくりや絵本づくりなどがある（安住，2017；小道，2009；NHK 発達障害プロジェクト公式サイト，n.d.）。

C-5-3　発達特性によるソーシャルスキルの課題

1．発達障害の特性とソーシャルスキル

　発達障害のある子どもはさまざまな認知の偏りを持ち，そのことはソーシャルスキルの習得においても学びにくさや誤学習の原因となったり，成功体験の少なさから消極的になり，学ぶ機会自体が得にくくなったりもする。また，情緒や運動機能の発達の遅れや感覚の特異性を持つ場合，それらも社会性の発達の障壁になることがある。

2．LD（SLD）の社会性の課題

　LD（SLD）の困難さの中核は読み書き計算といったアカデミックスキルに関してであるので，そのことが社会性の発達に直接的に影響をもたらすことは基本的にはない。実際，学習

面で苦戦していても，仲間関係が良好だったり，学級集団や部活動のリーダーとして活躍している LD 児もいる。しかし，LD の範囲を文部科学省の定義にある「聞く，話す」まで広げて考えるとすると，コミュニケーションの問題が挙がってくる。「聞く」であれば，言われたことばの意味が理解できなかったり話のポイントが聞き取れずやりとりが続かない，「話す」であれば「あれ」「これ」などの代名詞が多く，助詞や接続詞を適切に使って順序立てて話せないなどがあるだろう。うまく話せなかったという失敗体験から他者とのコミュニケーションを避けてしまう場合もある。また，学力の遅れが自己不全感や自尊心の低下を生じさせ，友達との関わりを避けたり登校を渋ることにもなり，結果として経験不足から社会性の発達を阻害してしまう心配がある。

3. 自閉スペクトラム症（ASD）の社会性の課題

　自閉スペクトラム症（ASD）は「社会的コミュニケーションの障害」と「限定された興味」で診断されるように，社会性の獲得の困難さが障害の中核であり，他者と情緒的関係を成立させ，人間関係を発展維持理解することが難しいとされている（APA, 2013）。ASD の社会性の困難さの例として他者と同じ方向に視線を向けてイメージを共有すること（ジョイントアテンション）の困難さ，他者の考えや気持ちを推測して理解すること（心の理論）の困難さ，ことばの含みや省略といった暗黙の了解や状況によってニュアンスが異なることばの意味の理解（語用論）の困難さ，木を見て森を見ないといった総合的な状況理解の困難さなどが挙げられる。また，限定されたものに興味を持つことはこだわりとして現れ，対人場面においては臨機応変にまたは柔軟に対処できない，融通がきかないといった言動となり集団行動において不調和を来すことになる。これらは抑制やシフト，感情のコントロールといった実行機能の行動調整の問題と考えられる（玉木・海津, 2012）。また，ASD の多くが感覚の特異性を持ち，感覚の不快感が先立って集団参加が難しかったり，他者が快を意図して発信した行動を不快に感じてしまうなどのディスコミュニケーションが生まれてしまうこともある。これは乳児期の養育者との愛着関係形成において影響を来すこともありえる。一方昨今 ASD 同士に関しての研究や当事者による研究や体験報告も盛んに行われており，ASD は ASD に共感できること（米田他, 2014），ASD は情緒的関係を成立させることが困難なのではなく表現の仕方が非 ASD と異なっていて，その人なりのやり方での共同注視やことばのキャッチボールを好んでいること（綿貫, 2021）もわかってきている。ASD の中核障害への支援としてソーシャルスキルの指導は必須ではあるが，ASD 児自身の感じ方や思考処理過程に合わせて，たとえば感覚過敏への配慮や回避，具体的で可視的な支援，興味関心の活用，目標やゴールに向けての明確なプロセス提示，具体的な評価などを踏まえて行うことが望ましい。

4. 注意欠如・多動症（ADHD）の社会性の課題

　注意欠如・多動症（ADHD）の特性は注意集中の欠如，多動性，衝動性である。背景メカニズムとして ASD 同様，実行機能の問題，中でも注意や行動の制御，ワーキングメモリーの問題が考えられる（上野他, 2015）。注意の集中が難しいと，最後まで話を聞いていられなかったり，遊びや共同活動の途中で抜けてしまったりする。行動の制御が上手にできないと，やりたいと思ったら待ったなし，相手構わずに手が出たり，不快な感情もすぐに満ちあ

ふれ怒りを爆発させてしまうことになる。また，ワーキングメモリーの弱さから失敗体験が残らず，また同じ失敗を繰り返してしまう。このような言動が続くと周囲からの受け入れは悪くなるし，本人自身の自己評価も下がり自暴自棄に振る舞ってしまうことになる。

5.　発達性協調運動症（DCD）の社会性の課題

　発達性協調運動症（DCD）は年齢にそぐわない「不器用さ」がある。不器用さは衣服の着脱や食事，用具の扱いや持ち物管理といった生活面や，書字，算数の分度器やコンパス，音楽のリコーダー，図工の彫刻刀など学習における技能領域に大きく支障を来す。対人関係においては不器用故に遊びが滞る，たとえばカードゲームで1枚ずつカードがめくれず怒られる，ドッジボールやサッカーの仲間に入れてもらえないなど集団参加に影響が出てくることになる。

6.　その他の障害や特性

　LD，ASD，ADHD またDCD が重複しているケースは多々あると思われる。またそれ以外にも知的に遅れがあったり，境界域知能の子，身体症状としての起立性調節障害，睡眠障害，選択性緘黙，環境因による愛着障害や虐待，心因性の分離不安や近年特性として注目されている非常に敏感な子（Highly Sensitive Child：HSC）や性的マイノリティの子どもたちなども社会性の発達に何らかの支援を要するであろう。これらは発達障害と重複したり，そうではないのに発達障害と思われて支援されている場合があるかもしれない。社会性のつまずきの背景は何であるのかを把握した上での対応が望まれる。

7.　ソーシャルスキル指導の意義

　LD，ASD，ADHD を中心に発達障害がある場合のソーシャルスキルの課題を概観してきた。ソーシャルスキルをうまく使えないと，良好な仲間関係が作れず，喜びを共感し悲しみを共有してもらう相手を得ることができない。そればかりか，獲得の困難さが理解されないと不適切なスキルに対しての注意や叱責が続き，からかいやいじめの対象となったり孤立や排斥といった不利益を被ることにもなりかねない。そんな状況が続けば生活全体への意欲が下がり，自虐的自己否定になる危険もある。また，人と関わること自体に回避的になり，不登校や対人恐怖的状態になることもありえる。さらにはうつ症状や行為障害，反抗挑戦性障害などの深刻な二次的な問題に至る場合もある。そのような事態を避けるため，特性によるソーシャルスキルの学びにくさを理解した上で，できるだけ早期にソーシャルスキルの指導を行い，他者と関わることで心理的安定を体験したり，良好な対人関係を築くために振る舞うべき行動を知り，実践できるようになることが望まれる。

C-5-4　ソーシャルスキルの指導

1.　ソーシャルスキルトレーニング

　ソーシャルスキルの指導は今や英語の Social Skills Training（ソーシャルスキルトレーニング）略して SST と呼ばれることのほうが一般的になっているであろう。SST は1970年

アセスメント
↓
ターゲット行動の選択・決定
↓
インストラクション（教示）
↓
モデリング（見本）
↓
リハーサル
↓
フィードバック
↓
般化
↓
再アセスメント

図 C-5-1　ソーシャルスキル指導の基本的な進め方（安住・三島（2009）を一部改変）

代に米国のリバーマン（Liberman, R.P.）によって大人の統合失調症などの精神疾患のある人の退院後のリハビリとして認知行動療法的視点を含めた訓練法として開発された。日本には 1980 年代後半頃導入され，1994（平成 6）年には入院生活技能訓練療法として診療報酬化されている。その主な内容はコミュニケーション行動の改善・修正で，ロールプレイを通してストレス回避や適切な認知行動様式を学び日常生活での適応力を高めていくことを目的として行われている（SST 普及協会ホームページより抜粋加筆）。その後，反社会的非社会的な子どもへの支援にも適用されるようになり，さらに 2000 年代に入り ASD を中心とした発達障害のプログラムや教材が数多く開発され，通級指導教室や支援学級，クリニック，民間療育機関等での実践が広がっている。また一般の中にもソーシャルスキルの重要性は広がり，企業内研修に取り入れられたり，通常の学級の学級会や道徳，総合的学習の中に取り入れられたりもしている。年齢や発達特性を踏まえると教育や療育におけるソーシャルスキルの指導は入院生活技能訓練療法における SST の手法そのままでは行えない場合も多い。しかし，以下に述べるようにターゲット行動を決め，その行動を獲得できるような場面を意図的に作り，目的を持って行い，評価することは必須である。

2. ソーシャルスキル指導の基本的な進め方

　ソーシャルスキル指導の基本的な進め方を図 C-5-1 に示す。

1）アセスメント

　まず関わっている人からの聞き取りやチェックリスト，行動観察などでどんな領域につまずきを持っているかを把握する。その際，いつどこで，たとえば「学校の休み時間で」とか「総合学習の班活動の時」とか「家で家族とトランプをしている時に」等も具体的に記録しておくと般化に向けて指導内容を考えられるのでよいであろう。アセスメントに関しては後述の C-5-8（p.133）で詳しく触れている。

表 C-5-2　勝敗のある活動で一番になれないと大騒ぎをしてしまう A 児の行動目標
（安住・三島（2009）を一部改変）

ターゲット行動：長期目標
ゲームで 1 番になれなくても泣き叫ばない。
短期目標ステップ 1
勝敗のない協力ゲームを最後までやる。 または大人と勝敗のあるゲームで勝って終わる。
短期目標ステップ 2
大人と勝敗のあるゲームを行い，事前の約束や特別ルールを使って，負けても最後までやる。
短期目標ステップ 3
子ども 3 人程度の中で勝敗のあるゲームを行い，事前の約束や特別ルールを使って負けても最後までやる。

2）ターゲット行動の選択・決定──何を指導していくか

　複数のターゲット行動が挙がった場合，並行して取り組むのか，優先順位を立てて絞り込むのかを決める。もっとも困難さが大きい行動をまずターゲットにしたいところかもしれないが，その行動が変容するにはより多くの時間や，子どもと子どもを支援する側双方のエネルギーが必要になる。困難さがさほど大きくなく，比較的早く変化が望めそうな行動から始めるとよいだろう。もし困難さが大きい行動を選ぶのであれば，多くの支援や環境調整をする中でできていればよしとする，などにすると，本人が指導効果を実感でき，指導への動機づけが高まるであろう。集団で指導を行う場合は，共通目標と個々の目標を同時に設定することもある。たとえば「ルールを守ってゲームに参加する」という共通の大きなターゲット行動の中には，ゲームの用具の準備や片づけが自分からできる，順番を守る，ペアの友達とタイミングを合わせて動く，など複数の具体的なターゲット行動が考えられる。参加児全員が共通して順番を守ることを目標にするとともに，ある対象児は「負けても穏やかに過ごす」を目標に追加するなどである。ターゲット行動が決まると具体的な場面を段階的に考えて指導プログラムを立てる。以下，勝敗のある活動で 1 番になれないと大騒ぎをしてしまう 1 年生 A 児を例にして指導の流れを示す。また表 C-5-2 に行動目標を示す。ゲームに負けて大騒ぎをしてしまう子にとって，まずゲームは楽しい活動であることを感じてもらうために，短期目標ステップ 1 では勝ち負けのないゲームを選んだり，必ず勝てるようにする。次に何回か行った後に「今日は先生も負けないよ」と伝え，インストラクションしていく。

3）インストラクション（教示）

　何のために何を行うかといったターゲット行動の説明をする。たとえば「これからすごろくをするよ。ゲームだから負ける人もいるよね。負けたときに怒ったり泣くのはかっこ悪いね，負けそうになったらどうしたらいいかな，深呼吸をして落ち着こうか，途中で先生が役割を代わって見学することにしようか，あーくやしいといって我慢しようか……」などと考えられる方法をいくつか挙げ，子ども本人に選んでもらい，「ゲームに負けても泣いたり怒ったりしない」と伝える。自分で考えられる子にはその子の方法を採用する。また，「これからすごろくをやります。負けても泣いたり怒ったりしない約束守ろうね」とルールとして伝えるやり方も考えられる。ワーキングメモリーの弱さや耐性の低さから選んだことや約束を忘

図 C-5-2　視覚支援カード「いちばんになれなくても」

れてしまったり，なかったことにしたくなることも考えられる。また，イメージの弱さから先の展開が予想しにくい場合もある。それらを補うための支援として文字や絵など視覚支援を用いるとよいであろう。図 C-5-2 にその例を示す。

4）モデリング（見本）

　実際に大人や他の子どもが適切な言動をやってみせる。または望ましい振る舞いをしている映像を見せたり，幼児や低学年ではパペットや子どもたちの好きなキャラクターなどのペープサートを用いてもよい。すごろく場面なら，指導者がゲームの途中で「ああ負けちゃう，深呼吸して落ち着こう」と子どもの選んだ言動をやってみせる。A 児の場合，短期目標ステップ 1 の段階で大人が負けたときに示す言動がモデルにもなる。

5）リハーサル

　実際に子どもが行う。指導場面で行う際は，はじめは成功体験が得やすい設定で行うことが望ましい。すごろくであれば，サイコロの目を 1 から 3 までのものを用意し，大差がつかないようにする，すごろくのマスは 10 マスくらいでゴールするものを用意して短時間で何回も行えるようにする，大人と 2 人でやるのなら上手に操作して 3 回戦のうち 2 回は子どもが勝って 1 回は負けるようにする，などが考えられる。また，対処法をうまく使えるようにことばかけをしたり，図 C-5-2 などの支援カードを指し示すとよい。

6）フィードバック

　事前に決めた方法ができたか，ルールや約束が守れたかを子どもと振り返る。指導のはじめはその言動が起きたときにすぐに褒める（即時強化）のがよいし，成功できるよう目標設定のハードルを低くしておくとよい。振り返りの正の強化としては，褒めるといった言語的強化，微笑む，拍手する，グータッチなどのノンバーバルな強化，シールやスタンプ，ポイン

ト制などを用い，それらが一定量たまると好きなことができるなどの特典が与えられるトークンエコノミー法などがある。一方，できなかったときの対応として，注意されたり，お楽しみが減るペナルティーなどがあるが，指導者に嫌悪感を持ち関係性が悪くならないよう気を付ける必要がある。注意をする必要があるときには，「だめだったね」で終わるのではなく，良かったところも伝えたり，次回はどんな方法がいいかを子どもと一緒に考えられるとよい。ターゲット行動に対して積極的に取り組めているようであれば，本人自身が振り返りを行うことが望ましい。振り返りがワークシートにただ○や△をつければ終わりといった形式的な時間にならないように，短時間でもよいので「具体的にどの場面でそうできたのか」や，「このことはどんなときに活かせそうか」など指導者と子どもがやりとりをする時間を持ち，過小でも過大でもなく適切に振り返れるように支援していくことも重要である。

7）指導後の再評価

　指導者は毎回の指導後に指導内容を振り返るとともに3～6カ月ごとに短期目標が達成できているか評価する。達成できていなかった場合は，支援内容や目標設定の再検討が必要である。

8）般化

　指導場面など特定の場面でできるようになったら，日常場面でも行う機会を作る。たとえばすごろくで負けを受け入れられるようになったら，その他のゲームや大きな集団でのゲームなどにチャレンジするなどである。またホームワークといった形で子どもが取り組み，記録してきてもらうやり方もある。通級指導教室での指導であれば，在籍校の休み時間に行ったゲームについて記録してきてもらい，次回の指導で報告してもらうなどが考えられる。

3．ターゲット行動の何を指導するか，なぜできないのかを考える

　ソーシャルスキルは相手に適切に伝わることで意味がある。伝わらない場合，以下の3つが背景として考えられる（渡辺，1996）。①獲得の問題：適切なスキルの知識を獲得しないため，②遂行の問題：知識として獲得してはいるものの，行動や感情のコントロールがうまくいかずに適切に使えないため，③不器用さの問題：知識は獲得し，行動や感情のコントロールもできているものの，場の雰囲気やタイミングが不適切なため相手に伝わりきらないため，の3つである。指導はつまずきの背景を考えて行う必要がある。①の獲得の問題の段階でつまずいているなら，困ったときの言い方，たとえば「それはどういう意味ですか」「やり方を教えてください」などという言い方を伝え，練習することが必要になるであろう。先のすごろくのA児であれば，「あー残念」という言い方や深呼吸方法を教えることが該当する。②の遂行の問題の段階なら，言い方は知っているけれど緊張して言えなかった，わからないことが不快で怒鳴ってしまう，わからないことがかっこ悪くて言えなかったなどが挙げられる。であれば，一対一や少人数または言いやすい相手に伝えることから始めたり，気持ちを落ち着かせて話す練習をする，わからないことを伝えることはかっこ悪いことではなく，むしろ自分にとってメリットであるというように思考の視点を変えられるような指導を行うとよいだろう。③の言い方もわかり，伝えたい気持ちもあるが効果的に伝えられない場合は，視線の向きや声のトーンなど注意すべきポイントを具体的に伝えたり，見本を示したり，指

導者やモデルになる仲間が一緒にやったり，似たような場面で練習するとよいであろう。

C-5-5　指導の実際

1．目標意識や自己評価

　ソーシャルスキルの指導は多くの場合，はじめに活動全体のまたは一つ一つの活動の目当てや目標（ターゲット行動）を子どもに伝え，終了時にできていたかどうか振り返る時間を持つ。「ゲームに負けても泣かない」「友達のいいところを見つけて伝えよう」といったものは具体的で振り返りやすい。「友達と協力しよう」や「先生の話をちゃんと聞こう」といったものだと振り返ったときにできたかできなかったかの判断が曖昧になる。であるから，判断しやすいように，たとえば「協力」が目標であれば，「ボールを運ぶとき声をかけ合って一緒に運ぼう」のように具体的な言動にして伝える必要がある。「協力する」ことがどんなことかわかっているのであれば，「どんなことしたの？」と尋ねて思い出してもらうことで振り返ることができる。また，高学年や中学生では，年度のはじめに自己理解リストをつけ，半期ごとくらいに自己評価するといった長期の振り返りをするのもよいだろう。

2．ワークシート，絵カード

　気になる言動をワークシートや絵カードを用いて適切な対処法を考える教材は多く，出版されていたり，インターネット上で無料でダウンロードできるものもある（例：発達協会，2018；ことばと発達の学習室M，2001；NPOフトゥーロ，2010a，2010b，2012，2017）。どう振る舞ったらいいかの知識がない子どもにとって，場面を切り取って整理し，適切な言動を知る指導は有効である。対象児が似たような経験をしたテーマを選ぶことで行動を再認識する機会になる。しかし，ワークシートやカードによる指導はあくまでもきっかけづくりであったり行動の確認である。指導者がそれを日々の指導や生活場面に連動させるように促すことで意味のあるものとなる。また，市販のものでなく指導者が毎回の活動の記録として対象児に合わせて作成したものもファイリングしておけば，子どもは後から体験の実績を実感できるであろう。

3．ゲーム

　指導を行うときには楽しいと思えるかが大切で，特に幼児や小学生の場合はそれが成功の大きな鍵となる。やらされていると感じる活動から得るものは少なく，おもしろい・もっとやりたいと思える活動からは多くの学びがある。ゲームは楽しみながら集団行動を学べる非常によい素材である。しかし，単にゲームをやっていればよいのではない。何を意図してそのゲームを行うのか，そこに対象児のターゲット行動がきちんと含まれているかを考え，その場における子どもの言動を推測し，そうなったときの対処法を考えた上で実践する。ゲームには順番を守る，役割を遂行する，相談して答えをまとめる，協力してゴールを目指す，負けを受け入れるなど多くのソーシャルスキルが含まれている。昔から遊ばれている，だるまさんがころんだ，花いちもんめなどもソーシャルスキルの視点を多く取り入れられる。伝承遊びや市販のゲームなどを扱う場合，参加児の実態に合わせてルールを簡素化するとよ

★指導のポイント・コツ★
やり方のイメージができやすいように，はじめに大人が見本をみせましょう。
5回のコールでぎりぎり全部運べないくらいの荷物の数や内容を用意しておくと盛り上がります。

テープのところまで はこびます

ひっこしや
さんが
はこんだ！

★応用・発展編★
チーム対抗戦にしたり大人チームと対戦したり，
架空のチームの記録を子どもたちに伝え，その
チームの記録を破ることを目標に一致団結する
ように設定したりします。

図C-5-3　作戦！引っ越し屋さんが運んだ（安住・三島，2009）

い。また，ゲームでの体験を生活場面にどう般化できるかを考えた上で行うと望ましい。図
C-5-3 はだるまさんがころんだの応用ゲーム，作戦！引っ越し屋さんが運んだというゲー
ムである。「引っ越し屋さんが運んだ」のコール中に一定の距離，荷物を運ぶ。1 人で運ぶと
1 ポイント，2 人で運べば 2 ポイント，3 人なら 3 ポイントなど協力して荷物を運ぶことで
高得点を得られるというゲームである。実施後，体育の時間に用具を一緒に運ぶなどの類似
した場面につなげられる一例である。

4．遊び

　幼児や小学生においては自由遊び場面も大切なソーシャルスキル指導の場である。かくれ
んぼ，おにごっこなどは役割やルールを守ること，家族ごっこ，お店屋さんごっこなどの
ごっこ遊びでは役割の遂行，相手や展開に合わせた柔軟な振る舞い，ブロックや砂場遊びで
はイメージの共有を経験することができる。ソーシャルスキルの指導では幼稚園や保育所で
行われる遊びを整理，強調，反復して行い，友達や大人と関わって遊ぶことが楽しい経験で
あると感じてもらうことが大切である。表 C-5-3 にそれぞれにおける配慮事項をまとめる。
楽しい場であればそこに居続けたくなり，居続けるためにはルールを守ったり，時には我慢
することも必要であると納得できるようになっていく。

5．ソーシャルストーリー

　ソーシャルストーリーは主に知的に遅れのない ASD の人たちを対象として，社会の基本
的ルールや暗黙の了解などを学ぶために考案された教育技術である。「こんなときどうしよ
う？」といった内容を写真や絵も加えながら肯定的な表現を用い，導入部・主部・結論部と
いった形式や 5W1H で説明する，一人称あるいは三人称で書く，5 つの文形態やその割合を
意識し，字義通りの表現で書くなどの手法を用いながら子ども一人一人の実態に合わせて紙
媒体やパワーポイントで作られる（グレイ，2006）。

表 C-5-3　ソーシャルスキル指導における遊び場面の配慮事項

整理	環境の整理…例）気が散らないようにコーナーなどで仕切る 用具の整理…例）おもちゃの数を扱いきれる数に調整 時間の調整…例）じっくりでも疲れたり興奮しすぎない時間設定 役割や人数の整理…例）はじめは 2 ～ 3 人程度から ＊子どもによって 2 人と 3 人の違いは大きい 遊びがスムーズに進むように大人が状況を整理
強調	遊び方（守るべきルール）のポイントをしぼる …例）お砂場でバケツは順番に使おう キーワードや話型を伝える…例）「かして」「ちょっと待ってね」 適切な言動を評価…例）「やさしい言い方だね」
反復	同じ遊びを数回繰り返し，その子のレパートリーにする 繰り返す中で条件を少しずつ変えていく…例）用具が違う，相手が違うなど

6. 話し合い，ディベート

　複数の人の中で「相手の話を聞く」「テーマに沿って意見を言う」「同意した場合はその旨表現する」「反論する場合は感情的にならず伝える」ことは学生時代にとどまらず仕事に就いたときにも必要なスキルである。学級会やホームルームでの話し合いでは時間が長い，自分には直接は関係ない，興味がないなどで消極的な子どもたちであれば，少人数，短時間，興味のある話題で行うとよい。話し合いのスクリプトがあるとそれに沿って進めやすいので，子どもに合った話し合いチャートのようなものを書き記しておくとよいだろう。司会進行役，質問係など役割を明示しておくと参加しやすくなる。また，高学年以上になるとソーシャルスキルの課題に対しての対処法を話し合うことなどもできるようになる。

7. ロールプレイ

　「こんなときどう振る舞ったらいいだろうか」を劇にして，子どもが演じたり指導者が演じてみせる方法である。低年齢の子にはペープサートや指人形などを使って行うこともある。状況だけを見せてその先を考えてもらってから演じるやり方，はじめに不適切な言動を見せてから改善点を見つけてもらい，再度適切な言動を演じるやり方などがある。演じることに抵抗感が強い子や，過度な表現をしたがる子には子ども自身が演じるのではなく，意見を出してもらい，指導者がやってみるほうがよいであろう。最後に適切な振る舞いのポイントを確認することが大切である。参加児の日常場面に近いシーンを選ぶことが大切だが，マイナス場面を取り上げられることに不快感を示す子もいるので，参加児によってアレンジの度合いを考えるとよい。

8. 共同作業

　工作や調理，実験など作業を通して他児との適切な関わりを学ぶことができる。「計画や役割分担の話し合い」「実際の分担作業」「作業途中の話し合い」「完成の喜びを共有する」などより学校生活場面に近く，般化しやすい指導であり，うまくいかなかったときの計画変更や

修正案なども含め実践的な体験ができる。子どもたちにとっては作業の完成が目的であることがもちろんだが，その中で何を意識するのか，たとえば「全員の意見を取り入れたデザインにしよう」などを明確に伝えるとよいであろう。

C-5-6　ソーシャルスキルの指導に関連ある考え方や実践

1. ライフスキル

　ソーシャルスキルは個人または集団などサイズの違いはあるものの，対人との適切な関わり方のスキルであり，特に仲間関係においての良好な対人関係に重きが置かれている。しかし，その人個人の最終ゴールをその人の力が十分発揮できる形で自立し，自己選択自己決定できること，と捉えると，さらに範囲を広げたライフスキルという考え方が大切になってくる。WHO の定義によるとライフスキルは「日常生活で生じるさまざまな問題や要求に関して，建設的かつ効果的に対処するために必要な能力」である。小貫ら（2009）は発達障害のある子・者のライフスキル領域として「社会システム理解」「対人関係調整」「生活管理」「自己理解」「余暇活用」の 5 つを挙げ，梅永（2015）は「身だしなみ」「健康管理」「住まい」「金銭管理」「進路選択」「外出」「対人関係」「余暇」「地域参加」「法的な問題」を挙げている。いずれもこれらを思春期以降の重要な課題として捉えている。また NPO フトゥーロ（2009）の自立のためのチェックリストでは主に小学生を対象とした生活スキルリストとして「食事習慣」「衛生管理」「身支度」「調理」「整理・掃除・洗濯」「行動・生活圏」「自己管理」「コミュニケーション・マナー」「時刻・時間経過」「金銭・買い物」「余暇」の 11 項目を挙げている。発達障害のある子・者を支援する上ではソーシャルスキルやアカデミックスキルだけの支援を考えるのではなく，一人の生活者として総合的な視点で捉える必要がある。

2. アンガーマネジメント

　アンガーマネジメントとは怒りと上手に向き合うための心理トレーニングのひとつで，1970 年代に米国で生まれた。当初は犯罪者のための矯正プログラムなどとして活用されていたが，時代の変遷とともに一般化され，企業研修やストレスの多い医療・介護の現場，子育て中の方など幅広い分野で活用されている。その考え方としては，人間にとって「怒り」は必要なもので，①心や体を傷つけられたりすれば，自然とこみ上がり，②自分や信頼している人を守るためにも，③悔しい，ふがいない，今度こそは，と感じ新たなことへの挑戦へのエネルギーにもなる大切な感情である。よって，怒らなくするためのトレーニングではなく「怒りの気持ち」との上手な付き合い方，上手な出し方を身につけるものである（日本アンガーマネージメント協会ホームページより抜粋加筆）。大森と本田（2020）は予防的心理教育のアンガーマネジメントとして，第 1 課程：自分の行動パターンに気づく「気づき」，第 2 課程：自分が選んでいる「考え方」のメリットとデメリットを理解し，「考え方」を変える「知的理解」，第 3 課程：自分（他者）の考え方や感じ方の特性を理解し，ありのままの自分を受容する「感情的な受容」，第 4 課程：適切な気持ちや欲求の表現方法を学ぶ，「新しい行動パターンの習得」，第 5 課程：日常の生活場面で適切に気持ちや欲求を表現する練習をする般化，「新しい行動パターンの定着」を示している。発達障害のある子ども達は感情

が未分化，気持ちの表現語彙や方法を知らない，耐性が低い，失敗経験が多いなどの課題がみられる。そのため頻繁にまたは過度に怒る子が少なからずいる。これが続くと自分自身が疲弊するとともに周囲から嫌がられたり避けられたりすることになる。怒りを否定せず，プロセスを整理し，対処法を考えるアンガーマネージメントは彼らにとって有効な指導法であろう。しかし心理的に負担を感じることも予想されるため，リラックスでき自分のマイナス面をオープンにしても否定されないと感じられる環境の保証や指導者との十分な信頼関係の構築の下，認知特性に配慮した視覚支援や具体的な対処法の提示，成功体験が得られる目標設定の中で行われることが望ましい（例：アトウッド，2009；日本アンガーマネジメント協会，2020）。

3. アサーショントレーニング

アサーションとは主張，自己主張という意味である。多くの人は子ども時代に受けた躾や社会的規範などによって「抑制的」になってしまっていて，もっと活動的になるためにはアサーション（自己主張）が必要である，という考えからアサーショントレーニングが1950年頃米国で生まれ，その後，さまざまな理論や技法の研究が進んでいる。アサーショントレーニングにおいて主張は，自分のことだけを考えて相手のことは考えない「攻撃的＝アグレッシブ」，相手の気持ちを大切にしようとするが，自分の気持ちは言わない「非主張的＝ノンアサーティブ」，自分の気持ちも伝えようとし，相手の気持ちも大切にしようとする「さわやかな主張＝アサーティブ」の3つに分類される（平木，1993）。児童生徒におけるアサーショントレーニングでは，たとえばアニメのキャラクターや動物などを用いて3つの主張をイメージしやすくし，さわやかな主張の大切さを話し合いやロールプレイを通して考え，日々の生活に般化していく。発達障害がある人は，自分の特性を他者に適切に理解してもらい不利益を被らないというセルフアドボカシーの視点でも，アサーティブに話ができることは大切である。また，アサーショントレーニングは子どもの指導プログラムに取り入れられるだけではなく，発達障害がある子を持つ保護者が教師や周囲の人に我が子の支援を依頼する際に，円滑で効果的に行われるために活用されることもある（三田村・松見，2009）。

4. リフレーミング

リフレーミングとは，家族療法から始まった認知行動療法で，今までみていた視点＝枠組みを別の枠組みで捉え直す（リフレーム）考え方である。思い込んでいたことを別の角度からみることで新たな考えを持つことができ，「もうこれしかない」を「まだこれだけある」とみるなど，不満などの否定的な気持ちを肯定的に捉えようというものである。思い込みが強く，思考の柔軟性に欠けるためにトラブルを起こす場合，日常的にリフレーミングで発想の転換を図るとよいであろう。

5. ピアサポート

ピアサポートとは仲間同士が相互に支え合いながら課題を解決する活動のことである（日本ピア・サポート学会ホームページより）。当事者同士が支援し合うことでその集団への所属意識が高まり，リカバリーを助けるとされ，福祉領域でも盛んに行われている。ソーシャルスキルの指導をグループで行う場合も，対処法を互いに考え合う場面を作り，その中で「ぼ

くも同じだよ」と語り合うことで，仲間意識が育ったり，行動の変容が動機づけられる効果がみられる。

〔引用文献〕

相川　充（2000）：人づきあいの技術―社会的スキルの心理学―．サイエンス社．

American Psychiatric Association（2013）：Diagnostic and statistical manual of mental disorders Fifth Edition：DSM-5. American Psychiatric Press, Washington, DC. 高橋三郎，大野　裕（監訳）（2014）：限局性学習障害．In：DSM-5 精神疾患の診断・統計マニュアル．医学書院．

荒川郁子，藤生英行（1999）：日本版マトソン年少者用社会的スキル尺度の作成．教育相談研究，37，1-8．

トニー・アトウッド（著），辻井正次（監訳）（2009）：ワークブック アトウッド博士の〈感情を見つけにいこう〉1. 怒りのコントロール―アスペルガー症候群のある子どものための認知行動療法プログラム―．明石書店．

安住ゆう子（2017）：幼児期における感情表現およびマイナス感情の対処方の指導―気持ち絵本作りを通して―．日本 LD 学会第 26 回大会ポスター発表．

安住ゆう子，三島節子（2009）：教室・家庭で今すぐ使える SST．かもがわ出版．

キャロル・グレイ（著），服巻智子（訳・解説）（2006）：お母さんと先生が書くソーシャルストーリー―新しい判定基準とガイドライン―．クリエイツかもがわ．

Harris, T.（1967/2004）：I'm OK － You're OK. Harper Perennial.

発達協会（監修）（2018）：発達協会式ソーシャルスキルがたのしく身につくカード（2）―こんなときどうする？―．合同出版．

平木典子（1993）：アサーション・トレーニング―さわやかな〈自己表現〉のために―．日本精神技術研究所．

本田恵子（2002）：キレやすい子の理解と対応．ほんの森出版．

一般社団法人日本 LD 学会（編）（2017）：LD・ADHD 等関連用語集 第 4 版．日本文化科学社．

米田英嗣，小坂浩隆，齋藤大輔他（2014）：自閉スペクトラム症がある方々による，自閉スペクトラム症がある方々に対する共感．京都大学白眉センター．

小道モコ（2009）：あたし研究．クリエイツかもがわ．

小貫　悟，名越斉子，三和　彩（2004）：LD・ADHD へのソーシャルスキルトレーニング．日本文化科学社．

小貫　悟，東京 YMCA ASCA クラス（2009）：LD・ADHD・高機能自閉症へのライフスキルトレーニング．日本文化科学社．

ことばと発達の学習室 M（2001）：状況の認知絵カード―ソーシャルスキルトレーニング絵カード―．エスコアール．

三田村仰，松見淳子（2009）：発達障害児の保護者向け機能的アサーション・トレーニング．行動療法研究，35（3），257-270．

中島義昭，子安増生，繁桝算男他（編）（1999）：心理学事典．有斐閣．

NHK（n.d.）：発達障害プロジェクト公式サイト―発達障害って何だろう．https://www.nhk.or.jp/kenko/special/hattatsu/sp_1.html（2022 年 8 月 18 日閲覧）

日本アンガーマネジメント協会（2020）：みんなの怒りスイッチをさがせ！―ゲームで身につくアンガーマネージメント―．合同出版．

日本アンガーマネジメント協会（n.d.）：アンガーマネジメントとは？．https://www.angermanagement.co.jp/about（2022 年 8 月 18 日閲覧）．

日本ピア・サポート学会（n.d.）：ピア・サポートの理念―ピア・サポートとは．http://www.peer-s.jp/idea.html（2022 年 8 月 18 日閲覧）．

NPO フトゥーロ LD 発達相談センターかながわ（2009）：自立のためのチェックリスト．

NPO フトゥーロ LD 発達相談センターかながわ（編著）（2010a）：あたまと心で考えよう SST ワー

クシート―自己認知・コミュニケーションスキル編―．かもがわ出版．

NPO フトゥーロ LD 発達相談センターかながわ（編著）（2010b）：あたまと心で考えよう SST ワークシート―社会的行動編―．かもがわ出版．

NPO フトゥーロ LD 発達相談センターかながわ（編著）（2012）：あたまと心で考えよう SST ワークシート―思春期編―．かもがわ出版．

NPO フトゥーロ LD 発達相談センターかながわ（編著）（2017）：体験しながら育もう実行委脳ステップアップワークシート．かもがわ出版．

岡田　智，森村美和子，中村敏秀（2012）：図解よくわかるソーシャルスキルトレーニング実例集．ナツメ社．

大森良平，本田恵子（2020）：小学校における予防的心理教育としてのアンガーマネージメント D プログラムの理論的枠組み．早稲田大学大学院教育学研究科紀要：別冊，27（2），137-148．

玉木宗久，海津亜希子（2012）：翻訳版 BRIEF による自閉症スペクトラム児の実行機能の測定の試み．国立特別支援教育総合研究所紀要，39，45-54．

上野一彦，松田　修，小林　玄他（2015）：日本版 WISC-IV による発達障害のアセスメント．日本文化科学社．

梅永雄二（2015）：15 歳までに始めたい！ 発達障害の子のライフスキル・トレーニング．講談社．

渡辺弥生（1996）：ソーシャルスキルトレーニング．日本文化科学社．

綿貫愛子（2021）：フトゥーロ通信～私の自閉症世界から～．NPO フトゥーロ LD 発達相談センターかながわ．

Ⅱ　指　導......................................

C-5-7　ソーシャルスキルの指導構造

1. 指導形態

　ソーシャルスキル指導の形態は，指導者と子どもの一対一の個別指導，子どもの数が2～10人程度の小集団指導，通常の学級などの学級全体でのクラスワイドによる指導（大集団指導）に分けることができる。相談・療育機関や医療機関などで行われるソーシャルスキル指導は主に小集団となるが，学校の中（特別支援学級や通級指導教室）では個別または小集団，もしくは個別と小集団の組み合わせで行うことが多い。また，通常のクラスでは，ソーシャルスキル教育（SSE）（佐藤・相川，2005）や社会性と情動の学習（SEL）（小泉，2011）の文脈の下，指導が行われる。特別支援教育領域ではSSTが個別の指導計画をもとにした「自立活動」として位置づけられ，コミュニケーションや人間関係の形成を主体とした指導を個々に応じて行う。それに対し，通常の学級での指導は，学級活動や特別活動，道徳の時間や課外活動で行い，必ずしも系統的ではなく個に応じた指導とはならない場合が多い。

　指導規模については，指導を行う場の環境，指導者の人数，子どもの実態によっても変わってくるため，一概には言えないが，小集団指導の場面においては，指導者2～4名（メイン1名，サブ1～3名）に対し，子どもの数は3～10名程度であると考える。

　昨今は，COVID-19（コロナウイルス感染症2019）拡大防止の観点から，小集団による指導が行いづらく，個別中心の指導や場合によってはオンライン会議システムを活用したリモートでのSSTも検討する必要が出てきている。

2. ソーシャルスキル指導の対象となる子ども

　特別な支援を要する子どもは困難さが多岐にわたる。学習ニーズの高い子どももいれば，情緒の安定が最優先される子どもや，社会性に困難さがあり，ソーシャルスキルの指導が最優先される子どももいる。基本的な考えとして，学習ニーズへの対応では，子どもの認知特性や習熟度によるため，指導の形態は個別の指導が最優先される（同じニーズがある子どもで，複数人数で指導することにメリットがある場合はその限りではない）。しかし，社会性のニーズが最優先である子どもにおいては，個別指導だけではなかなか立ちいかず，小集団指導等で社会性を学ぶ必要がある。社会性を学ばせるには，指導者が子どもに合わせやすい個別指導中心ではなく，子ども同士の関わりによるダイナミックなアプローチが有効になる。では，社会性の困難さがあり，SSTがマッチする子どもとはどういった子どもだろうか。一概には言えないが，SSTは，情緒が安定しており，多少の失敗を受け入れることができる子どもにマッチしている。指導がより効果を発揮するためには，子どもがSSTに対して一定のモチベーションを保ち，活動自体を楽しみながら自分の学びであることを理解していることが必要である。特別支援教育の実践をみると，学習ニーズが高い子どもに対して，指導者の価値観のみで小集団指導でSSTを行っていたり，反対に，社会性のニーズがある子どもに

対し，学習ニーズのみを取り上げ，個別の指導のみを行っていたりすることがある。それでは，個々のニーズに応えていないだけではなく，指導の成果が上がらない。支援を行うにあたっては，子どものニーズをしっかりと把握していくことが何より重要となる。

3. SST におけるメンバー編成

　ここでは，SST のもっともよく行われる小集団指導について述べていく。メンバー構成によっては，先述したように子どもにとってまったく学びにならないことも考えられる。したがって，もっとも考慮する必要があるのが，子どもの実態に応じたメンバー編成である。子どもたちは社会性において一人一人違った不適応状況にある。その中で，それぞれのねらいをもって 1 つのグループとして構成し，一人一人の社会性の課題の解決を目指す。SST では，参加するメンバーの構成が指導目標や指導内容に大きな影響を与える。

　メンバー構成を考える要素としては，学年，性格，興味関心，問題行動の内容，ターゲットにするスキルなどが挙げられる。これらの要素を考慮しながら，参加する個々の子どもたち全員にとって有効な SST となるようなメンバー構成を行う必要がある。不安が強くひきこもりがちな ASD の子どもと，アグレッシブで活発で周りの子とトラブルになりやすい ASD の子どもを一緒のグループで指導するとなると，同じ ASD の困難があるとはいえ，配慮方法や指導方法，指導内容が随分違うことに気が付くだろう。そもそも，安全，安心な仲間関係が構築できず，子どもたちにとって不快で楽しめないグループになってしまうこともある。

　それぞれの指導目標が比較的共通しているメンバーで構成されたグループで指導を行うと，ターゲットスキルも明らかであり，効果的な指導を行うことが可能となる。また，ペースや興味関心，年齢がある程度共通していると，指導場面が実際の子どもたちの仲間関係の場になり，実際の人間関係の中でのスキル学習ができる。また，日常では友人関係が構築しにくい子どもたちにとっては，指導グループが子どもたちの精神衛生上重要な役割を持ってくる。般化という観点でみると，友人関係が築きづらかった子ども同士が SST の場で仲間関係のスキルを学び，その関係が発展し，SST の場以外でも友達として関わることにつながることもある。そのため，子どもの生活の場（同じ学校である，居住地が近い等）を考えてメンバー編成することもある。

　しかしながら，同じ課題を抱える子どもたちでメンバーを構成することでうまくいかない場合も起こりうる。たとえば，暴言・暴力がある子ども，活動的で集団から外れやすい子どもが複数グループにいる場合等は，それぞれが不適切なモデルとなり，影響し合うことがあるからである。一方，学習態勢等が身についていない子どもがいる場合には，おおむね獲得しつつある子どもと同じメンバー構成にし，良いモデルを示すことも手立てとしてありうる。同様に，年齢構成も同年代だけではなく，異年齢集団で指導を行うことで，低学年の子どもにとっては高学年の子どもをモデルとし，高学年の子どもにとっては，リーダーとして低学年の子どもを牽引する中で，自信を持たせることや他者意識を高めることもできる。こうした点も考えると，どのようなグループを組めばよいかといった一般的定式はなく，子どもの実態に応じたグループ編成を臨機応変にすることが重要であるといえる。

4. SST における環境設定

　SST を行う際には，環境そのものに気を配る必要がある。子どもにとってわかりやすい環

表 C-5-4　指導の場所について

場所	活用方法	教室の構造
メイン教室	多くの活動を行う際に使用する。机や椅子を自由に移動でき，活動内容によって，黒板を向く形式や，子ども同士が向き合えるようなグループ形式にする。	物理的な刺激を少なくする。活動に必要なものを子どもがしまえる棚を設置する。黒板の使い方にも配慮する（スケジュール，出席表，ルールや目当てなどを構造化の観点から提示する）。
個別指導教室	個別のSSTだけでなく，学習指導やクールダウン（タイムアウト）に使用する。また，個別的に指導したり，話し合ったりするときに使用する。	遊具や教材などは極力配置せず，机と椅子程度とし，刺激の少ない環境にしておく。クールダウンや個別の緊急対応をする場所となるのでメイン教室のそばにあることが望ましい。
プレイルーム	体育（運動・動作），集団遊び等で使用する。サーキット課題，ボールゲーム，遊びを通した協力課題などを行う場所として活用する。	活動の見通しやルールを視覚的に示すための黒板や移動式ホワイトボードを設置する。ダイナミックな活動や運動などをするため，安全確保も重要。活動に使わないものは，用具入れにしまうかパーテーションなどで目隠しをする。

　境設定，課題設定をすることを“構造化”というが，物理的な刺激が少なく，子ども自身がその状況（空間，時間，すべきこと）の意味を理解し，見通しが持てるような環境のセッティングが重要である（伊藤，2011）。基本的には，全員が着席した状況で活動しやすいスペース，体を動かして遊ぶことができるスペース，個別の活動や落ち着かなくなったときのクールダウンスペース等が考えられる。それぞれを独立して確保することが難しい場合は，移動できるパーテーション等を活用するとよい。それぞれの教室の構造化について，表C-5-4に示す。

5. SST における指導時間

　クリニックや相談機関などで展開される SST は，主に 1 ～ 2 時間程度である。「はじめの会」「ウォーミングアップ活動」「ソーシャルスキルの活動」「集団遊び」「振り返りの会」といった流れが多い。幼児の場合は，おやつタイムを入れる場合もある。

　特別支援学級においては，「自立活動」や「生活単元学習」「道徳」「特別活動」などで指導されることがあり，その時間数については子どもの実態や各校の実態によってさまざまである。通常の学級の教育課程に準ずるならば，「道徳」「特別活動」は週1時間となり，十分ではない。したがって，特別支援学級では，「自立活動」の枠組みで計画していくことも考えられる。

　通常の学級では，「道徳」「特別活動」での SST が中心となると考えられるが，それぞれ年間 35 時間（小 1 では 34 時間）しかない。時間数からも通常の学級での SST は限界があるといえる。

　通級指導教室の指導時間は，年間 10 単位時間（月 1 回程度）から年間 280 時間（週 8 時間まで）と定められている。また，設置自治体によって体制等も大きく異なるが，月 1 回程度から 1 週間のうち 1 日（あるいは半日）を通級指導教室で指導を行う場合もあり，さまざまである（詳細は，Ⅲ巻「D-2 学校・園における指導体制Ⅱ：通級による指導」を参照のこと）。週 2 ～ 4 単位時間（半日程度，たとえば火曜日午前中通級等）の指導が可能であるな

らば，運動的な活動，学習態勢の形成・コミュニケーション・人間関係の形成を目的とした活動，休み時間の過ごし方，個別の活動，清掃など，子どもの日常生活に即した指導をトータル的に行うことができる。

　それぞれの実態や体制に応じて指導することが求められるが，効果が得られにくい場合には，指導目標・指導内容を再度検討することをお勧めする。

6. チームアプローチ

　小集団によるSSTを行う際には，チーム援助で取り組む必要がある。チーム援助では，指導者がそれぞれの役割分担を行い，互いに連携を取ることが求められ，指導者同士のチームワークが重要となる。そのためにも，ケース会議（個別の指導計画立案企画などを学期ごとのような長期的スパンで行う），事前事後ミーティング（具体的指導内容の検討，役割分担等を指導の都度行う）で共通理解を図りたい。ケース会議についての詳しい方法等は「C-9個別の指導計画・個別の教育支援計画の作成と活用」を参考にし，ここでは，事前事後ミーティングについて述べることとする。

　事前ミーティングでは，①子どもの状況の共通理解，②活動のねらい・目標の共通理解，③指導者の役割分担の明確化，を念頭に置いて協議したい。特に役割分担では，メインとなる指導者の動き（全体指示，運営，活動のファシリテーション），サブとなる指導者の動き（全体の妨げとならないような動きをし，メインとなる指導者への注目の促し，個別の確認，ロールプレイ等のモデル，パニックや問題行動への対応，記録等）の確認を行う。事後ミーティングでは，その日の活動の振り返りと次回活動の内容を子どもの実態を踏まえて検討する。特に，子どもの実態を共通理解しておくことが重要である。

　小集団におけるSSTの実践場面では，チームティーチングで指導が行われることが多い。チームティーチングとは，複数の指導者がチームを作り，個々の専門性を活かしながら，協力し合って指導を進める指導形態である。全体の指導を主導的に進めるメインティーチャー（T1）と，個々の子どもに個別に介入したり，補助的に動いたりするアシスタントティーチャー（T2〜）に分かれ，役割分担をして指導に当たる。表C-5-5にメインティーチャーとアシスタントティーチャーの役割をまとめておく。表にあるとおり，アシスタントティーチャーには，臨機応変さと子どもへの細やかな関わりが求められ，その役割はとても重要である。

C-5-8　実態把握とソーシャルスキルのアセスメント

1. ソーシャルスキルのアセスメント

　ソーシャルスキルのアセスメント方法は，本人や保護者，関係者から直接話を聞く方法（面接法）と，子どもの様子を直接観察する方法（行動観察法），チェックリストや心理検査を行う方法（チェックリストや検査法）に分かれる。成人や発達障害のない子どもを対象にしたSSTでは，自己報告式のチェックリストや心理尺度を用いることが多いが，発達障害のある子どもの場合，自分自身の課題の自己理解や他者との関わりの中で生じた問題を適切に理解することが難しいため，自己評定尺度はほとんど用いられない。その代わりとして，指導者

表 C-5-5　指導者の役割（岡田（2014）を改変）

	役割	ポイント
メイン ティーチャー （T1） 1名	①全体指示，グループの仕切り，運営，場の雰囲気づくりを行う。 ②目当て，ルール，スキルを全体で取り上げる。ゲームや活動のファシリテーションを行う。	□声のトーン，話すスピード，表情や動作をうまく使い分ける。 □子どもの注意を前に向けさせる。
アシスタント ティーチャー （T2～） 複数名	①子どもが活動に参加できるよう個別教示，補助，促しを行う。 ②意識はT1に向けさせる。メインティーチャーの意図を察して動く。 ③（必要に応じて）目当てやルールを個別に提示，プロンプト，フィードバックする。 ④（必要に応じて）ロールプレイング，モデリング提示などの実演者となる。 ⑤（必要に応じて）パニックや問題行動への対応，クールダウンやタイムアウトを行う。 ⑥記録を取る。	□小声で個別的に介入する（全体の邪魔にならないような声かけ，プロンプト）。 □集中を妨げる刺激を排除する（騒ぎ合う子どもの間に入るなど）。 □一人一人の子どもを個別にフォローする（褒める，プロンプト，補足の教示）。

評定や保護者評定の尺度が補助的に用いられることが多い。

　発達障害のある子どもの場合，アセスメント方法の中心は，本人や保護者から丁寧に話を聞くということである。子どもは，最初はうまく訴えができないことがほとんどだが，子どもを中心に据えて支援をしていく中で，徐々に自分で訴えられるようになったり，こうなりたいという願いを表現できるようになったりする。まずは，子どもと保護者の願い（ディマンド）を丁寧に汲み取るという支援者のスタンスが必要である。

2．願い（ディマンド）からニーズへ

　ディマンドとニーズは同じようでいて実は大きく異なる。ディマンドは，子どもや保護者が主観的にこうなりたいということや，こういうことをしてほしいという欲求に近い。これに対し，ニーズは客観性が求められる。ニーズは子どもが生活していく上で，必要なものである。子ども本人の願い，保護者の願い，在籍学級担任の願い（いわゆるディマンド）等から，支援者が客観的に，種々のアセスメントデータと総合し，子どもに今生活する上で必要なこと（ニーズ）を把握し，指導計画を立てる。そして，指導のねらいや目標は，子ども本人・保護者，そして在籍学級担任などと共有し（子ども自身が課題を意識できるよう，子どもが理解しやすく受け入れやすいことばを使う），日々の指導の中で，共同戦線（室橋，2016）で取り組んでいくことになる。

　子どもの願いからニーズを確認し，子どもの抱えている課題にアプローチする。いわば，子どもと共同戦線を張ることで，よりよい指導が可能になる。子どもの願いから指導をスタートすることで，子ども自身が活動に対して主体的に，そして目的意識を持って，課題に取り組む姿を引き出せるのだと言えよう。

　また，保護者への聞き取りも重視したい。指導を始める前に，保護者から指導を通してどのようなことができるようになってほしいかを面談で丁寧に聞き取る。個別の指導計画には，

保護者の願いを位置づけ，確認しながら指導を進める。まれに子どもへの期待や願いが強すぎることもあるが，指導者としては，今できることを踏まえつつ，合理的な目標設定を保護者とともに行う。そうすることで，「あれもこれも」とならず，ポイントを絞って指導を進めることが可能となる。

　さらに，在籍学級担任の願いを把握していくことが重要である。実態を把握していくときに，さまざまなアセスメントツールも活用するが，在籍学級担任からの聞き取りを通して子どもの実態把握を図りたい。ソーシャルスキルの指導の場で目指すことのひとつとして，子どもの在籍学級での適応状況が良くなることが挙げられる。在籍学級担任は，子どもの困りについて，日々最前線で指導している。子どものニーズを中心に置きながら，保護者・在籍学級担任・指導機関の三者で共通理解を持って指導を進めていくことが重要になる。

3.　実態把握ツールの活用

　SST が必要な子どもは，主に学校生活での困難が大きい。そこで，在籍学級担任や保護者に子どもの日常の様子を聞き取り，指導の参考にしたい。しかし，聞き取りだけでは聞き手のバイアスがかかる可能性があるため，ある程度客観的な指標を参考にしたい。各学校や自治体等でさまざまなチェックリストが作成されているため，状況に合わせてそれらを活用していくとよい。すでに標準化されて信頼性，妥当性が確認されている専門的尺度としては，日本版 Vineland-II（辻井・村上，2014）や ASA 旭出式社会適応スキル検査（旭出学園教育研究所，2012），ソーシャルスキル尺度（上野・岡田，2006）などが挙げられる。学校現場においては，それらアセスメントの訓練を受けた教員や特別支援教育コーディネーター，スクールカウンセラー等が標準化された尺度を用いていることもある。一般の教員がそのまま利用するのではなく，訓練を受けた専門家との連携の上で活用したい。

　また，子どもの社会適応やソーシャルスキルの状態に強く関係する障害特性の把握については，医療機関，相談機関等で実施したアセスメント結果や見立ての結果を，情報提供を受け活用していきたい。専門機関につながっていない子どもに関しては，さまざまな機関や自治体で実態把握のアセスメント尺度が作成されているので，それらを活用していくことが望ましい。たとえば，子どもの「コミュニケーション」「社会性」「こだわり」「不注意」「運動」などの発達特性を担任教師がチェックすることで把握する「教室でできる特別支援教育アセスメントシート」（岡田他，2011）や，対人面・集団面といったソーシャルスキルだけでなく，感情面や自己理解の面，実行機能の面なども保護者や先生の評定によって把握する「社会情動発達チェックリスト（SEDC）」（加藤・岡田，2019）の活用等がその例である。これらの尺度には自由記述欄も設けられており（図 C-5-4 を参照のこと），子どもの課題（困難さ）だけではなく，うまくいった援助や関わりについても記述する。自由記述欄に書かれることが，子どもの支援や指導を考える上でとても参考になる。しかし，これらの実態把握ツールは，支援者や保護者がチェックするものであり，評定者自身の観点や感情（子どもの実態把握の程度，願いや希望，過剰な心配や過小評価等）をかなりダイレクトに反映するものである。評定結果はそのような評定者の捉え方も踏まえたものであること，信頼性・妥当性の面で限界もあることを念頭に入れた上で活用していくことが望まれる。

　また，子どもの社会適応やソーシャルスキルの状態に強く関係する障害特性の把握については，医療機関，相談機関等で実施したアセスメント結果や見立ての結果を，情報提供を受

社会情動的発達チェックリスト：児童用（Social-Emotional Development Checklist for Children）SEDC-C ＊＊＊＊ 小1～中3　保護者・先生用

子どもの名前（　　　　　　）　男・女　年齢（　歳　カ月）　記載日（　年　月　日）
評定者の名前（　　　　　　）　関係（　母・父・先生・その他　　）

本チェックリストは、お子さんの社会情動的スキルの発達を把握する尺度です。下記のチェック項目をよく読み、最近のお子さんの状況について、評価段階（0～3）に沿ってのチェックを付けてください。その行動や様子が実際に見られるかどうかを評価し、そのような機会がない場合は「0」としてください。右のチェック項目には、チェック項目群に対応する自由記述欄があります。チェック項目に対する補足など、お子さんの状況を具体的にお書きください。

0：当てはまらない／見られる機会がない
1：やや当てはまる／たまに見られる
2：だいたい当てはまる／しばしば見られる
3：非常に当てはまる／とても頻繁に見られる

例えば、以前その行動が見られたが最近はその行動が「まったく見られない」という場合は「0」とします。また、やや見られる場合は「1」、指示や声かけがあればする場合は「2」としてください。

1　対人関係（大人や支援者）＊評定者との関係において評価してください

	0	1	2	3
1.1 家族（先生や支援者）に、挨拶や返事、感謝などを、適切な態度で示す	0	1	2	3
1.2 家族（先生や支援者）に、適切なことばで許可を求めたり、依頼したりする	0	1	2	3
1.3 他の子ども（先生や支援者）に、間違いを指摘された時に、素直に受け入れる	0	1	2	3
1.4 家族（先生や支援者）に、経験したことを話す（聞かれたときに適切に応じられればよい）	0	1	2	3
1.5 困った時、家族（先生や支援者）に適切に援助を求めたり、相談したりする	0	1	2	3
1.6 身近な大人に、安心感や信頼感をもってかかわる	0	1	2	3

2　対人関係（子どもとのかかわり）

	0	1	2	3
2.1 複数の友達と仲よく遊ぶ	0	1	2	3
2.2 自分から他の子どもに話しかけたり、仲間の輪に入ったりする	0	1	2	3
2.3 他の子どもと会話をする（話題を共有する、双方向のやりとりをする等）	0	1	2	3
2.4 話題や興味・関心、趣味、遊びのあう友人がいる	0	1	2	3
2.5 喧嘩やトラブルになりそうな子どもとは距離を置く	0	1	2	3

[下記の1項目（2.6）は、小学3年以上のお子さんについてのみ評定してください]

	0	1	2	3
2.6 同年代の異性と適切な距離でかかわる（身体接触、視線、プライバシー意識等）	0	1	2	3

3　集団参加・学習態勢

	0	1	2	3
3.1 初めてであったり、慣れなかったりする活動に参加も、取り組む	0	1	2	3
3.2 一斉の指示を聞き、応じる（注目、傾聴、集中、指示理解等）	0	1	2	3
3.3 適切な態度で授業を受ける（着席、姿勢保持、静かに聞く、課題に取り組む、周りの邪魔をしない等）	0	1	2	3
3.4 集団で活動する時、それに沿って参加する	0	1	2	3
3.5 与えられた役割（日直、当番、お手伝い等）を遂行する	0	1	2	3
3.6 グループ活動や班活動に協力的に取り組む	0	1	2	3

4　話し合い・集団での問題解決

	0	1	2	3
4.1 相手の意見を聞き入れる（自分ばかりしゃべらない、相手に反応を示す等）	0	1	2	3
4.2 自分の考えを伝える（分かりやすく伝える、流れに沿って述べる等）	0	1	2	3
4.3 話し合いで複数の意見が出た場合、その状況に合わせた決め方をしない（多数決を取る、じゃんけんで決める、妥協案を出す等）	0	1	2	3

[下記の2項目（4.4、4.5）は、小学校3年以上についてのみ評定してください]

	0	1	2	3
4.4 子どもだけで話し合う（校外学習、遊び、外出の計画等）	0	1	2	3
4.5 自分の意見に対する批判や他の人の意見が、妥当なものであれば聞き入れる	0	1	2	3

[自由記述欄]
・お子さんの状況で、気になることや現在課題となっていること、身につけてもらいたいことをお書きください。
・左側の質問項目に対する補足でも構いません。（例えば、「○○は□□からしているが、△△は現在練習している」。ここ最近、「できるようになったこと、うまくいった援助や分かりやすかった援助」などについてもご記入ください。
・また、相談や支援の参考にしていしますので、下記にご記載ください。
・ご記入しにくいことは、面談時など直接お伝えいただくのでも構いません。

親、家族、先生とのかかわりについて

友達関係、他の子どもとのかかわりについて

集団参加や班活動や少人数グループでの活動について

項目	0	1	2	3
5　共感性・情動共有				
5.1　他の人と一緒に、喜んだり、悲しがったり、感動したりする	0	1	2	3
5.2　相手の表情やしぐさから、気持ちを察して、気にかける	0	1	2	3
5.3　他の人をなぐさめたり、なだめたり、励ましたりする	0	1	2	3
5.4　困っている人がいたら、そのことを察して、声をかけたり、助けたりする	0	1	2	3
5.5　仲間と共有できる（緊張感、静寂、楽しい雰囲気等）	0	1	2	3
5.6　他者と共有できるような楽しめる趣味をもっている（部活動や習い事なども含む）	0	1	2	3
5.7　他の人が経験した出来事や気持ちを共感的に聞く	0	1	2	3
6　自尊感情・自己理解				
6.1　さまざまな活動に自信を持って取り組む	0	1	2	3
6.2　自分のことを肯定的に捉えている（自分のことを認めていたり、満足していたりする）	0	1	2	3
6.3　自分について否定的な言動をしない（例えば、「私はだめだ」「価値がない」「役立たずだ」「失敗するのではないか」など）	0	1	2	3
6.4　自身の得意なことと苦手なこと（長所と短所）を理解し、説明できる	0	1	2	3
6.5　自身の目標、改善したいことを理解できる	0	1	2	3
6.6　何事にも前向きで、楽観的である	0	1	2	3
7　感情表現・感情調整				
7.1　表情や動作、態度などで適度に感情を表す（かんしゃくや攻撃的にならずに）	0	1	2	3
7.2　自分の感情がわかり、ことばで表現しようとする	0	1	2	3
7.3　負けた時や失敗した時に、怒りや残念さに振り回されずに気持ちを保てる	0	1	2	3
7.4　思い通りにならなかった時でも、気持ちを切りかえられる	0	1	2	3
7.5　情緒が安定している（気分のむらや不安定さを示さない）	0	1	2	3
8　セルフコントロール・実行機能				
8.1　必要な時間、静かに話を聞いたり、きちんと着席したりして、活動に取り組む	0	1	2	3
8.2　じっくり考えてから行動したり、丁寧に課題に取り組んだりする	0	1	2	3
8.3　必要な時間、勉強や活動に集中して取り組める	0	1	2	3
8.4　複数の指示や説明、手順を忘れずに覚えておける	0	1	2	3
8.5　自分のやり方や解答が正しいかどうかを見直し、間違いに気づいて修正する	0	1	2	3
8.6　自分の言動を振り返り、次から気を付けようとする	0	1	2	3
8.7　作業や活動において、複数の手順を把握して、それに沿って取り組む	0	1	2	3
8.8　時間配分やスケジュールの見通しをもてば、それに沿って動く	0	1	2	3
8.9　時間になったり、指示されたりすれば、今やっていることを切り上げて、次にやるべきことへスムーズに移る	0	1	2	3
8.10　予想外（予定外）の出来事や環境の変化（先生や活動場所、メンバー等）があっても、適切に対応する	0	1	2	3
9　日常生活スキル・身辺管理				
9.1　整理整頓や片づけをする（部屋、机の中、ロッカー等）	0	1	2	3
9.2　提出物、宿題、授業で使う物などを忘れずに持ってくる	0	1	2	3
9.3　生活の流れに沿ってスムーズにこなす（例えば、学校では時間割や予定、家庭では起床、洗顔、着替え、朝食、着替えといった流れ等）	0	1	2	3
9.4　身だしなみや身のまわりを気にかけて、自分で整える（衣服や体を清潔に保ったり、髪や服装などを整えたりする）	0	1	2	3
[下記の4項目（9.5〜9.8）は、ご家庭用の項目になります。先生の方はわかる場合のみお答えください]				
9.5　家の手伝いをする（洗濯物をたたむ、食卓の片づけ、日課・週課をしている等）	0	1	2	3
9.6　行き慣れた場所まで公共交通機関を使って移動する（運賃を払う、もしくはIC カードを使うことも含む）	0	1	2	3
9.7　お金を自分で管理し、計画的に使う（貯めて欲しいものを買う、お小遣い帳をつける等）	0	1	2	3
9.8　ソーシャルネットワーキングサービス（SNS）やインターネットを適切に使う（家庭のルールに従う、長時間やりすぎない、個人情報保護や相手の感情などに配慮する等）	0	1	2	3

性格傾向（共感性、自尊感情、自己理解など）について

また、お子さんのよいところ、好きなこと、得意なこと、打ちこんでいることなどをお書きください。

感情やセルフ・コントロール（抑制、注意集中、計画立て、切りかえ等）について

日常生活・身辺管理について

注：本チェックリストと研究が出版物で2次使用される場合は、加藤・岡田（2019）のSEDCの使用方法などを読んでから使用してください。本尺度の使用にあたっては、岡田智（s.okada@edu.hokudai.ac.jp）までお問い合わせください。北海道大学教育学研究院附属子ども発達臨床研究センター　岡田智

図 C-5-4　社会情動的発達チェックリスト：児童用（Social-Emotional Development Checklist for Children）SEDC-C *** 小 1 〜 3（保護者・先生用）（加藤・岡田, 2019）

け活用していきたい。知的機能・認知特性に関しては WISC-V（WISC-IV）や KABC-II，障害特性に関しては ASD に関する検査（SRS-2（神尾，2017）など）や ADHD 関連でよく用いられる尺度（子どもの行動チェックリスト CBCL や ADHD 評価スケールなど），子どもの行動傾向に関しては SDQ：子どもの強さと困難さアンケート（SDQ-JV, 2019）などが参考になる。

4．行動観察法

　指導場面で実際に子どもの様子や反応を見ていくこともアセスメントのひとつである。指導前の診断的アセスメントが実態把握のすべてではなく，実際に指導しながら，子どもの捉え方やつまずき方を丁寧に情報収集していくことも必要である。たとえば 1 年間の指導をする際には 1 学期は情報収集の期間となり，固定的なプログラムを組めないことが多い（子どもたちの様子を見て，フレキシブルに指導内容や方法，活動を変えていくということ）。

　通級指導教室で SST を行う場合，在籍校・学級に子どもの様子を見に行くことも行われる。ソーシャルスキルの問題は，フォーマルな活動場面（授業等）とインフォーマルな活動場面（休み時間や給食等）でかなり異なる。たとえば，ある子は，授業中は集団参加や他者との関わりに問題はないのだが，休み時間になると仲間に入ることができずに図書室に籠ってしまう。反対に，ある子は，授業中は出し抜けの発言や他児へちょっかい等を出してしまい，うまく集団参加できていないが，休み時間になるとリーダーシップを発揮し，遊べている等である。したがって，観察する場面も子どもの実態に合わせて決めていくとよいだろう。また，子どもの支援すべき課題を特定化するだけでなく，子どもが力を発揮しやすい環境，発揮しにくい環境を把握することだけでも，支援の糸口がみえてくることが多い。

C-5-9　ソーシャルスキル指導の実践

1．ソーシャルスキル指導の活動計画作成

　ソーシャルスキルの指導では在籍学級担任や保護者，本人のニーズを中心に実態把握を行い，子どもにどのような力（ターゲットスキル）を身につけさせたいかを検討する必要がある。それらをもとに，指導者で共有化を図るため，ケース会議を行う。そこで，グループ編成を行い，そのグループで行う活動計画をおおまかに決める。短期目標を学期ごとに設定するならば，1 学期は初めて出会う仲間との関係づくり，活動の目標やなぜこの活動を行うのか，自分が頑張ることは何かといった動機づけを重視する（発達段階によって説明の仕方は異なる）。2 学期は，個々の実態やグループの実態に即した SST をダイナミックに展開する。3 学期は，これまでの学びのまとめと次年度に向けての個々のニーズを確認し，自己理解を促すことができるように活動を展開するとよい。ただし，生活年齢や個々のニーズによっても異なるため，臨機応変に指導計画を変更するなどし，展開していきたい。支援者同士で指導の一貫性を保つため，ターゲットとなるスキルをキーワードで明示しておくとよい。その一例（岡田他，2012）を表 C-5-6 に挙げておく。

表 C-5-6　ターゲットとなるスキルの一例（岡田他，2012）

スキル1	着席する	スキル14	ヘルプを出す
スキル2	見る	スキル15	上手に話し合う
スキル3	聞く	スキル16	会話
スキル4	待つ	スキル17	肯定的にかかわる
スキル5	ルールを守る	スキル18	仲間意識，所属感を高める
スキル6	人と合わせる	スキル19	協力する
スキル7	負けても怒らない	スキル20	仲間で計画・立案・実行する
スキル8	上手に切り替える（行動）	スキル21	空気を読む
スキル9	上手に切り替える（気持ち）	スキル22	ことばでのやりとり
スキル10	集まる・並ぶ・移動する	スキル23	隠れたルールを理解する
スキル11	人前で話す	スキル24	動作の模倣
スキル12	あいさつ・お礼・謝る	スキル25	適切に気持ちを表現する
スキル13	報告・連絡・相談	スキル26	自分の課題の自己理解

2. 幼児期のソーシャルスキル指導

　子どもは養育者との応答的，相互的関係の中で，社会性を育んでいく。年齢が上がるにつれ，養育者のみならず，家族，きょうだいとの関わり，保育園や幼稚園での友達や先生との関わりが生まれる。そうした他者との関わりの中で，さまざまなコミュニケーションを経験し，他者との人間関係も広がる。ASD 等社会性に困難さのある子どもの場合，他者に興味を持って接する，相手に反応したり，養育者を求めたりすることが少ない場合がみられる。また，不適切な養育環境で育った場合には，健全な人間関係を築くことができず，結果として，行動面や情緒面での課題が生じることもある。情緒の安定の上で，「大人との関わり」や「子どもとの関わり」等，他者との関わりを育むことが重要である。ここでは，ソーシャルスキルのひとつである「集団参加（子どもとの関わり）」に焦点を当て，活動例（表 C-5-7）を紹介する。自由遊び等で，子ども同士の関わりが自然と生まれるような支援者の関わりが求められる。また，遊びに子どもを浸らせる（ある程度満足できるまで遊ばせる）ことも重要で，課題設定を少なくし，活動時間を確保することが望ましい。

3. 学校でのソーシャルスキル指導

1）個別の指導計画とソーシャルスキル指導の計画
　個別の指導計画とグループでの指導計画は連動して展開されることが重要となる。その際には，個別の指導計画を作成する際に重要となる「自立活動」の内容（表 C-5-8）とリンクさせ，ソーシャルスキルの指導が展開される。個別の指導計画から，自立活動に応じた個々の目標が設定され，そこからグループの活動計画が展開される。表 C-5-9 に，個別の指導計画とグループでの SST 指導計画を関連づけた例を示す。細かな実態については割愛しているが，小集団指導であろうとも，子どもの実態からスタートするわけであるから，表のように，個別の指導計画の中でのねらいに沿って小集団活動が計画されるとよい。自立活動項目でおおよそのねらいをつけ，具体的な目標を設定する。その後，ターゲットスキルを定め，

表 C-5-7　年長児の活動例

ねらい （ターゲットスキル）	方法	留意点
2　見る 3　聞く 4　待つ 11　人前で話す	「はじめの会」 日直が出欠確認, スケジュール, 目当ての確認をする。	• 手順書を準備し, 安心して日直ができるようにする。 • 日直がスムーズに進行できるように促す。 • 周囲の子どもが, 日直や黒板に注目できるよう促す。
5　ルールを守る 22　ことばでのやりとり	「粘土遊び」（「制作遊び」） 一人一人, 粘土で好きなものを作る。 友達と楽しい時間を共有する。 共有で使う道具を設定し, 貸し借りのルールを学ぶ。 「貸して」→「いいよ」「ちょっと待ってね」	• はじめは個々の活動で行うが, 徐々に同じテーマで物を作る等, 空間を共有できるように配慮する。 • 道具の貸し借りでは, 適切なことばのモデルを示したり, 支援者が仲介したりする。 • 粘土の感触が苦手な子がいる場合は, 砂やブロックなど別のもので行う。
5　ルールを守る 18　仲間意識, 所属感を高める 22　ことばでのやりとり	「お店屋さんごっこ」 子ども同士で1つのテーマを共有し, それぞれの役割を演じる。 3つ程度のお店（パン屋さん, 魚屋さん, おもちゃ屋さん等）から選択し, 友達と協力して遊ぶ。	• お店の設定は, 子どもの興味関心に即したものを提案する。 • 他の子どもが"してくれた"ことに気づかせることばかけをする。 • 支援者もともに楽しむ。

表 C-5-8　自立活動の内容（6区分27項目）

1　健康の保持	4　環境の把握
（1）生活のリズムや生活習慣の形成 （2）病気の状態の理解と生活管理 （3）身体各部の状態の理解と養護 （4）障害の特性の理解と生活環境の調整 （5）健康状態の維持・改善	（1）保有する感覚の活用 （2）感覚や認知の特性についての理解と対応 （3）感覚の補助及び代行手段の活用 （4）感覚を総合的に活用した周囲の状況についての把握と状況に応じた行動 （5）認知や行動の手掛かりとなる概念の形成
2　心理的な安定	**5　身体の動き**
（1）情緒の安定 （2）状況の理解と変化への対応 （3）障害による学習上又は生活上の困難を改善・克服する意欲	（1）姿勢と運動・動作の基本的技能 （2）姿勢保持と運動・動作の補助的手段の活用 （3）日常生活に必要な基本動作 （4）身体の移動能力 （5）作業に必要な動作と円滑な遂行
3　人間関係の形成	**6　コミュニケーション**
（1）他者とのかかわりの基礎 （2）他者の意図や感情の理解 （3）自己の理解と行動の調整 （4）集団への参加の基礎	（1）コミュニケーションの基礎的能力 （2）言語の受容と表出 （3）言語の形成と活用 （4）コミュニケーション手段の選択と活用 （5）状況に応じたコミュニケーション

表 C-5-9　個別の指導計画と SST 指導計画の関連

	自立活動項目	目標	ターゲットスキル	活動内容例
個別	3-(3) 人間関係の形成 6-(2) コミュニケーション	出来事に関する気持ちを自分のことばで表現することができる。	25　適切に気持ちを表現する	「どんな気持ち?」など。エピソードを指導者とお互いに話しながら,そのときどういった気持ちだったかを話し合い,気持ちの語彙を増やす。
	3-(3) 人間関係の形成	友達とのトラブルの原因について,考えることができる。	26　自分の課題の自己理解	「こんなときどうする?」子どものエピソードから,トラブル回避するための方法を一緒に検討する。
小集団	3-(1)(2)(3)(4) 人間関係の形成 4-(5) 環境の把握 6-(2) コミュニケーション	自分と他者の気持ちの共通点や差異を理解する。 自分の気持ちを適切に表現できる。	11　人前で話す 18　仲間意識,所属感を高める 25　適切に気持ちを表現する	「気持ちツリー」気持ちツリーにさまざまな気持ちのことばを挙げ,似たような気持ちをまとめていく。「きもちくんクイズ」それぞれがエピソードを話し合い,それに合う他者の気持ちを想像する。
	3-(1)(2)(3)(4) 人間関係の形成 4-(5) 環境の把握 6-(2) コミュニケーション	自分の良さや苦手なことに気づく。 他者の良さや苦手なことに気づき,どうすればよいか考えることができる。	11　人前で話す 18　仲間意識,所属感を高める 26　自分の課題の自己理解	「ネガポ・バスケット」。フルーツバスケットの要領で,自分の苦手なことを発表し,他者と共感する。同様に得意なことや好きなことも発表していく。苦手なことも見方を変えれば良い面として捉えられることを意識する。

それに見合った活動を計画する。SST というと,まず活動ありきのイメージを持たれる場合があるが,活動内容は最終的に決定されるものである。したがって,活動内容が似ていても,ねらいが違ってくる場合もあり,その際には指導者の子どもへのことばかけも大きく異なってくるだろう。

2) 小学校低学年での年間指導計画例

　小学校低学年段階では,学校生活に慣れていないことでのトラブルや,学習態勢が整っていないことでの行動上の課題が目立つ場合がある。学習態勢が整っていなければ,支援者による指示が理解できないことによる誤学習も増えてくる。そこで,この時期何よりも大切にしたいスキルは,学習態勢を整えるスキルである。学習態勢を整えることからスタートし,その他のスキル獲得を目指したい。

　子どもの実態によってターゲットスキル,活動内容を変えていく必要や,年度途中での柔軟な変更はある。表 C-5-10 に 1 年生児童の指導の一例を示す。このグループは,就学前から気の散りやすさや多動の課題がみられた。また,不適応の原因のひとつとして,学校生活に慣れていない(学校生活のルールが理解できていない)ことが可能性として考えられた。

表 C-5-10　小学校 1 年生における小集団指導年間計画

	スキル		活動内容例
前期	1　着席する 2　見る 3　聞く 4　待つ 5　ルールを守る 10　集まる・並ぶ・移動する 24　動作の模倣	学習態勢を整える 友達と楽しむ	「はじめの会」：着席，聞くポイントを明示，スケジュールの確認 「見る修行」：見ることの意識づけを行う 「聞く修行」：聞くことの意識づけを行う 「よ～く聞いて答えよう」：最後まで聞くこと・待つことの意識づけを行う 「サーキット」：集合の仕方や並ぶときの距離感などを身につける 「卓上ゲーム」（トランプ，ジェンガ等など）：順番を意識したり，審判に従ったりすることを通し，ルールを守って遊ぶことの楽しさを知る 「まねっこ遊び」「リーダー探し」：他者の動作を見ることを意識する
後期	7　負けても怒らない 9　上手に切り替える（気持ち） 13　報告・連絡・相談 14　ヘルプを出す 19　協力する 22　ことばでのやりとり	友達との活動を楽しむ 困ったときの対処方法	「負けても怒らないかるた」：負けても平気であることを経験していく 「クールダウンしてみよう」：気持ちが高揚してしまったときの対処方法を身につける 「協力ミッション」：友達と役割分担をして，協力する経験をする 「協力間違い探し」：相手が知らない前提のもと，ことばでのやりとりを行う 「調理」：指示に従うとともに，できないときに援助を求めるようにする 「ヘルプ鬼」：助けを求める経験と助けてもらってよかった経験を増やす

3）小学校高学年での年間指導計画例

　小学校高学年になると，発達段階との関係で，友達関係での困難が大きくなる。また，仲間意識が持てず，自信をなくしてしまうケースも少なくない。教師や親からの称賛よりも，友達から認められることが重要な年齢なので，支援では意図的に友達から認められる経験をする場面を増やしていく必要がある。SST 指導では，自身の困りや課題を理解できつつある段階にあるため，子どもの語りをスタートにして指導を展開することも可能となる。

　表 C-5-11 に挙げた例は，友達とうまく関わることができていないが，「空気を読めるようになりたい」「友達との会話を楽しみたい」「グループ活動の話し合いで困っている」といった願いと困りを持っている子どもで構成されたグループの指導計画である。担任の先生に話を聞くと，友達とちょっとしたことでトラブルになり，思わず強い口調になってしまったり，「どうせ俺は……」と友達との関わりで自信をなくしたりしている様子がみられるということだ。また，学習場面では，グループでの話し合い活動でどうしてよいかわからずにいることもあった。そこで，仲間意識を高めることと人との関わりを中心とした指導計画を立て，指導を行うこととした。

　高学年の段階になると，オンラインでの小集団活動も可能となるため，オンラインでも実

表 C-5-11　小学校 5・6 年生における小集団指導計画

	スキル		活動内容例
前期	15　上手に話し合う 16　会話 17　肯定的にかかわる 18　仲間意識，所属感を高める 19　協力する	仲間意識を高める 人とのかかわりの基礎	「あったかことばとちくちくことば」：場にふさわしいことばとそぐわないことばがあることを知る〈オンライン〉 「ペア探し」：友達の名前を覚え，友達を意識する 「協力ぬりえ」：友達に依頼することを通して，協力し一枚のぬりえを仕上げる 「何して遊ぶ?」：友達を否定せず，建設的に話し合い，フリータイムに遊ぶ内容を決める 「会話ジェンガ」：会話を続けること，自分ばかりが話さないことを意識する 「みんなの意見 de それ正解！」：自分と他者の違いを知りつつ，友達に思いをはせる〈オンライン〉
後期	20　仲間と計画・立案・実行する 23　隠れたルールを理解する 25　適切に気持ちを表現する 26　自分の課題の自己理解	人とのかかわりの応用 自己理解	「お楽しみ会を企画しよう」：仲間と一から計画する経験をし，役割を果たし，人とのかかわりを楽しみ，達成感を味わう 「暗黙のルールブレインストーミング」：暗黙のルールかるたを活用し，下の句を自分で考える〈オンライン〉 「これまでの自分を確認しよう」：これまでの SST で得られたこと，自分が成長したことを確認する。自分の得意なことと手助けが必要なことを整理する。苦手なことについても肯定的に捉えることができる（将来へつなげることができる）〈オンライン〉

施可能である活動については，〈オンライン〉と付けている。対面での実施が難しい状況では，Web 会議システムを活用し，オンラインによる SST 指導を検討してほしい。

4）中学校での年間指導計画例

　中学校段階では，友達との人間関係がより複雑になる。また，コミュニティも学級だけではなく，部活動での人間関係等，さまざまな場での適切な行動が求められる。一方，支援者は在籍学級担任がすべて実態を把握し，常に支援を行える状況にはない。また，子どもの自主自律を重んじ，子ども同士の人間関係に支援者が介入する頻度も下がってくる。情報機器の活用（スマートフォンやタブレット端末）等も多くなり，直接的なやりとりと画面上でのメッセージのやりとりが多くなる。

　自己理解という観点においては，自身の特性を理解し始める時期でもあり，自分に必要な援助を適切に求める「セルフアドボカシー」の視点が重要となる。

　表 C-5-12 で示す例の中学生は，学校での友達関係においてうまく関わることができず，「友達はいない」「自分をわかってくれる人はいない」「でも，仲間は欲しい」と思っている。また，自分の苦手さについてある程度理解してきているものの，苦手なことを周囲へ伝え，自ら援助を求めていくことについては抵抗があるという側面もある。そういった子どもへの小集団指導の一例である。

表 C-5-12　中学生における小集団指導計画

		スキル	活動内容例
前期	15　上手に話し合う 16　会話 17　肯定的にかかわる 18　仲間意識，所属感を高める 19　協力する 21　空気を読む	仲間意識を高める 人とのかかわりの基礎	「クイズ大会」：自分の得意なことを基にクイズを出し合う（友達との共通の趣味を見つける）〈オンライン〉 「きみはどっちのタイプ？」：選択肢の中から，自分に当てはまるものを考える〈オンライン〉 「ネガポバスケット」：自分の短所だと思っていることが見方を変えると長所になることを知る〈オンライン〉 「みんなの意見 de それ正解！」：自分と他者の違いを知りつつ，友達に思いをはせる〈オンライン〉 「かぶらナイス！」：友達の考えを想像して，他者視点を持つ〈オンライン〉
後期	26　自分の課題の自己理解	自己理解	「自分研究所」：自分の困っていることを分析し，その対応策を考える。友達とも共有したり，友達のアイデアを活かしたりして，肯定的な自己理解を育む 「模擬ケース会議」：自分の困っていることを先生や保護者に理解してもらう。そのために，自分が主体となってケース会議を開催する。その予行演習として，子どもがそれぞれの役割を演じ，模擬ケース会議を行い，自分の欲しい援助について主張する

〔引用文献〕

旭出学園教育研究所（2012）：ASA 旭出式社会適応スキル検査．日本文化科学社．

伊藤久美（編）（2011）：学校生活・日常生活適応のための指導．ミネルヴァ書房．

神尾陽子（2017）：SRS-2 対人応答性尺度．日本文化科学社．

加藤弘通，岡田　智（2019）：子どもの発達が気になったらはじめに読む発達心理・発達相談の本．ナツメ社．

小泉令三（2011）：社会性と情動の学習（SEL-8S）の導入と実践．ミネルヴァ書房．

文部科学省（2018）：特別支援学校教育要領・学習指導要領解説 自立活動編（幼稚部・小学部・中学部）．（https://www.mext.go.jp/content/20220426-mext_tokubetu01-100002983_9.pdf [2022 年 8 月 18 日閲覧]）．

室橋春光（2016）：土曜教室活動の意義．北海道大学大学院教育学研究院紀要，124，93-105．

岡田　智（編著）（2014）：CD-ROM 付き 特別支援教育をサポートするソーシャルスキルトレーニング（SST）実践教材集．ナツメ社．

岡田　智，森村美和子，中村敏秀（2012）：特別支援教育をサポートする図解よくわかるソーシャルスキルトレーニング（SST）実例集．ナツメ社．

岡田　智，上山雅久，岡田克己（2011）：教室でできる特別支援教育アセスメントシートの開発―チェックリストの標準化の試み―．共立女子大学家政学部紀要，57，109-117．

佐藤正二，相川　充（編）（2005）：実践！ソーシャルスキル教育・小学校―対人関係能力を育てる授業の最前線．図書文化．

SDQ-JV（2019）：SDQ とは？　https://ddclinic.jp/SDQ/aboutsdq.html（2022 年 2 月 6 日閲覧）．

辻井正次，村上　隆（日本版監修）（2014）：日本版 Vineland-II 適応行動尺度．日本文化科学社．

上野一彦，岡田　智（編著）（2006）：特別支援教育実践ソーシャルスキルマニュアル．明治図書．

C-6
行動面の指導

【概要】.................「発達障害：学習障害（LD/SLD），注意欠如・多動症（ADHD），自閉スペクトラム症（ASD），発達性協調運動症（DCD）等」のある子どもが示す行動上のつまずき（授業への参加困難，多動性・衝動性，パニック，ルール理解や友人関係の困難など）について，その理解と支援に必要な基礎知識を解説する。行動面のアセスメント，実態把握のための行動観察，行動の変化を捉えるための記録方法，教室場面で役立つ指導技法の原理について，実際の支援事例を挙げながら説明する。行動への介入方法のひとつである応用行動分析の基本的な考え方として，子どものモチベーションを踏まえた，強化や機能分析についても述べる。学校における支援体制や学校と家庭の連携，チームアプローチのあり方についても述べる。

【キーワード】...........応用行動分析／行動観察／環境アセスメント／強化（強化子）／機能的アセスメント／行動変容の方法／モチベーション／校内支援体制／保護者との連携／チームアプローチ

【到達目標と評価】.....①「発達障害」のある子どもにみられる行動上のつまずきの具体像とその原因について説明できる。
②行動面のアセスメントについて説明できる。
③子どものモチベーションを踏まえた「強化」と機能的アセスメントについて説明できる。
④学校場面における環境調整や「発達障害」のある子どもへの接し方について説明できる。
⑤学校における支援体制や学校と家庭の連携，チームアプローチのあり方について説明できる。

Ⅰ 基本的な理論 ....

C-6-1　行動上のつまずきについての考え方

1．行動上のつまずきとは何か

　人のほとんどが行動上のつまずきを有するように，発達障害のある人も行動上のつまずきを有する。発達障害のある人の場合，その行動上のつまずきは少々大きいことがあるかもしれない。行動上のつまずきは，適切な行動が成立していない状態（つまずきのタイプ①）と不適切な行動が成立してしまっている状態（つまずきのタイプ②）の2つに分けることができる。

- つまずきのタイプ①は，「〜しない・〜できない」と表現される。たとえば，「宿題を

しない」「掃除をしない」「黒板を写さない」といったように，求められる特定の行動が生起していない状態を指す。適切な行動としての「宿題をする」「掃除をする」「黒板を写す」といった行動が成立していないと捉えることができる。

- つまずきのタイプ②は，「問題性の高い行動（以下，問題行動）」が生起している状態を指す。たとえば，「相手に対してひどいことばを言う」「相手を叩く・蹴る」「自分の頭を叩く」などの本来的に不適切な形態の行動が生起している状態と捉えることができる。

　一般的には後者（つまずきのタイプ②）が行動上の問題（行動問題）と言われている。タイプ②を意味する表現として，「問題行動」または「不適切な行動」や「望ましくない行動」等，いくつかの言い方がある。本稿では「問題行動」を使用し，基本は他の言い方と同じ意味として扱うが，重要なのは「行動上の問題」として捉えることであり，「その行動をするその人の問題」として捉えることに終始しないことである。ともすると，「発達障害のある人は問題行動を起こす人」といった間違った短絡的な理解になってしまっていることがあるが，決して，問題行動を示すその人を責めることでは解決に結びつかない。その解決のためには，後で述べる「行動は環境と個人の相互作用の結果」という応用行動分析の考え方が不可欠となってくる。

2. 行動の問題性の高低

　行動上のつまずきの問題性には高低がある。たとえば，タイプ②で考えると，頭にきたときに「他人を叩くといった攻撃行動」はいかなる場合でも容認されにくく，問題性としては高いということなる。しかし，たとえば，頭にきたときに「物を叩く行動」は，「他人を叩く」よりも容認してよいのではないかとも考えることもできる。

　行動の問題性の高低を考える際に，「視点①：その行動の形態自体が不適切である場合」と「視点②：状況や場面といった文脈と一致しない」といった2つの視点がある。暴言や暴力などは視点①に該当し，行動の問題性は高くなると考えられる。特に問題が高いと考えられるのは，対象者自身や周囲の人の生命や健康を脅かす問題であり，たとえば，自傷，他傷などがそれに該当する。また，相手に対する「ひどいことば」もメンタル面に強く影響すると考える。

　また，行動自体は適切である（社会にとって容認される）行動であっても，視点②により問題性が高まることもある。たとえば，「人と話をする」という行動自体はどのような人でもやってもよいわけであるが，行動を遂行する文脈（話をする状況や場面），話をする相手，話しかけ方や話の内容など，多くのことが問題性の高低に影響する。

　同様に，「過剰な」や「過小な」といった頻度，「長すぎる」や「短すぎる」といった持続時間，「強すぎる」や「弱すぎる」といった強度による問題もある。たとえば，おしゃべりすることは誰もが行う行為であるが，「話しかけすぎる（頻度）」や「おしゃべりが長すぎる（持続時間）」といったことや，相手を呼ぶときに相手の肩を叩くことも「強すぎる」といったことが問題に影響する。

　このような文脈適合性の問題が高い場合，つまり「社会的に不適切な場面や場所で生起する場合」や「社会的規範からみて適切でない場合」では，本人，保護者，教員間等などの複

数者間の相互理解が必要となる。また，そのような行動をしてしまうために，学習活動や社会参加への機会が大きく制限・制約を受けることや禁止のような対応になっていることは，非常に問題が高いと考えるべきであろう。

3. 行動上のつまずきへの支援の方向性

タイプ①の「〜しない」行動の場合，支援の方向性としては，「〜する」ことができるように指導・支援していくこととなる。ただし，以下二点のように，本人にとって意義のある行動なのかどうかを検討した上で，支援の方向性を考えていく。一つは，たとえば，「授業中に席に座っていない」といったつまずき，すなわち授業中の離席の場合，着席行動が目標となるが，ただ座っていればよいわけではなく，適切に授業での活動に従事する行動を同時的に高めていくことが求められる。もう一つには，たとえば，「野菜を食べない」といったつまずきの場合，現在の本人の野菜を食べる行動の生起状況（これをベースラインと呼ぶ）や，野菜を食べることの意義，本人と保護者等の考え方・価値観などから総合的に支援の方向性を決めていくことが求められる。

一方，タイプ②のいわゆる問題行動の場合も，たとえば「人を叩くのはダメ！」という禁止の対応だけでは解決しない。その問題行動がなくなっても，また別の問題行動に置き換わっていく可能性が高いからである。そのために，問題行動の代わりとなる適切な行動に置き換えていく指導・支援が求められる。

このように，タイプ①でもタイプ②でも，本人にとって意味のある適切な行動レパートリーの拡大ということが，支援の方向性のベースとなる。

C-6-2　応用行動分析学の基本

1. 応用行動分析学とは

行動分析学は，スキナー（Skinner, B.F.：1904 〜 1990）により創始された，学習心理学・行動心理学に位置づく行動原理を解明する心理学である。行動分析学（Behavior Analysis）には，「理論的（theoretical）」「実験的（experimental）」「応用（applied）」の 3 つの次元がある。応用行動分析学（Applied Behavior Analysis：ABA）は，行動分析学の理論や実験から得られた知見を対人援助等のヒューマン・サービスに活用していくものであり，特定の療法を意味するものではない。

行動分析学では，行動とは個人と環境との相互作用の結果として捉える。それは適切な行動でも不適切な行動でも同様である。さらに，支援や介入の方針として，ABAでは，「個人の変容」のみを求めるのではなく，「物や人といった環境の変容」を重視する。肥後（2018）では，応用行動分析学の本来の立場からの指導のベクトルは「子どもたちと周囲の人たちの間で交わされているやりとり（相互作用）」に向けられると述べている。その個人と環境との相互作用を理解・支援する枠組みが ABC 分析である。

2. 三項随伴性（ABC 分析）

三項随伴性とは，「行動の前の状況・出来事」と「行動」と「行動の後の状況・出来事」と

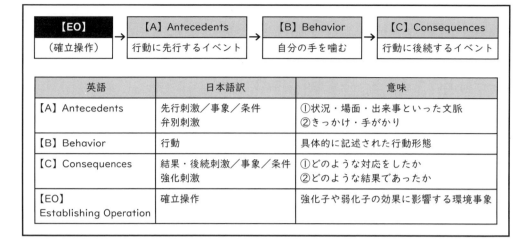

図 C-6-1　ABC 分析と EO の関係図――用語とその意味

表 C-6-1　強化と弱化――強化子，弱化子の操作と用語の関係

結果として随伴する刺激・条件・出来事	結果の操作	用語		行動の増減
		本稿の用語	従来の用語	
強化子（＋）	提示（＋）	提示型強化	（正の強化：＋＋）	増加・維持（↑）
弱化子（－）		提示型弱化	（正の弱化：－＋）	減少・軽減（↓）
強化子（＋）	除去（－）	除去型弱化	（負の弱化：＋－）	減少・軽減（↓）
弱化子（－）		除去型強化	（負の強化：－－）	増加・維持（↑）

※本稿の用語は，日本行動分析学会編『行動分析学事典』（丸善出版［2019］）に従った。

いった３つの関係の捉え方であり，英語表記から ABC 分析とも呼ばれる。図 C-6-1 に ABC 分析と EO（後述する）の関係図――用語とその意味，としてまとめた。また，表 C-6-1 に，強化と弱化――強化子，弱化子の操作と用語の関係をまとめた。

　A は行動の前のことで，先行刺激（antecedent stimulus）／先行事象（antecedent event）／先行条件（antecedent condition）等と表記されることがある。これらのある特定の刺激（A）のもとの行動が強化されると，ある特定の刺激は（A）が行動の生起確率を高めることとなり，その A は弁別刺激と機能するようになっていく。A の具体的な意味・内容としては，①状況・場面・出来事といった文脈，②きっかけ・手がかり，である。

　B は行動（behavior）である。行動は日常的に人が行うことは大概が含まれる。たとえば，話す，書く，考える，見る，聞く，走る，歩く，投げる，食べるなどであり，行動形態をそのまま記述したものとなる。このような行動はオペラント行動とされており，随伴する C によって，その生起の増減が制御される。基本的に能動的・主体的であり，「～される」や「～しない」は行動に該当しない。

　C（consequences）は行動の後の出来事（刺激，事象，条件）であり，行動の増減，維持を決定する働きがある。行動が増加・維持する場合を「強化」と言い，行動の後に随伴していた出来事を強化子と呼ぶ。一方，行動が減少・低減する場合を「弱化」と言い，行動に随伴していた出来事を弱化子と呼ぶ。具体的な意味・内容としては，①どのような対応をし

たか，②どのような結果か（行動は結果として，何を得たか，何を除去されたか），である。

　時間の経過としては，A → B → C の順であるが，行動の結果として随伴する出来事（C）によって，行動（B）の増減が決まっていき，さらに弁別刺激（A）と行動（B）との関係は強まっていくといった原理がある。なお，行動分析学では，一回一回の「行動をするか／しないか」を扱っているのではなく，比較的に継続的に生起するのかしないのかを扱っていることに留意してほしい。

　たとえば，子どもが母親に「おはよう！」と言う（行動）。それに随伴して，母親がその行動の直後に「おはよう！」とリアクションをする。一般的に，母親からの子どもへの「おはよう！」「母親の笑顔」「ハグ」等は強化子として機能し，それにより子どもの「おはよう！」と言う行動は増加・維持されていく。このような随伴性を「提示型強化」と呼ぶ。さらに，そのような経験が重なっていくと，次第にそのときの状況にある出来事や事柄が弁別刺激として機能するようになっていく。たとえば，「朝，リビング，お母さん」といった出来事や事柄が弁別刺激として機能するようになることが想定される。

　また，夕飯時に，母親が子どもに「お口，あーんして」と言って，スプーンにのせた野菜を口に入れようとする。そのときに，子どもがスプーンをはね除ける（行動）。その結果，野菜は下に落ち食べなくて済み，母親も諦めたりすると，その行動は増加・維持されていく。このような随伴性を「除去型強化」と呼ぶ。そのような経験が重なってくると，たとえば，「母親が野菜をスプーンにのせる」ことが弁別刺激として機能していくようになる。

C-6-3　機能的行動アセスメントに基づく理解と指導・支援の基本

1.　機能的行動アセスメントとは

　問題行動を中心に置き，その行動の前の出来事と後の出来事に着目して，その前後の出来事をセット（ユニット）として捉える。このような ABC 分析の枠組みから，問題行動を理解した上で支援を実行することを「機能的行動アセスメント（Functional Behavior Assessment：FBA）に基づいた支援」と言う。「（B）問題行動」と「（A）その前の状況・出来事」と「（C）その後の状況・出来事」との関係についての情報を収集し，それを分析していく。以下のような手順①～⑤を踏む。

　　　①直接観察を含んだ情報収集＋問題行動の記述（定義）
　　　②問題行動の機能についての仮説
　　　③指導・支援の実行
　　　④指導・支援の効果の評価
　　　⑤支援方法の修正，または次のステップへ

　問題行動のアセスメントでは，問題行動を 2 つの視点から捉える。

　まずは「行動の形態」である。行動の形態とは，行動自体をそのまま記述することで，問題行動では「自分の頭を叩く」「相手の腕に嚙みつく」「相手の足を蹴る」「テレビなどの物を

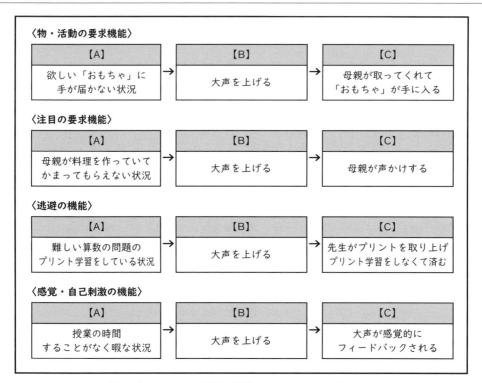

図 C-6-2　4 つの行動の機能とその ABC のパターン

壊す」などがそれに該当する。その問題行動を具体的に記述することが大切となる。

　次に「行動の機能」である。主な機能には「物・活動の要求」「注目の要求」「逃避・回避」「感覚（自己刺激）」の 4 つの機能がある。行動は強化子が伴うことにより，行動が増大・維持する。それは，問題行動の場合も同じである。では，どのような強化事態が考えられるだろうか。それが，問題行動の主な 4 つの機能である。機能とは，行動と強化がどのような関係にあり，どのような強化子で維持されているか，という意味になる。

　4 つの機能について，B の行動（形態）は同じ「大声を上げる」であっても，その前後が異なれば，行動の機能は異なることになる（図 C-6-2）。

- 「物・活動の要求機能」とは，「A：おもちゃが高いところにあり手が届かない状況」→「B：大声を上げる」→「C：母親がおもちゃを取ってくれて，おもちゃが手に入る」となっている。

- 「注目の要求機能」とは，「A：母親が料理を作っている状況（子どもの相手ができない状況）」→「B：大声を上げる」→「C：母親が声かけする（母親の注目が得られる）」となっている。この場合，母親が「うるさい！」と叱責していたとしても，それが強化子として機能するケースもあることに注意する必要がある。強化子であるか弱化子であるかは，行動の増減により見極めていくこととなる。

- 「逃避の機能」とは，「A：難しい算数のプリント学習をしないといけない状況」→「B：大声を上げる」→「C：先生がプリントを取り上げて，結果的に，算数のプリントをしなくて済む」となっている。

- 「感覚刺激（自己刺激）の機能」とは，「Ａ：授業の時間だが，（本人にとっては）することがない暇な状況」→「Ｂ：大声を上げる」→「Ｃ：大声を上げることによる感覚刺激が得られる」となっている。

　このように，同じ行動であっても，その行動が生起する背景（機能）は違っているので，どのような行動形態であるかよりも，行動の機能に対応したアプローチが求められる。

2.　機能に対応した支援の3つの方向性の基本

　問題行動の機能が重視されるのは，その機能に応じた支援を実行することにより，問題行動の低減が図られ，問題行動に代わりうる適切な行動が促進できるからである。以下のような3つの支援の方向性がある。

方向性①：「環境設定」を操作・工夫していく方向性（支援的文脈）

　問題行動が生起する確率を高める条件を除去，もしくは減らしていく方針である。これは，Ａ（場面・状況，弁別刺激等）の操作にあたる。
　問題行動が起きる条件を除去する例としては，以下のようなものがある。

- 教室前方にある気になる物をカーテンで覆い，目に入らないようにする
- 運動会のピストルの音が嫌な場合，ピストルの使用をとりやめる
- 野菜が嫌いな場合，給食で野菜を食べさせることをやめる

　問題行動が起きる確率を下げる操作・工夫もある。それは，同時に，積極的に望ましい行動が起きやすい操作・工夫でもある。

- 算数のプリントが困難だと怒り出すような場合，課題の難易度を下げる
- 簡単な問題と難しい問題の順番をサンドイッチする（嫌さ加減が減る）
- やる課題，やる順番等を本人に選んでもらう（嫌さ加減が減る）

　基本，望ましい行動が起きれば，問題行動は相対的に減るため，「わかりやすい授業」や「おもしろい授業」「クラスメイトからの受け入れ」「先生から認められること」などは，問題行動が起きる確率を減らすことができ，望ましい行動が起きる確率を高める。
　さらに，問題行動が起きにくい条件を付加することにより，問題行動が起きる確率を下げる操作・工夫もある。

- 自習中，先生がいないと騒がしくなるので，時々，隣のクラスの先生が見に行くようにする
- 買い物に父親を連れて行くと子どもの「買って，買って！」が起きないので，父親が買い物に同行する

　これは抑制的な手続きであり，優先されるアプローチとはいえず，望ましい行動を促進す

るためのトークンエコノミー法やセルフマネジメント手続きと併用していくことが望まれる。

方向性②：問題行動の代わりとなる望ましい行動を目標として教えていく方向性　　　　　　　　（指導的文脈）

　問題行動の代わりとなる「適切な望ましい行動」や「機能的に等価な新たな行動」を教えていくという指導方針がもっとも推奨されるアプローチである。前述したように，問題行動をただ禁止しても，それ以外の問題行動に置き換わっていくことがよくある。

　たとえば，「ピーマンを食べなさい」と言うと暴言・暴力が起きる場合，以下のような代わりとなる目標行動の設定がありえる。

- 「望ましい行動」：ピーマンを食べる
- 「機能的に等価な新たな行動」：「ピーマンを食べたくないです」と言う

　機能的に等価というのは，この問題行動は「逃避」の機能を有しており，「ピーマンを食べたくないです」と言う代替行動は，同じ結果を得られること（食べずに済むこと）を意味する。ただし，前述したように，ピーマンを食べなくてもよいとするかどうかは，検討しないといけない。

　機能的に等価な新たな行動や望ましい行動の生起を高めていく強化操作（C の操作）として，以下のような分化強化（differential reinforcement）という手続きがある。分化強化とは，ある基準の下に，ある行動は強化して，ある行動は強化しないことを繰り返していくことである。基準はある程度一定の場合と次第に基準を上げていく場合もある。主な分化強化手続きには，以下のようなものがある。

- DRA（Differential Reinforcement of Alternative behavior：代替行動分化強化）：問題行動は強化せずに，適切な代替となる行動を強化する。たとえば，「先生の名前を呼び捨てにする行動」は強化しないが，「〇〇先生（適切に名前を呼ぶ行動）」は強化する。
- DRI（Differential Reinforcement of Incompatible behavior：両立しえない行動の分化強化）：同時にはできない行動，たとえば，「指吸い行動」と「両手でゲーム機を操作する行動」は，物理的に同時にはできないので，代替行動として，指吸い行動は強化せずに，両手でゲーム機を操作する行動を強化する。
- DRO（Differential Reinforcement of Other behavior：他行動分化強化）：ある特定の問題行動が一定時間起きていないときに，そのときにしている適切な行動を強化する。たとえば，離席行動が 5 分間起きていないときに，つまり座っているときに，ある程度許容できる行動を強化する（ある特定の適切な行動を決めて強化するのではない）。

　なお，問題行動の代わりとなる目標行動の選択する際，以下のような主に 3 つの考え方がある。なお，パターン（A）は，適切な表現スキルを獲得することでもあり，ソーシャルスキルズともいえる。

- パターン（A）：同じ機能を果たす適切な代替行動（機能的に等価な行動）

  例：「暴れる（嫌だ！）」→「先生，やりたくないです（逃避機能）」

  例：「先生を叩く（見て！）」→「ちょっと先生，見てください（注目機能）」

- パターン（B）：望ましい行動（「〜しない」を「〜する」に）

  例：「作業に取り組まない」→「作業に取り組む」

  例：「宿題をしていないので，やりなさいと言うと，暴れ出す」場合　→「宿題をする」

- パターン（C）：ベストではないが，次のステップとしての目標行動

  例：「授業中に寝ている」→（「授業中に寝ないことが求められるが，みんなと同じ学習内容には興味がないので）→「（寝ないで）自分の興味のある好きな本を読む」や「（寝ないで）この授業ではこれだけはやりましょう！という限定された課題に取り組む」

方向性③：スキル指導に加えて，「慣れる」ことを高めていく方向性（指導的文脈）

　苦手とする事柄について，系統的に慣れていくことが必要になることもある。たとえば，感覚過敏等から人数の多い集団活動にはなかなか参加できない場合がある。無理に参加させることは避けるべきで，少しずつ「短く・少なく」から「長く・多く」に段階的に参加できるように促していくことをする。最初は「集団活動の場所まで行ってみよう」，次は「5分ぐらい見てみよう」，次は「5分だけ，列の後ろのほうにいてみよう」，次は「今日は，最後まで，列の後ろでいてみよう」といったスモールステップで，段階的に目標に近づけていく。ただ「我慢する・耐える」といったことにならないように，活動の見通しを持てるためのスケジュール表を提示する，持っていたら安心するグッズを持参させる，タイマーで時間を設定するなどの適切な行動を促す工夫も併用することが求められる。そのためには，何が嫌悪的なのかを吟味しておくことが必要となる。

3. 「問題行動」を「適切な代替行動」へ指導・支援するための計画立案の例

　図 C-6-3 に「問題行動」を「適切な代替行動」へ指導・支援するための計画立案シートを示している。上段には，現状分析（機能的行動アセスメント）による，現在生起しているよくある ABC パターンを示している。それに対して，下段では「今後，求められる適切な代替行動への指導・支援案」をまとめて記入している。大切なポイントとして，①現状のよくあるパターンとしてまとめること，②機能に対応した「目標となる行動」を成立させるための支援案とすること，③支援案は実際の場面を想定し具体的にすること，等が挙げられる。具体的な実践例については，次の「C-6-II　指導の実際」の事例を参照してほしい。

C-6-4　ABC からの適切な行動獲得へのアプローチ

1. 適切な行動への指導の考え方とさまざまな技法

　行動上のつまずきへの指導・支援は，前述したように，結局，適切な行動のレパートリーを拡大していくことになる。そのためには，行動の獲得のために有効とされている，以下のようなアプローチ（技法）を適用していく（式部・井澤，2008）。

（現状分析）		
Antecedents	**Problem Behavior**	**Consequences**
【事前の場面・状況】	【問題行動】	【その後の結果】
（いつ）国語の時間，漢字の学習 （どこで）自分の教室 （状況）漢字の学習，特に新出漢字の学習のとき	「わからん！」「書けない！」等の大声を出し，ノートを破ろうとする	（**先生**）「ノートは破りません！」や「もう書かなくていいです！」等と言い，ノートなどを取り上げる。 （**クラスメイト**）特段，反応しないが，時々「またノート破いてる！」と言うことがある。 〈機能の推定：逃避，もしくは注目〉

↓

（今後，求められる適切な代替行動への指導・支援案）

Antecedents	**Problem Behavior**	**Consequences**
【事前の場面・状況】への工夫	【目標となる適切な代替行動】	【その後の結果】への工夫
（事前にすること） ● 新しい漢字は誰でも上手には書けないことを本人を含めたクラスメイト全体に伝えておく ● 漢字を書く前に「わからないときにはドリルをみてよいです」と指示を与える （その場ですること） ● ヒントが欲しい人は，お助けシート（漢字のなぞりがきができるものがあることを伝える ● 上手ではなくても漢字を書けたら「花丸ハンコ」を押すことを約束する（約束カードの作成）	（注目対応） 「漢字，書き方，教えてください！」と先生または隣の子に言う （逃避対応） ● 自分の通常のノート，またはお助けシートに漢字を書くことができる	（目標となる適切な代替行動ができたら） 「すごい！」等と言語賞賛を与えながら，「花丸ハンコ」を押す （**大声を出したり，ノートを破ろうとしたりしたら**） 先生は大きくリアクションすることなく，お助けシートと約束カードを提示する

図 C-6-3　「問題行動」を「適切な代替行動」へ指導・支援するための計画立案シート

　表 C-6-2 には某幼稚園での「朝の準備活動」の課題分析とアセスメントにおけるつまずきとそれへの対応（井澤，2012）が示されている。手順としては，標的となる行動を細分化し（課題分析），その細分化された一連の行動をつないでいく（連鎖化：チェイニング）。その際に，違うことをしたとき（誤反応）や何もしなかったとき（無反応）に，プロンプトを適用することにより獲得につなげていく。また，行動の獲得を促進する要因を導入し，阻害する要因を除去するといった環境調整なども導入していく。以下に，課題分析，チェイニング，プロンプトについて解説する。

　また，問題行動へのアプローチを想定すると，現在起きている問題行動を低減すること，その上で代替となる適切な行動の獲得を目指すこととなる。その 2 つの方向性に役立つトークンエコノミー法，消去・分化強化，タイムアウトについても解説する。

表 C-6-2　某幼稚園での「朝の準備活動」の課題分析とつまずきへの対応
（井澤（2012）を一部改変）

課題分析： 「朝の準備活動」行動項目	アセスメント時の遂行状況 （つまずきの把握）	つまずきへの対応 （指導・支援と環境調整）
①教室前の自分の靴箱前に行く	（できる）	
②外靴を脱ぐ（＋靴箱に入れる） ③（＋上靴を取り出し）上靴を履く	靴の脱ぎ履きは，独力では難しいが，先生または保護者からの援助があればできる。	今後，靴の脱ぎ履きは重要な基本的生活技能であると判断し，段階的な援助のもとに継続的に指導する。
④教室に入る	靴箱から教室のロッカーにたどり着かない。その理由として，その途中に，すでに他の子が遊んでいる場所や絵本コーナーがあり，そこに立ち寄ってしまうことが多かった。	靴箱のところに，「自分のロッカーの写真カード」を貼付する。靴を入れ終わったらそのカードをとり，自分のロッカーのところに設置した「カード入れ」に入れる。
⑤教室の中の自分のロッカーに行く	先生と一緒なら移動できる。	加えて，仕切りなどにより，遊び場・絵本コーナーを目に入りにくくする。
⑥鞄をロッカーにかける	（できる）	
⑦タオル・コップ，連絡帳を鞄から取り出す	時間はかかるが，取り出すことはできる。しかし，それを床に置いてしまう（ばらまいてしまう）。	一旦，取り出したものを入れる箱を設置する。
⑧帽子をロッカーにかける ⑨タオル・コップをロッカーにかける	本来は，帽子とタオル・コップの掛けるところ（フック）は異なるが，一緒のところに3つを掛けてしまう。	他の子とは異なるが，当面，3つの物を同じところ（フック）に，援助なしで掛けることを目標とする。スムーズにできるようになってから，帽子とタオル・コップの「実物対写真」のマッチング課題を実施した上で，写真により掛ける位置を区別させる。
⑩連絡帳を特定のボックスに出す	離れた特定のボックスまで連れて行けば出すことができるが，そこまでの独力での移動が難しい。その理由は，④と同じ。	連絡帳に，先生の顔写真を貼っておき，先生のところ（特定のボックス）に持っていく手がかりにする。
⑪自由遊びをする	（できる）	

1）課題分析

　課題分析とは，複雑な行動やいくつもの行動がつながって一連の行動（たとえば，「着替え」「清掃」「給食準備」など）になっているものを，より小さな行動単位（ステップ）に細かく分けていく作業である。たとえば，表 C-6-2 に「某幼稚園での朝の準備活動」を課題分析した例を掲載している。この場合は，11 個の行動項目（ステップ）に分けている。

　この一連の行動項目が連鎖して「朝の準備活動」が構成されていると考える。ここでは 11 個の行動に分けているが，子どもの実態（アセスメント）に応じて行動の数は異なってくる。これらのつまずいたステップに対しては，さらに細かな行動項目（ステップ）に分けて指導していくことも必要である。

2）チェイニング

　チェイニング（連鎖化）とは課題分析した個々の行動を一連の順で生起させ強化することで，複雑な行動の連鎖を確立していく手続きである。また，チェイニングの手続きには，「順向連鎖化」「逆向連鎖化」「全課題提示法」の 3 つの方法がある。いずれの手続きを選択するかは，目標とする行動やスキルによって異なるので，事例ごとに検討していく必要がある。表 C-6-2 の場合，順向連鎖化は，最初の行動項目から指導を始め，行動項目①＋行動項目②，行動項目①＋行動項目②＋行動項目③というように，行動の連鎖を最初から継ぎ足して確立していく方法である。次に，逆向連鎖化は最後の行動項目⑪から指導を始め，行動項目⑩＋行動項目⑪，行動項目⑨＋行動項目⑩＋行動項目⑪というように最後から順次さかのぼるように連鎖を確立していく方法である。そして，全課題提示法は行動連鎖の最初から順に指導し，子どもが間違ったり，行動自体を行わなかった場合に修正したり，手がかりを与えて次のステップに進み，最後のステップまで進んでいくというものである。

3）プロンプト

　プロンプトとは，ある行動やスキルを生起・獲得させる確率を高める補助的な刺激のことであり，行動が成立してしない場合に提示される。プロンプトには言語的，視覚的，身振り，モデリング，あるいは身体的プロンプトがあり，子どもの特性に基づいて活用していくことが大切である。

- （a）言語プロンプト：教示が，行動をプロンプトする方法としてよく用いられており，ことばかけや音声言語などがこれにあたる。たとえば，「犬」という漢字の読みの勉強をしているときに，教師が「ワンワンと吠える動物だよ」という補助的なことばかけが言語プロンプトになる。
- （b）視覚的プロンプト：文字，マーク，絵や写真などがある。たとえば，「体育館へ行くよ」とことばかけしたとき，子どもに体育館の写真カードなどを提示することは「体育館へ行く」ことの視覚的プロンプトになる。
- （c）身振りプロンプト：サインやジェスチャーなどがある。教師が体育館の方向を指差すことやトイレのサインを示すことがこれにあたる。
- （d）モデリング：ことばかけによる指示や視覚的な手がかりが不十分なとき，望ましい行動をやって見せてモデルを示すプロンプトである。
- （e）身体的プロンプト：目標とする行動に直接手がかりを与えていくものである。たとえば，体操をするときに，子どもの体に手を添えて動きを援助することがこれにあたる。

　プロンプトの提示によって目標とする行動が自発的に安定して生起するようになったら，プロンプトを徐々に減らしていくことが必要である。プロンプト・フェイディングの方法としては，プロンプトそのものを段階的に減らしていき，プロンプトの段階を身体的プロンプトから言語プロンプトへと度合い（侵襲性）の強いものから弱いものへ変化させていく。また，目標とする行動がある程度安定して生起するようになってきたら，プロンプトを出すのを「少し待ってみる（時間遅延）」ことも自発的な行動を促していく上で重要となる。

4) トークンエコノミー法

行動の生起頻度を増大させる技法にトークンエコノミー法がある。トークンエコノミー法とは，子どもが適切な望ましい行動をしたときにシールやスタンプ，得点などのトークンがもらえ，それを集めると好きなものや活動と交換できるシステムのことである。導入にあたっては，いくつかの点について子どもに知らせておく必要があり，契約書などを利用することもある。契約書には，「～のときに，もし○○（行動）したならば，シールがもらえます」という形で，強化システム（条件，行動，強化子）を記述することが必要である。何をすればトークンが入手でき，何とどれくらいの割合で交換可能で，いつ交換できるのかといったことを明らかにしておく必要がある。交換できる比率（必要なトークンの数）は，子どもが取り組む課題の難易度に応じて適切に調整する。また，トークンエコノミー法のみでは行動変容することが困難な場合，レスポンスコストという手続きが組み込まれることもある。レスポンスコストとは，問題行動が生起した場合に，あらかじめ決められた数だけトークンを没収する手続きである（除去型弱化）。導入するときには，してはいけないことを具体的に，できれば視覚的に示し，子どもに対して十分な説明をし，了解を得てから行うことが大切である。

5) 消去・分化強化の手続き

前述したように，問題行動に置換できる代替行動に対する分化強化の適用は優先される手続きとなる。問題行動を起こす子どもに対して嫌悪的な対応（叱責などの罰）がもっとも少ない方法として利用されている技法でもある。問題行動への適用を考えると，問題行動とは別の適切な目標行動に対して強化子を提示することと，問題行動に対しては強化しない（消去）ことを同時的に実施していく手続きである。日常場面で実施する際には，強化すべき目標行動と問題行動を明確にし，分化強化手続きを確実に実施しないと効果がみられない。

消去とは，当該の問題行動に随伴していた強化子を，当該行動が起きても一切与えないというものである。たとえば，「A：先生の注目がない」→「B：先生の名前を呼び捨てする（減少↓）」→「C：先生の注目がない」のように，行動の前後で環境的変化が起きない状態を意味する。消去は，計画的非対応ということもあり，また，注目機能の場合には意図的無視（望ましい行動を褒めるための無視）と呼ばれたりする。

消去手続きの適用の初期の段階で，消去バースト（消去沸騰）という急激な反応頻度の増加と反応強度の増加がみられる。そのとき人はしばしば情動的な反応を示す。また，近くに攻撃する対象があると攻撃行動が起こることがある。エレベーターに乗ったときに，ボタンを押したのに，なかなかドアが閉まらないと，何回もボタンを押す行動は，消去バーストの日常的な例である。

実際に消去手続きを適用する場合，たとえば，注目機能としての「先生の名前を呼び捨てにする」を無視した場合，初期の段階で「おい，こっち向け！」「おい，デブ！」や物を投げるといったさまざまな反応が起きることが予想される。消去バーストの最中に，「いい加減にしろ！」といったような対応をすると，それは結果的に注目の提供となってしまい，「呼び捨て」だけではなく，それ以降に起きた行動をすべて強化することとなってしまう。なので，消去するからには，行動が生起しなくなっていくまで無視しないといけない。しかし，実際には，無視し続けるのは非常に困難なことなので，消去と適切な行動を教えていく手続きを

併用することが望ましい。

6）タイムアウト

　タイムアウトとは，問題行動が起きた直後に，一定の時間（1～5分以内），現在の好ましい事柄，状況・場面（すなわち，強化子）から引き離す方法（除去）であり，除去型弱化といえる。タイムアウトには，以下のようなタイプがある（加藤，2012）。

> ①撤去型：比較的軽微な問題行動が起きたら，子どもが強化子に近づけないように，強化子となる物や道具を取り上げたりする。
> ②引き離し型：問題行動が起きたら，強化子に接近させないように他の子どもと一緒に行っていた課題や活動から引き離したり，教室の隅に設置されたコーナーなどに移動させたりする。
> ③別室移行型：問題行動が起きたら，別室やブースなどの刺激のないところに連れて行き，そこに一定時間とどまらせる。身体的な攻撃行動や器物破損などの危険な行動の抑制に効果があるとされている。

C-6-5　行動上のつまずきの理解・支援における3つのポイント

　問題行動は4つの機能を推定し，その機能に対応して支援の方向性を模索する。これまで述べてきた機能的行動アセスメントに基づいた支援を実行していく上で，さらに以下の3つのポイントを考慮していくことが重要となる（井澤，2022）。

1.「確立操作」という要因

　確立操作（Establishing Operation：EO）とは，「ある事物あるいは事象の強化子としての効力を変え，同時にその強化子に基づく行動の頻度を一時的に変える環境変化（園山，2019）」と定義される。EO は，主に3つの操作がある。

- 遮断化：（無条件性：水を飲んでいない）（条件性：紙はあるが筆記具がない）
- 飽和化：（無条件性：水をたくさん飲む）（条件性：同じものをたくさん持っている）
- 嫌悪化：（無条件性：騒音，身体の痛み）（条件性：無視される）

　無条件とは生得的であること，条件性とは学習されたことを意味する。
　問題行動の確立操作に特化すると，どんな人でも「機嫌が悪い／イライラしているという状態」になると，問題行動は生起しやすくなる。その際に「今日は調子が良い／悪い」といった評価で終わるのではなく，そうさせていること（すなわち，確立操作）を探ることが求められる。以下のような主に3つの要因が問題行動の生起に影響を与えることが示唆される。

- 生理的な要因：睡眠不足，空腹，風邪気味，鼻炎，アトピー，暑さ・寒さなど
- 対人相互作用の要因：たとえば，朝の支度が遅いのでお母さんから怒られた，登校班

のときに後ろの子からからかわれるなどがある場合

- スケジュールの要因：嫌な活動が後で待ち受けている（今日の午後から嫌な運動会の練習がある）

　弁別刺激や強化子は行動の直前と直後の出来事であるが，確立操作は直前のことだけではなく，時間間隔のある前の出来事が原因のときがある。また，それによって，何が原因かわかりにくくなる。そのためにも，家庭－学校－他機関等（例：放課後等デイサービス）の情報交換が必要となる。

2.「情動」という要因

　行動には，2つあり，1つは，オペラント行動であり，環境に対する自発的な行動である。随伴する結果（行動前後の環境的な変化）により行動が制御される。これまで取り扱ってきた「歩く」「話す」など日常的に人が行う行動が該当する。もう1つは，レスポンデント行動であり，特定の誘発刺激によって引き起こされる反応である。誘発刺激とは，生得的な場合「光→瞳孔反射」と条件づけの場合「梅干し→唾液分泌」がある。レスポンデント行動には，主に唾液分泌，発汗，胃の収縮，膝蓋腱反射（膝を叩くと膝から下がぴょこんと跳ね上がる動き）などの誘発刺激による身体反応が該当するが，「快／不快の情動反応」も含まれる。この情動反応は，誘発刺激により生じるので，結果には左右されない。ASDのある子が「パニック」といった情動的な爆発になってしまうことがある。それはある状況や刺激によって引き起こされていると考えられる。

　このような情動反応は否応がなく引き起こされることが多いため，なかなかコントロールが難しいことになる。しかし，情動的な爆発に至るにはプロセスがあり，次第に興奮レベルが上がってくることが多いため，オペラント行動により未然にある程度抑えることもできる。たとえば，私たちは緊張してきたときに，「落ち着け！　落ち着け！」と心の中で唱えたり，手のひらに「人」と書いて飲み込むふりをしたりする。それらの行動は情動を抑えるオペラント行動である。

　よく「パニック」になったときには，むやみに刺激を与えるのではなく，特に人からの声かけ等は極力行わずに，場所を離れて落ち着くことを優先する。これは，クールダウン（cool down）やカームダウン（calm down）などと呼ばれている。パニック状態がさらにエスカレートしないことを重視する。パニック時の感情的な爆発が非常に激しい場合には，感情的な爆発を収束させる対応を優先するが，ある程度，感情のコントロールが可能な場合には，このクールダウンやカームダウンが「嫌な活動・場面からの逃避」的な対応になっていないかどうかをチェックすることも必要である。

　なお，パニックだけではなく，ある出来事により不安が高まることもよくある。たとえば，家を出るときに「ガス栓，閉めたかな……」といった不安の情動（胸がドキドキする感じ）が生じる場合がある。その時にも，対処法としては，「大丈夫，大丈夫，絶対閉めた！」と自分に言い聞かせたり，ガス栓を閉めた状態を画像に撮り，それを見て確認したりするといった方法があるが，そのような対処法もオペラント行動なわけである。みなさんは緊張したときにどのようにドキドキに向き合っているだろうか？　ドキドキに気づき，自分なりの対処をしていることだろう。是非，具体的に考えていただきたい。

3．環境アセスメントの必要性

　問題行動を適切な行動に置き換えていこうとした場合，その代替となる行動が成立するかどうかは，その環境に依存する。問題行動も障害のある個人の生活環境との相互作用として捉え，さらに，リアルな生活環境の中での行動の成立を目指していかないといけない。生活環境には人と物があるが，それを把握することを環境アセスメントという（井上，2007）。

　環境アセスメントとは，行動の成立に影響する現在のリアルな環境の状況を把握することといえる。具体的には，（a）支援する人のスキルの獲得状況及び考え方・価値観，（b）支援する人を取り巻く環境（支援する人の立場，理解してくれる人，応援してくれる人の有無など），（c）行動の成立が求められる環境（学校でいえば，所属する学級の状態，クラスメイトの中の理解者の有無など）などが該当する。

　支援を考えていく際には，以下の2つが鍵となる（平澤，2003）。

　　①技術的基準（technical sound）：支援計画が機能的アセスメントと行動分析学の基
　　　礎理論に，論理的に一致しているか
　　②文脈的基準（contextual sound）：支援計画が対象者や支援者を含む関係者の価値
　　　観や技能やその適用場面に内包された操作可能な資源に適合しているか

　現在の文脈に適合するように支援計画（支援案）を考えていくことは支援の実行可能性を高めるために重要なことである。正しい支援計画（支援案）であっても，実行できなければ／実行しなければ，意味がない。一方で，現在の文脈が常に適切なわけではない。たとえば，子どもへの厳しいしつけは，その親の考え方・価値観では，当然のことと考えている場合もありえるが，そのような文脈（支援スキル，支援に対する考え方・価値観等）を変える努力も求められる。

　さらに，支援を実行する／できるというのは一過性のことではない。持続性が求められるので，支援する人の行動への強化を配置することが必要である。たとえば，協力的な周囲の人からの随時の承認，定期的な報告の機会の設定（そしてそれを強化する），自らへのご褒美など，支援する側の支援行動の維持について考慮していくとよいであろう。

〔引用文献〕

　　肥後祥治（2018）：C-6 行動面の指導　I基礎理論．一般社団法人特別支援教育士認定協会（編）：
　　　　S.E.N.S養成セミナー　特別支援教育の理論と実践II 第3版．金剛出版，pp.151-179.

　　平澤紀子（2003）：積極的行動支援（Positive Behavioral Support）の最近の動向―日常場面の効果
　　　　的な支援の観点から―．特殊教育学研究，41（1），37-43.

　　井上雅彦（2007）：C-6 行動面の指導　II指導．一般社団法人特別支援教育士認定協会（編）：S.E.N.S
　　　　養成セミナー　特別支援教育の理論と実践II．金剛出版，pp.159-175.

　　井澤信三（2012）：トップダウンでいこう～自立スキル獲得プロジェクト～（11回連載）．実践障害
　　　　児教育．

　　井澤信三（2022）：発達障害のある人の問題となる行動を解決するための理論と実践―応用行動分析
　　　　学をベースにした相談支援―．あいり出版．

　　加藤哲文（2012）：C-6 行動面の指導　I基礎理論．一般社団法人特別支援教育士認定協会（編）：
　　　　S.E.N.S養成セミナー　特別支援教育の理論と実践II 第2版．金剛出版，pp.151-179.

日本行動分析学会（編）（2019）：行動分析学事典. 丸善出版.

式部義信，井澤信三（2008）：指導技法. 橋本創一，菅野　敦，林安紀子他（編著）：障害児者の理解
　　と教育・支援―特別支援教育／障害者支援のガイド―. 金子書房, pp.144-148.

園山繁樹（2019）：確立操作. 日本行動分析学会（編）：行動分析学事典. 丸善出版, pp.506-509.

Ⅱ　指導の実際 ....

C-6-6　指導の展開に必要なアセスメント

1．対象児への否定的な刷り込みの解消

　不適切な行動を頻繁に起こしたり，継続している対象児に対して，教師等は「いつもあの子は○○なんだから」「支援をしてもインプットされない」「わざと○○し続けている」等と，対象児に対しての否定的な見方が刷り込まれてしまい，叱責が増したり，クラスメイトの前で問い詰めたりという光景に出くわすことがある。しかし，これらの対応は一時的に効果をもたらすこともあるが，根本的な改善には結びつかないことが多く，不適切な行動が継続したり増悪したりする場合も多い。さらに，この悪循環が他の行動に対しても否定的な見方をもたらし，対象児の行動だけでなく，性格等の別の側面までも否定してしまうことになりかねない。

　不適切な行動の改善にあたっては，この悪循環を解消し，行動の本質を理解した適切な支援が展開できるようにする必要がある。

2．機能的アセスメントの重要性

　行動面の指導に取り組むにあたっては，その行動が，何らかの環境や理由，きっかけ等によって生起していることを念頭に置く必要があるとともに，行動によってもたらされる事象にも着目する必要がある。すなわち，行動の生起には，これらが一連の「機能」を果たしていると考えられることから，不適切な行動を改善していくためには，行動そのものだけに着目した対応を考えるのではなく，行動の「前」と「後」を明らかにし，行動が生起した意味を理解して対応していくことが求められる。

　指導の展開においては，このことを論理的かつ可視化して整理することが肝要となる。このプロセスは「機能的アセスメント」と呼ばれ，その際に中核に据えるべきものが，三項随伴性の分析（ABC 分析）で，「先行条件（Antecedent：A）〈どのような状況や環境で，どのような時に〉－行動（Behavior：B）〈どのような行動が生起し〉－後続条件（Consequence：C）〈どのような結果が生じたか，どのような環境の変化がもたらされたか〉」の関係性（ABC 行動連鎖）を詳細に明らかにしていくことが重要となる。

　三項随伴性の分析に基づく機能的アセスメントは，行動がさまざまな環境との相互作用によってもたらされていることを詳細に分析するための手段となる。環境は観察が可能であるとともに，望ましい行動の生起に向けて操作，調整，変更が可能である。

　たとえば，自閉スペクトラム症のある対象児が，腕を噛む自傷行動を行っているとすれば，その原因をどのように考えればよいだろうか。筆者が受けた相談で，教師の対応の困難事例の聞き取りでは，「あの子は自閉スペクトラム症だから困った行動をする」ということばを耳にすることが多く，教師が教育的側面以外からのアプローチを強く求めてしまっている事例が少なくない。まずもって，自閉スペクトラム症の症候は一人一人異なっており，学校

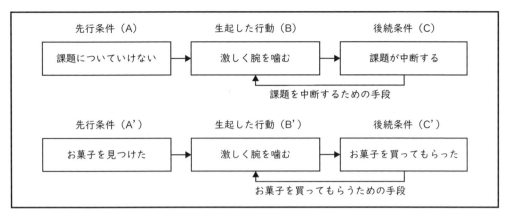

図 C-6-4　腕噛み行動の機能的アセスメント

では教育的対応を優先させるべきであることを踏まえたい。

　また，この腕噛みの機能的アセスメントにおいて，「腕を噛む場面・状況が異なっていた」とする。たとえば，国語のプリント課題に取り組んでいるがついていけずに（A），激しく腕を噛むことで（B），課題が中断された（C）とすれば，腕噛みは「作業の中断のための手段としての機能」を有するとして対応を考えることができる。一方で，買い物に出かけた際にお気に入りのお菓子を見つけて（A'），激しく腕を噛むことで（B'），お菓子を買ってもらった（C'）とすれば，腕噛みは「お菓子を買ってもらうための手段としての機能」を有するとして対応を考えることができる。このように，その行動の前後の環境条件を確認し操作することによって，不適切な行動の改善に向けた展開が可能となる（図 C-6-4）。

　一方で，発達に課題を抱える子どもたちの中に，望ましい行動や方略を複数保持していても特定の人の前や特定の場面等で不適切な行動を呈する事例がある。その際に，教師等がその原因を対象児の「やる気のなさ」や「意図的な行動」にあるとみなしてしまうと，「やれるはずなのにわざとやらない」「馬鹿にしている」「周囲の子どもたちを掻き乱す」という心情が沸き立ち，「わがままな子」「困った子」と決めつけてしまうことになる。たとえば，教師等の前で対象児が困った行動を示すことが多いと感じるのであれば，それはその教師等の対応の拙さによって対象児の不適切な行動が強められてしまっている（不憫な状況に追い込まれて行動している）ということを自覚すべきである。

　対象児の不適切な行動（B）は，対象児を取り巻く人々の対応を含んださまざまな環境（A または C）によって維持・増悪しており，教師等がその環境や対応を適切に修正すること（A' または C'）で望ましい行動（B'）へと変容するために機能的アセスメントが肝要となる。

3. 適切な記録に基づくベースラインの把握

　たとえば，ある不適切な行動が頻繁に生起していて支援を要するときに，その実態を把握するためにある特定の時間における生起回数の測定を試みたが，その時間には不適切な行動が生起しなかったとしよう。この場合，特定場面に限定して生起回数を測定することは妥当性を欠き，別の時間での測定が必要となるとともに，不適切な行動の強弱（強度）について

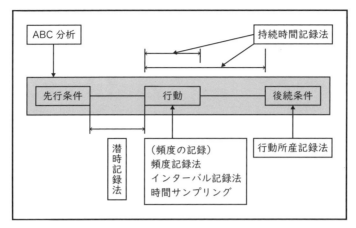

図 C-6-5　行動分析で用いられる観察方法の種類とその整理（肥後，2018）

は，判断ができないことになる。

　したがって，行動面の指導にあたっては，指導前の実態把握（ベースラインの把握）を行う必要があり，把握にあたっては，何を基準にするかを明確にして，適切な方法を用いて記録を取る必要がある。何の記録が必要なのか，どのように記録を取ればよいのかについては，機能的アセスメントを基盤に据えることで，最適解がみえてくる。

　ここで，肥後（2018）による観察方法と記録の整理の対応図（図 C-6-5）をもとに，以下の事例を考えてみたい。

> 担任教師の D は，小学生の E 君の授業中の離席をなくすために，離席があるたびに「座りなさい！」と厳しく注意をしていたが，一向に止むことはなく離席は続き，困っていると訴えている。

1）先行条件の可視化

　第一に，先行条件（A）が，E 君の離席行動（B）の生起の大きな要因となっていることが明らかである場合は，そのきっかけの可視化が必要となる。つまり，離席が生じていることのきっかけが何かを明らかにする必要がある。

2）生起までの時間の把握（潜時記録法）

　第二に，先行条件（A）の種類や強弱によって，E 君の離席行動（B）の生起までの時間に違いが生じてしまうことがあるため，その場合は，先行条件（A）が提示されてから離席行動（B）が生起するまでの時間（潜時）を把握する必要がある。たとえば，楽しく進む授業での離席（B）までの時間と単調に進む授業での離席（B'）までの時間を把握し，その間隔の差を解釈する等である。

3）生起時間の長さの把握（持続時間記録法）

　第三に，E 君の離席行動が長時間にわたり支障を来す場合には，離席行動の生起（B）から終結まで，あるいは離席行動（B）の生起によってもたらされる結果（C）が生じるまでの

表 C-6-3 持続時間記録法の例

日時	着席開始	着席終了	時間
5月18日 2時限目	9：45	10：10	25分
5月19日 2時限目	9：50	10：20	30分

表 C-6-4 頻度記録法の例

	開始時間 終了時間	行動の生起	合計
5月2日	9：30 10：30	正正正	15
5月3日	9：30 10：30	正正	10

表 C-6-5 時間サンプリング法の例

	5分目	10分目	15分目	20分目	25分目	30分目
1校時	○	×	×	×	○	×
2校時	×	○	×	×	×	×
3校時	×	×	×	×	×	×
4校時	○	○	○	○	×	○
給食	○	×	×	×	×	×

時間（持続時間）を把握する必要がある（表 C-6-3）。

4）生起回数の把握（頻度記録法）

　第四に，E君の離席行動の生起場面や時間帯（A）が特定できる場合や，回数を特定したい場合には，離席行動（B）の回数（頻度）を把握することが有用となる（表 C-6-4）。

5）生起のタイミングの把握（時間サンプリング法／インターバル記録法）

　第五に，どのような時（A）に，あるいはどのようなタイミング（A）でE君の離席行動（B）が生起しているかを把握する必要がある場合には，測定時間を選択・抽出して離席行動（B）の生起の有無や頻度を測定したり（時間サンプリング法），同一時間帯あるいは一定の間隔ごとの生起（B）の有無や頻度の測定をすること（インターバル記録法）が有用となる（表 C-6-5）。

6）後続条件の確認（行動所産記録法）

　第六に，E君の離席行動（B）の後に生じる結果（C）によって，離席行動（B）が継続・再発していることを考慮する必要がある場合には，離席行動（B）によってどのような結果（C：行動の所産とその質・量の程度）がもたらされ，結果（C）によってどのような変化や

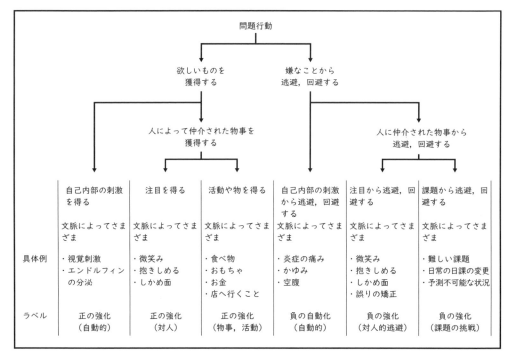

図 C-6-6　気になる行動を維持している後続事象（三田地・岡村（2019）を改変）

維持がなされているかを確認する必要がある。

　このことに関連して，オニールら（O'Neill et al., 2015）が，気になる行動を維持している後続事象（後続条件）について例示して整理している（図 C-6-6）。

　以上，6 つの記録法を紹介したが，この他にも，たとえばパニック行動の生起においては，場面（状況），時間（タイミング），相手（他者との関係性）の違いによる行動の度合い（強度）を測定することが有益となる場合もある。

　これらの中から，現時点で何を把握する必要があるのかを判断して記録を取る必要がある。また，記録法によっては，時間や日数，労力，マンパワーを要するため，スケジュールの調整や他の教師等の協力を得ることも必要となる。

4. 多面的な情報の収集

　一方で，機能的アセスメントを用いて適切に指導を行うためには，多面的な情報の収集が必要となる。特に，先行条件や後続条件が強められる要因，あるいは弱められてしまう要因となるものについては，多面的かつ丁寧に把握し対応する必要がある。

　観察の方法としては，リアルタイムの有無や直接の場面確認の関与度に応じて，実際の観察（直接観察・参与観察），録画等を用いた記録（ビデオフィードバック），面接法（対象児／保護者等の対象の別，半構造化面接等の方法の別を含む），質問紙法等が用いられる。

　また，収集する情報は，対象児の行動面の指導に直接的に関与する情報（ミクロ的視点による情報）と，対象児の行動面の課題と指導の展開に影響を与えうる情報（マクロ的視点による情報）がある。

　前者は，実際の行動の出現状況だけでなく，学校等の支援体制や教室等の校内の環境の状況（ハードウェア），指導ができる人材や指導に協力してもらえる人材とその実働の状況（ヒューマンウェア），時間割，カリキュラム，日課，教育方法などの現状（ソフトウェア）に関する情報で，対象児の実態に合わせて適正な調整が可能なものである。

　一方で，後者は，生育歴（出生時の状況，先天性の疾病等の情報など），医療機関への受診歴，服薬の内容，療育機関での支援歴と支援内容，家庭の状況，地域住民の協力体制など多岐にわたり，それらの情報が行動にもたらす影響を踏まえておく必要があるが，これらは，「セッティング事象」と呼ばれ，先行条件や後続条件の強弱などに根本的な影響を与えてしまい，指導を妨げる可能性があるため，十分に留意して対応にあたる必要がある。

C-6-7　指導における要点

1. 機能的・機動的な PDCA サイクルの展開の必要性

　特別支援教育における個別の教育支援計画・個別の指導計画の作成と運用だけでなく，相談支援や児童発達支援分野における個別支援計画の作成と運用等においても，Plan（計画を立てる）－ Do（実行する）－ Check（評価・確認をする）－ Action（改善を図る）のサイクル（PDCA サイクル）の循環による指導の展開が重要とされている。PDCA サイクルの展開は，計画実行の効果の検証や質の担保のために重要なものであり，機能的アセスメントに基づく行動目標の実行性を検証するためにも不可欠となる。

　一方で，河田（2011），河田・猿渡（2012），金戸・河田（2021）は，幼稚園・高等学校・大学での支援の展開において，行動目標を定めるためには，これまでの支援実践の現状の把握（Check）なしでの計画の立案が難しいことを示し，現状に基づいてアセスメントによって問題点を把握し（Action），改善内容を明らかにして具体的施策を計画し（Plan），計画に基づいて支援を実行する（Do）サイクルとして，CAPDo（キャップドゥ）サイクルの運用が現実的であることを示唆している。加えて，支援においては，専門的知見によらず，日常生活や指導のキャリアで培ったトラブルシューティングの知恵や方略が支援の効果をもたらしていることが意外に多いにもかかわらず，専門的知識がないために支援ができないと思い込む教師等も多く，指導の振り返りを避け，積極的に関わろうとしない教師もみられることから，教師が意欲を持って指導を行うために，日頃から教師が積極的に指導にあたり，教師なりの指導実践の良さと問題点の双方を評価しながら，支援の現状を把握することの必要性を示唆し，A-CAPDo サイクルの運用を提案している（図 C-6-7）。

　いずれにしても，行動面の指導においては，機能的かつ機動的に PDCA サイクルが展開されるようにしていくことが重要となる。

2. 積極的行動支援の有用性

　行動面の指導における最近の考え方のひとつに，直接的な指導・支援による対象児の不適切な行動の改善だけに執着するのではなく，対象児のさまざまな適切な行動を増大させていく積極的行動支援（Positive Behavioral Support：PBS）の展開があり，自治体単位で学校教育の現場等での実用化も図られている（榊，2021；徳島県教育委員会，2021，2022）。

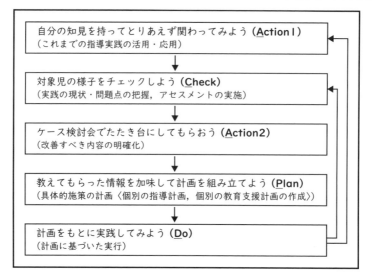

図 C-6-7　A-CAPDo サイクルによる指導の展開（河田，2011）

　先述の E 君の授業中の離席行動の事例では，教師が E 君を「いつも離席をして困る児童」と捉えてしまえば，離席をしない（B）ようにすることだけに執着してしまい，「きちんと椅子に座りなさい！」等の注意や叱責のことば（C）を繰り返しかけてしまうことになる。

　一方で，「適切に授業を受ける」という行動（B）を細かく捉えてみれば，「教室の中に入る」「自分の席に着く」「教科書を開く」「先生の話を聞く」「ノートを取る」「プリントの課題に取り組む」等の行動（B'）が要素として含まれている。たとえば，E 君は，何らかの環境やきっかけ（A）によって離席をする（B）ものの，教師が「E 君，プリントをみんなに配ってくれるかな？」（A'）と問いかければ，すぐにプリントをクラスのみんなに配り（B'），その後，我先に課題に取り組む（B'）ことができるのであれば，「教師のことばかけに応じてプリントをみんなに配ることができる」「率先してプリント課題に取り組むことができる」という望ましい行動（B'）が生起している。教師は，E 君のこれらの望ましい行動（B'）を複数見つけ出し，あるいは E 君が取り組みやすい行動課題にチャレンジしてもらうように促し（A'），できたことを褒めて（言語称賛等によって）積極的に評価していく（C'）ことを求めている。

　図 C-6-8 は，できる行動（望ましい行動）を増やすことの重要性を示したものである。左側の二重円は「内側の円を小さくするアプローチ（直接不適切な行動を減少・消去させる）」が展開されるが，即効的な成果が上がらないだけでなく，先天的な要因やさまざまな要因の輻輳によって小さくすることが困難な場合がある。一方，右側の二重円は「外側の円を大きくするアプローチ（直接的でない行動を含め，できる行動を増大させる）」が展開されることで，対象児にとってできる行動の割合が相対的に高くなることを意味している。また，できる行動の増大にあたっては，一人で行動を完遂する行動だけをできる行動と捉えるのではなく，教師のフォローアップ，級友のサポート，補助教材の活用等によって生起する行動の増大がきわめて重要となることを肝に銘じておきたい。

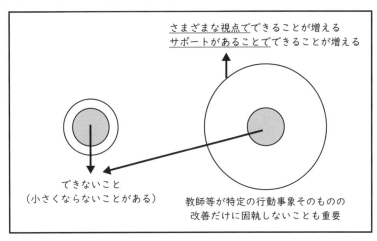

さまざまな視点でできることが増える
サポートがあることでできることが増える

できないこと
（小さくならないことがある）

教師等が特定の行動事象そのものの
改善だけに固執しないことも重要

図 C-6-8　できる行動を増やすことの重要性

3.　分化強化の活用

　分化強化は，日常生活や学校場面等での対象児との関わりにおいて，望ましい行動を増大させる，あるいは不適切な行動を減少させるための大切な手続きとなる。ここでは，指導の際に多用される代替行動の分化強化（DRA）と他行動の分化強化（DRO）について，事例をもとに考えたい。

　ここで，次の事例を考えてみたい。

> 小学生の F さんは算数が苦手で，授業中に出されたプリント課題に取り組みたくないために，プリントをくしゃくしゃに丸めて机の中にしまい込んでしまった。

1）代替行動の分化強化（DRA）

　代替行動の分化強化（DRA）は，望ましい行動のレパートリーやバリエーションが一定程度身についているにもかかわらず，不適切な行動が高頻度で出現している場合に，不適切な行動は許容せずに，不適切な行動（B）と同じ機能（目的）を持った望ましい行動（B'）を強化（C'）することを指す。

　この事例の場合，課題の中断が許容されれば課題からの逃避が許容されることになるため，課題は中断せずに，「先生，教えて！」等のカードを F さんに渡し（代替行動の提供），そのカードを渡してくれたら（代替行動：B'），即座に教える（後続条件＝即時強化：C'）ように対応することが妥当である。

　このように，教師等がより社会的に受け入れられやすい行動（環境）を用意することで，対象児の望ましい行動が生起・定着する可能性が高まり，対象児自らの行動改善に関するモチベーションの高揚も期待できる。

2）他行動の分化強化（DRO）

　他行動の分化強化（DRO）は，不適切な行動（B）が生起していないときに展開されてい

る何らかの望ましい行動（B'）を強化し，不適切な行動（B）の生起時間を減少・消去することを指す。

　この事例の場合，Fさんの「プリントを丸め机の中にしまい込んだ」という不適切な行動（B）がその後の授業中には見られず，「離席をしなかった」「教科書を開いていた」「斉読に取り組んだ」等の行動（B'）が生起していたとすれば，まずはFさんのこれらの行動（B'）を捉えて称賛（C）することが重要となる。

　すなわち，特別に取り上げて称賛すべき行動でなくとも，不適切な行動（B）がその後に生起せずに，授業中過ごすことができた（他の行動：B'）のであれば，教師が積極的かつ肯定的にFさんに声をかけ注意を向けるようにする（後続条件＝即時強化：C'）ことで，Fさんの不適切な行動（B）の出現が軽減・抑制されていく。

　また，指導場面において不適切な行動が改善したとしても，その後の日常生活への般化において，教師にとって「できて当たり前」と考えられる行動では，Fさんへの教師からの強化刺激（言語称賛等）の提供が少なくなるため，異なる不適切な行動（B）が出現することもある。対象児が多数の「できない体験」を積み上げてしまう傾向にある中で，教師の指導が特定の望ましい行動の獲得に執着されるのではなく，日頃から不適切な行動が出現しないとき（B'）や落ち着いて活動に取り組んでいるとき（B'）などに，対象児を評価（C'）することが，日常生活での不適切な行動の生起を減衰させるためにも重要となる。このことは，先述した積極的行動支援（PBS）の展開にも通ずることである。

4. プロンプトの提示とフェーディング／般化

　望ましい行動を生起させるために，プロンプトを用いることがある。プロンプトは，簡単に述べれば「手助け」「ヒント」を意味する。たとえば，知的な遅れがあり，発達に課題を抱える幼稚園年長組のG君が，級友が遊んでいるおもちゃで遊びたくなり，級友を叩いておもちゃを取り上げてしまったとしよう。この場合の指導においては，叩いてもおもちゃが手に入らないようにした上で，即座に教師等が「ちょうだい」と言って（言語的プロンプト），身振りも同時に示し（モデリング），「ちょうだい」を言えたり，身振りでの要求の意思表示があったら，その直後におもちゃを渡すことで（即時強化），適切な行動の定着を図ることが可能となる。

　プロンプトは，環境（刺激）の変化を主眼とする「刺激プロンプト」と他者の行動がもたらす「反応プロンプト」に大別される（表C-6-6）。

　一方で，一般的には，望ましい行動の生起が十分な段階に達した場合に，プロンプトを段階的に消去（フェーディング）し，プロンプトなしでの行動の生起を促すとともに，別の場面でも行動が生起（般化）するよう指向する必要がある。

　他方で，障害や発達の特性による必要性に基づいて，恒久的に提示するプロンプト（恒久的プロンプト）があるが，自閉スペクトラム症（ASD）のある対象児に対して，日常の生活場面で視覚的なスケジュールの提示を行うことは，その例となる。

5. 対象児の心情に寄り添った指導の重要性

　行動面の指導においてもっとも回避するべきことは，①対象児に望ましい行動が生起した際の無反応などの冷たい対応（消去対応），②望ましい行動が生起しなかった際の過度な嫌悪

表 C-6-6　プロンプトの種類と対応の例

プロンプトの別	種類	種別	対応の例
反応プロンプト	身体的プロンプト	全身的対応	• ボールを投げる動作の教示で，教師等が対象児の背後から姿勢を支持しつつ，対象児の手を握って動かす。
		部分的対応	• スプーンでチャーハンを食べる際に，対象児が持つスプーンに教師等が手を添えて口に誘導する。
	モデリング	ライブ対応	• 隣席の子どもが道具を出したのを見て，対象児が道具を出す（のを真似る）。
		ビデオフィードバック	• 調理の時間に難しい場面に出くわした際に，動画でその場面を繰り返し確認するようにして正しく調理をする。
	言語的プロンプト	直接的対応	• 他の子どもの遊具を無断で使い始めた際に，対象児に「○○さんに，『貸して』と言ってごらん」と具体的にことばをかける。
		間接的対応	• 算数の時間に，教師がクラスの全員に数図ブロックを取り出すように一斉指示を出したにもかかわらず，対象児だけが出していないときに，「○○君，次は何をするのかな？」と行動出現のためのヒントを出す。
	ジェスチャー	ジェスチャー	• 持ち物をバッグにしまってほしいときに，教師等がバッグにしまう動作をジェスチャーで示す。
		ポインティング	• 場所や物を指定する際に，教師等が指差し（ポインティング）を用いる。
刺激プロンプト			• 次の活動がわかるように，絵カード等でスケジュールを示す。 • 立入禁止の場所にステッカーを貼って注意を促す。 • テスト問題の重要箇所にマーカーで色付けをする。

刺激・嫌悪事態の随伴提示，③指導の強要である。教師等が「○○してほしい」「○○を身につけてほしい」という思いを持って指導にあたることは大切なことである。しかし，思いの強さが先行しすぎると，日常的になされて当然の行動はまったく称賛されず，教師等が考える望ましい行動の定着に向けて「罰」が与えられたり，「指導の強要」が行われてしまうこととなり，最悪の場合には虐待が発生することとなる。

　このことに関連して，先の基礎理論において，嫌悪刺激・嫌悪事態の随伴提示にはリスクを伴うことが示唆されている。このリスクについて，加藤（2012）の視座を踏まえ，あらためて嫌悪刺激・嫌悪事態の随伴提示に関するリスクを表 C-6-7 に整理するので，十分に考慮いただきたい。

　一方で，島宗（2000）は，叱責のデメリットについて，「派生の原理」に基づいて説明している。派生の原理とは，正の強化刺激（ポジティブな結果条件）や負の強化刺激（ネガティブな結果条件）が現れると，その時間，そこにいた人・物，状況などが正または負の強化刺激として機能することを指す。すなわち，ある行動（B）をして称賛してもらった等のポジティブな結果（C）が伴うと，その褒めてくれた人や褒められた場所もポジティブなものと

表 C-6-7　**嫌悪刺激・嫌悪事態の随伴提示に関するリスク**（加藤，2012）

①幼児児童生徒に嫌悪性が増してしまうこと

②嫌悪刺激を提示する側（支援者）の影響力（圧力）が増してしまうこと

③一時的な抑止効果にとどまり，持続性や般化が不十分になりがちであること

④「悪いことをすれば罰を受ける」ではなく，「理不尽なことをされた」としか受け取れない可能性があること

感じられるようになり，注意や叱責を受ける等のネガティブな結果（C）が伴うと，その叱責した人や，叱責された場所もネガティブなものと感じられるようになってしまう可能性を踏まえておくことが重要となる。

6. 行動面の指導における ICT の活用

　情報通信技術等の発展とインクルーシブ教育の推進が相まって，重度の障害のある子どもたちに多用されていた補助・代替コミュニケーション（Augmentative and Alternative Communication：AAC）での ICT の活用が，学習活動や行動の修正と獲得のためのツールとして，大きな広がりをみせてきた。

　また，2019 年度末からの COVID-19（コロナウイルス感染症 2019）の世界的流行に伴って，全国各地で学校へのタブレット端末の導入が加速度的に増加したとともに，互いの映像のあるオンラインでの対話や情報伝達のツールも複数登場した。

　これらのことから，行動面の指導においても ICT の活用が不可欠となってきた。

　行動面の指導における対象児の視点での ICT 活用の利点は，主として以下の点が考えられるが，ICT 機器の使用が「楽をするための手段」「甘えや怠け」と捉えられる風潮があることから，学校生活を含めた生活の中で日常的に使用されることが肝要となる。

　第一に，先行条件の調整と行動の遂行に関する点である。望ましい行動の獲得や不適切な行動の改善のために，環境，状況，場面，行動の強弱やタイミング，手順等について，リアルタイムで Web 環境の下で確認したい内容の動画を見たり，タブレット端末やスマートフォンのカメラ機能等を用いて対象児自らの行動を録画し，映像を確認しながら行動の修正を図ることができる。

　第二に，発表や会話のツールとして活用できる点である。聴覚認知の困難さのある対象児等への指導においては，パソコン，タブレット端末，スマートフォンの音声認識アプリ等を用いた音声の文字への即時変換と記録が可能となり，リアルタイムでの内容の確認が可能となって，発表や会話の向上が期待される。

　第三に，自らの行動管理のツールとして活用できる点である。パソコン，タブレット端末，スマートフォンの既存のメモ機能やアラーム・タイマー機能，あるいはダウンロードした行動管理アプリを用いることで，宿題，レポート，提出物の期限の管理や，時間の管理，持ち物の管理と忘れ物の抑止が可能となる。また，スマートフォンの電卓機能は，買い物等での金銭管理に有用である。

　一方で，ICT の活用に関しては，対象児へのアプローチだけでなく，ペアレントトレーニング等の対象児の家族を対象とした研究も始まっている。

C-6-8　行動面の指導に援用可能な他の指導技法

　ここまで，応用行動分析からのアプローチについて論じてきたが，応用行動分析を中心に
据えつつ他の指導技法を援用することも多い。ここでは，行動面の指導の際に応用行動分析
と連関させることの多い支援技法を概説したい。

1.　認知行動療法

　我々は日常生活の中で不快な感情や否定的な感情を持ってしまう際に，「起こった出来事」
がその主因にあると考えるのではないだろうか。

　認知行動療法においては，起こった出来事をどのように捉えるか（考えるか）によって，そ
の後に持つ感情や行動が変わることに着目する。換言すれば，起こった出来事（Activating
Event：A）に対して，考え・信念・思考（Belief：B）が生まれ，結果としての感情や行動・
態度（Consequence：C）がもたらされる（認知のABCモデル）と考え，考え方や行動の
変容を目指すアプローチである。

　たとえば，中学生のHさんに「先輩に『こんにちは』と挨拶をしたが，先輩は何も言わず
に通り過ぎた（A）」という出来事があったとしよう。この出来事における先輩の言動に対し
て，Hさんは「自分のことを嫌っている（B）」と考えてしまった（考え続けてしまった）と
すれば，「先輩に避けられた（C）」と感じてしまい，先輩に話しかけることができないどころ
か，不安で眠れなかったり食事が喉を通らない状況も予測される。一方で，この出来事（A）
に対して，先輩が他の考え事をしていて「たまたま聞こえなかった（B'）」のであれば，「あ
まり気にする必要はない（C'）」ことかもしれず，この2つには，大きな考え方とその後の
感情や行動・態度の差が生じることから，後者の感情に気づく，あるいは後者の感情が持て
るようなアプローチを展開していくことが重要となる。

　また，「出来事に対して起こした行動・態度」の変容も重要で，不安で「眠れない」「食事
をとることができない」という状態があったとすれば，現在生起している行動・態度を不安
を遠ざけうる別の行動に置き換えることで，感情を悪い方向に向かわせないアプローチを展
開していくが，この展開に応用行動分析の考え方や指導方法が援用される。

　対象児のこれまでのコーピング行動を教師等とともに振り返り，新たな行動の習得に取り
組み，その結果どのような変化がもたらされているかを確認し，必要に応じて変更・調整を
しながら，多様なコーピング行動を身につけていく点は，応用行動分析との共通点といえ
よう。

2.　リフレーミング

　家族療法から派生した方法で，行動，やりとり，現状などを今までとは異なった側面から
みて，その特徴に肯定的に新しい意味を付していく考え方を指す。

　たとえば，高校生のIさんから，「レストランでの料理の注文が優柔不断で困っている」と
の訴えがあったとしよう。しかし，この優柔不断は，すべての場面で起こっているとは限ら
ず，高価な買い物の際には慎重に判断できると捉えることが可能となる。すなわち，別の状
況下では望ましい行動として捉えることができる事例が多数存在している可能性があるとい

うことである。

　応用行動分析による機能的アセスメントを行うにあたっては，先行条件や後続条件を整理して考える際に，不適切な行動が「いかなる状況や場面においても不適切なのか」を立ち止まって確認することが重要である。不適切ではない状況や場面がある（考えられる）のであれば，不適切ではない状況や場面を教師等が肯定的に捉えることで，状況や場面が変わった際の望ましい行動の存在を再認識することが可能となり，事前の対応の工夫を考える際の幅を広げるとともに，対象児の行動・態度に対する全否定を回避することとなる。

　学校等でのリフレーミングの実践については，宍戸ら（2022）などの他書を参照されたい。

3.　TEACCH(Treatment and Education of Autistic and related Communication handicapped CHildren)，TEACCH Autism Program

　自閉スペクトラム症（ASD）のある子どもの特性や発達の状態に応じて，適切な環境（時間，空間，場所等）や作業手順を調整することで，対象児の望ましい行動を促す手続きを指す。

　特徴的な方法として「構造化」があり，物理的構造化と視覚的構造化に大別される。物理的構造化では，周りの気になる視覚的情報が入らないようにパーテーションで区切ったり，雑音を避けるためのイヤーマフを使ったりすることで，集中して課題に取り組める環境調整を行う。視覚的構造化は，視覚優位の特性を活かして身の周りの情報を，写真，絵，記号，文字等の対象児の理解できる視覚情報に置き換えることで内容の理解を促す。この考え方は，機能的アセスメントにおける先行条件の整理と環境調整の際に重要となる。

　また，「ワークシステム」として，対象児の遂行状況に合わせて課題・作業を細分化し（課題分析），たとえば，「課題の置き場所から課題を取る→机で課題に取り組む→終わった課題は提出ボックスに入れる」など，場所や物事をなすべき行動を一対一対応にして順番に遂行していく方法があり，対象児の混乱が軽減され，複雑な課題・作業への適応が促されていく。

4.　絵カード交換式コミュニケーションシステム（Picture Exchange Communication System：PECS®）

　自閉スペクトラム症（ASD）のある子どもにおける会話の理解・表出にかかる課題への対応として，はじめに絵カードを直接手渡してコミュニケーション（代替・補助コミュニケーション）を図ることで自発的なコミュニケーションを促していき，その後にことばや文章を用いて要求の伝達ができるようにし，最終段階では指導者の質問に応答し自発的なコメントが可能となるようにしていく一連の手続きを指す。

　この指導には，6つの段階（フェーズ）があり，行動の獲得とステップアップにおいては，応用行動分析を基盤とした指導が展開されていく。

5.　その他の指導技法

1）ソーシャルスキルトレーニング

　具体的な内容と方法は「C-5 ソーシャルスキルの指導」を参照されたいが，スキルの獲得

に向けたアプローチとして，逆行型チェイニング等の技法を用いることが多く，応用行動分析との親和性が高い。

2）感覚統合

　具体的な内容と方法は「C-7 感覚と運動の指導」を参照されたいが，たとえばキャッチボールでボールをうまく投げることができない状況は，ボールやグローブの感触，気温，服装，相手との距離，地面の感触，周囲の音などの感覚がうまく脳に入力されずに過不足が生じることでもたらされている可能性があり，これらを調整することでボールがうまく投げられるようになるかもしれない。

　この感覚入力の過不足の視点は，応用行動分析による機能的アセスメントを行うにあたって，不適切な行動の要因や環境の捉え方，アプローチの方法の幅を広げるものとなる。

C-6-9　チームアプローチと行動コンサルテーション

1. チームアプローチの重要性

　これまで対象児個人への行動面の指導に関するさまざまな方法について述べてきたが，特に対象児個人の行動面の問題に対しての指導のあり方として，学校等においては，特別支援教育コーディネーター任せや担任がなすべきものという思考が固定化され，組織全体での支援体制が行き届いていない事例を散見する。

　たとえば，小学生のJ君がパニックを起こし，教室を飛び出し，外に出て門扉を飛び越え校外に出たところで，車と衝突してしまったとしよう。この事態を受けて現場では責任のなすり合いが繰り広げられることが多々あるが，そもそもこの事態は，担任がJ君を追いかけなかったために起こったのであろうか，あるいは特別支援教育コーディネーターが制止しなかったために起こったのであろうか。教室を飛び出す行動を職員全体で把握し，一定のルールを決めておいて，教員以外のすべての職員も含めてJ君の飛び出し行動への初動対応について共通理解をしておき，全体で対応する体制が作られていたら，この事態を避けられていたことは自明の理であり，まさしく組織体（チーム）としてのアプローチが肝要となる。

2. 行動コンサルテーションの有用性

　河田（2015）と金戸と河田（2021）は，フォーマットを用いたインシデント・プロセス法による「短時間での小集団のケース検討会」の展開を提案している。竹林地（2004）によれば，インシデント・プロセス法は，ピゴーズとピゴーズ（Pigors & Pigors, 1980）により考案された事例研究法のひとつで，実際に起こった出来事（インシデント）をもとに，小集団の参加者全員で出来事の背景にある事実等を収集しながら，問題解決策を出し合っていくスタイルを取る（図 C-6-9）。

　そのため，参加者全員の共通理解が可能となり，担任や特別支援教育コーディネーターが事例を丸抱えする事態を避け，組織内で気軽に相談できる体制を生み，共同で支援にあたることができる利点がある。また，インシデントが不適切な行動の生起によってもたらされていることから，組織体としての支援を展開する上でも有用となる。

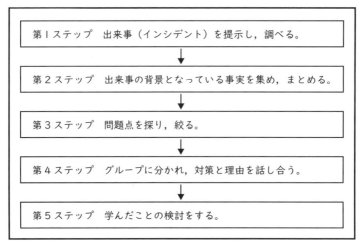

図 C-6-9　インシデント・プロセス法の流れ（竹林地（2004）を改変）

　一方で，インシデント・プロセス法そのものにおいては，参加者の主体的な発言と意見・提案が求められる必要があるが，その際に提起すべき内容がわかるフォーマットがあることによって，より積極的かつ短時間に発言等の集約が可能となる。さらに，大人数での展開においては必然的に多くの時間を要してしまうことから，教育活動等の合間の限られた時間の中で展開していくためには，3 ～ 4 名程度の少人数での実践が合理的となる。

　金戸と河田（2021）は，各年齢段階 1 クラス編成の公立幼稚園において，特別な支援を必要とする幼児の不適切な言動に対する初動の組織的な対応として，井上（2007）のストラテジーシートを応用して，河田（2015）が作成した「行動理解と支援シート」（図 C-6-10）を用いて，課題解決にかかるケース検討会をもとにした対象児への具体的対応の検討と支援実践に取り組んだ。

　このシートの特徴として，河田（2015）は，特に事前のきっかけに対して感じたと推測できる対象児の思いを汲まずに教師等主導の支援が進むことによって，不適切な行動が助長されたケースが多いことを踏まえ，「事前のきっかけによってもたらされた対象児の思い」を数多く汲みとることの重要性を指摘しており，「その思いごとへの事前の支援の工夫」を考え書き出すことを求めている。この実践では，シートを用いることによって，当該幼児の思いを複数推察し，その思いに寄り添った対応の工夫を講じる必要性を教師が感じ取ることが可能となり，ケース検討会によって，教師個人だけでなく幼稚園総体で協働して対応を工夫することで，ケース検討会が円滑かつ充実し，当該幼児の不適切な行動の改善や緩和がみられるようになったことを報告している（図 C-6-11）。

　この報告は，ケース検討会での教師集団のセルフヘルプによる行動コンサルテーションの有用性を示唆しているとともに，組織体としての積極的行動支援の展開にも示唆を与えるものとなり，組織体としての行動面の指導力の向上が図られることになろう。

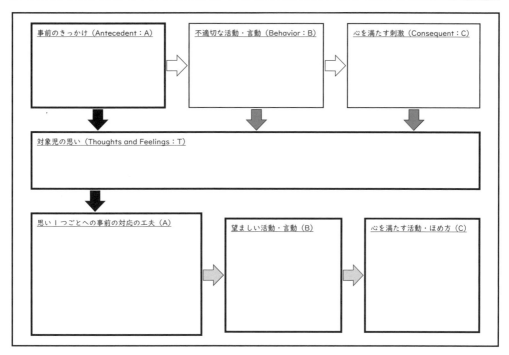

図 C-6-10　行動理解と支援シートのフォーマット（河田，2015）

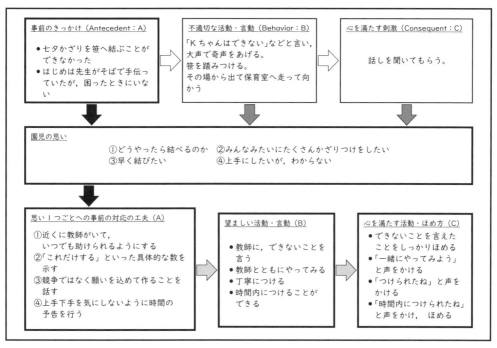

図 C-6-11　イライラして奇声を発する K 君の「行動理解と支援シート」の記入例
（金戸・河田（2021）を一部改変）

〔引用文献〕

竹林地毅（2004）：情報の共有・分析―インシデント・プロセス法による事例研究―．平成15年度
　　独立行政法人国立特殊教育総合研究所知的障害教育研究部一般研究「知的障害のある児童生徒の
　　担任教師と関係者との協力関係推進に関する研究―個別の指導計画の作成に焦点をあてて―」研
　　究報告書，pp.120-132.

肥後祥治（2018）：C-6 行動面の指導 II 指導．一般財団法人特別支援教育士資格認定協会（編）：
　　S.E.N.S 養成セミナー 特別支援教育の理論と実践 第3版 II 指導．金剛出版，pp.153-171.

井上雅彦（2007）：C-6 行動面の指導 II 指導．一般財団法人特別支援教育士資格認定協会（編）：
　　S.E.N.S 養成セミナー 特別支援教育の理論と実践 II 指導．金剛出版，pp.159-175.

金戸憲子，河田将一（2021）：幼稚園での A-CAPDo サイクルによる特別支援教育支援体制構築の一
　　考察―行動理解と支援シートを用いた初動体制の構築―．心理・教育・福祉研究，20，19-32.

加藤哲文（2012）：C-6 行動面の指導 I 基礎理論．一般財団法人特別支援教育士資格認定協会（編）：
　　S.E.N.S 養成セミナー 特別支援教育の理論と実践 第2版 II 指導．金剛出版，pp.151-179.

河田将一（2011）：九州ルーテル学院大学における A-CAPDo サイクルによる支援．精神療法，37
　　（2），160-165.

河田将一（2015）：特別な支援を必要とする幼児の実態等に応じた計画的・組織的な指導の在り方に
　　ついて．平成27年度熊本県国公立幼稚園会研究大会第2分科会指導助言資料.

河田将一，猿渡和博（2012）：熊本県 A 地区での特別支援教育における中高連携の定着に向けた試み
　　（1）―初期段階の連携の在り方について―．応用障害心理学研究，10，87-96.

三田地真実，岡村章司（2019）：保護者と先生のための 応用行動分析入門ハンドブック―子どもの行
　　動を「ありのまま観る」ために―．金剛出版．

O'Neill, R.E., Albin, R.W., Storey, K. et al.（2015）：Functional assessment and program
　　development for problem behavior : A practical handbook. 3rd Ed. Cengage Learning. 三
　　田地真美，神山　努（監訳），岡村章司他（訳）（2017）：子どもの視点でポジティブに考える問
　　題行動解決支援ハンドブック．金剛出版．

Pigors, P. & Pigors, F.（1980）：The Pigors incident process of case study. Instructional
　　Design Library, v.29. Educational Technology Publications. 菅祝四郎（訳）（1981）インシ
　　デント・プロセス事例研究法―管理者のケースマインドを育てる法―．産業能率大学出版部．

榊　浩一（2021）：徳島県のエビデンスに基づいた教育―ポジティブな行動支援を全県下に展開―．
　　先端教育，18，102-105.

島宗　理（2000）：パフォーマンス・マネジメント―問題解決のための行動分析学―．米田出版．

宍戸寛昌，柳沼孝一，髙橋正英他（2022）：先生のためのリフレーミング大全―子どものよさを引き
　　出すポジティブ言い換え100―．明治図書．

徳島県教育委員会（2021）：ポジティブな行動支援実践事例集 I ．

徳島県教育委員会（2022）：ポジティブな行動支援実践事例集 II ．

C-7
感覚と運動の指導

【概要】.................「発達障害：学習障害（LD/SLD），注意欠如・多動症（ADHD），自閉スペクトラム症（ASD），発達性協調運動症（DCD）等」のある子どもによくみられる感覚運動機能のつまずきについて，感覚の問題，視機能の問題，運動の不器用さなどを中心に，その観察の視点と方法，つまずきの要因の分析，学習や日常生活への影響について述べる。また，学校で実施可能な活動の具体例を紹介しながら，感覚運動機能のつまずきの指導の実際について述べる。

【キーワード】...........感覚運動機能／目と手の協応／不器用さ（発達性協調運動症）／姿勢保持／感覚運動機能の指導

【到達目標と評価】.....①「発達障害」のある子どもにみられる感覚運動機能のつまずきの状態像について説明できる。
②感覚運動機能のアセスメント方法の基本について説明できる。
③姿勢保持の困難や不器用さが学習や日常生活に及ぼす影響について説明できる。
④視機能が学習や日常生活に及ぼす影響について説明できる。
⑤感覚運動機能のつまずきの指導方法を具体的に挙げることができる。

Ⅰ　基礎理論 ....

　DSM-5 精神疾患の診断・統計マニュアルにおいて，自閉スペクトラム症（以下，ASD）の診断基準のひとつに感覚の特性が加わった。また，運動の不器用さを主症状とする発達性協調運動症（Developmental Coordination Disorder：以下，DCD）と ASD の併存診断が可能となったことで，感覚や運動機能のつまずきが注目されるようになってきた。しかし，感覚や運動機能のつまずきは，以前から「自閉は身体障害」（ニキ・藤家，2004）「当事者にとっての問題の大半は，対人関係以前の知覚，運動のレベルにある」（綾屋・熊谷，2008）「自閉症の状態は『壊れたラジオ』すなわち雑音だけで音量のボリュームが故障している状態である」（グランディン・スカリアーノ，1994）など数多くの当事者により語られてきた。
　本章では，子どもの感覚運動機能のつまずきと行動や学習との関連を，発達的視点を踏まえて理解し，支援できることを目的とする。

C-7-1　感覚運動機能のつまずきとは何か

　感覚運動機能は国際生活機能分類 ICF の「心身機能・身体構造」に含まれ，「活動」と「参加」を支えるものである。多動，癇癪，ふざけるなどの行動の問題や，学習の困難さの原因のひとつとして感覚運動機能のつまずきがある子どもがいる。たとえば，手先の不器用さ

表 C-7-1　感覚の分類

	役割	含まれる感覚
外受容感覚（exteroception）	身体外部の情報を感知する	視覚，聴覚，触覚，嗅覚，味覚
固有感覚（proprioception）（固有受容感覚・自己受容感覚）	自分自身の身体の運動や位置の変化を感知する	深部感覚（主に筋紡錘，ゴルジ腱器官を受容器とする運動覚，位置覚），前庭感覚
内受容感覚（interoception）	身体内部の情報を感知する	内臓感覚（内臓痛，空腹，喉の渇き，尿意・便意，心拍，呼吸，血圧など）

（協調運動の障害）は，文字をきれいに書くことが難しい，定規など学用品の使用が難しいなどに影響をおよぼす他，図画工作も苦手なため，掲示・展示された作品を友人からからかわれ，集団参加ができにくくなる。また，このような苦手な場面を避けるために，立ち歩いたり，わざとふざけたりすることで，劣等感を感じる場面とならないようにすることもある。音に対して過敏な場合，音楽の時間に癇癪を起こしたりするかもしれない。そのときは我慢できても，イライラがたまることで，何気ない音が引き金となり，ひどいパニックを起こすかもしれない。感覚運動機能のつまずきが，行動や学習の問題の背景となっている可能性があるという視点を持つことが重要である。

C-7-2　感覚の種類と分類

　一般的によく知られている感覚は五感（視覚，聴覚，嗅覚，味覚，触覚）であり，身体外部の情報を感知するため外受容感覚といわれる。一方，空腹，尿意，便意，内臓痛，喉の渇きや心拍といった身体内部の情報を感知する内臓感覚は内受容感覚という。

　そして，もう一つ重要な感覚として，自分の身体の動きや位置の変化を感知する固有感覚（固有受容感覚）がある（表 C-7-1）。生理学の分類では，固有感覚に筋肉や関節の運動や位置を感知する深部感覚（運動覚，位置覚）と加速度（重力）を感知する前庭感覚の 2 つを含むこともあるが，本書では前庭感覚は固有感覚に含めず，深部感覚のみを固有感覚とする。ここでは，視覚，触覚，固有感覚，前庭感覚について説明する。

1. 視覚

　視覚は，光刺激の網膜への入力から認知までを含めた複雑な情報処理過程である。視覚は，外界から視覚情報を取り入れるための機能である「視機能」，取り入れた情報を分析し意味づけていく「視知覚・視覚認知」に分けることができる（表 C-7-2）。さらに，視覚情報を上肢や手により外界に出力していく「目と手の協応」も重要な情報処理過程である。「視機能」のうち眼球運動は前庭感覚とも関連し，感覚運動機能のつまずきがある子どもにみられることが多い。

2. 固有感覚

　固有感覚は筋肉や腱，関節の中にある受容器（筋紡錘，ゴルジ腱器官，関節受容器）により身体の位置や動き，筋肉の収縮状態を感知する。触覚が身体の表面にある皮膚を受容器とするのに対し，固有感覚は身体の深部に受容器があるため深部感覚ともいわれる。目を閉じ

表 C-7-2　視覚の情報処理過程

分類	役割	関連する機能
視機能	外界の視覚情報を取り入れる	視力，調節，視野，色覚，両眼視 眼球運動（衝動性眼球運動，追従性眼球運動，輻輳開散運動）
視知覚・視覚認知	取り入れた視覚情報を分析し意味づけていく	図と地の弁別，形態知覚・認知，視空間知覚・認知 視覚性記憶
運動への出力	視覚情報を運動へ出力する	目と手の協応

ていても身体（手足）の位置やその関係，運動の方向や速さがわかるのは固有感覚の働きである。また，力加減の調整にも固有感覚が役割を果たしている。

3. 前庭感覚

　前庭感覚は加速度を感知する三半規管と耳石器を受容器とする。前庭感覚を意識するのは強い加速度が入力されたとき（例：ジェットコースターに乗る）であるが，地球には重力加速度があるため，無意識ではあるが常に加速度を感知し，処理している。

　前庭感覚は空間における垂直に関する感覚基準を形成し，重力に抗した姿勢保持や姿勢バランスに重要な役割を果たす。座位や立位といった重力に抗した姿勢保持は耳石器が，バランスを崩した際の比較的素早い頭部の位置の変化には三半規管が敏感に作用する。また，前庭感覚は眼球運動や脳の覚醒とも関連する。

C-7-3　感覚統合と感覚運動機能

　感覚統合理論と，その理論に基づく感覚統合療法は，米国の作業療法士エアーズ（Ayres, A.J.）により，神経科学を基盤とする理論・治療法として構築されたものである。もともとは LD の学習の問題を理解・支援する目的で作られたが，現在は ASD，ADHD，DCD などの感覚や運動のつまずきがある児に対する作業療法で用いられている。

　エアーズは，LD 児の視知覚や視覚認知の障害に興味を持っていたが，その指導として行われていた，パズルや手本を見ながら点と点を結ぶなどの画一的な机上での活動に疑問を持った。これらの指導は，知覚・認知レベルの高次な脳機能に対するものであり，発達過程を十分に考慮したものではない。学習や行動といった高次な脳機能は，誕生直後から完成しているものではなく，発達過程がある。感覚統合理論は，人の学習や行動の問題を脳の神経生理学的機能における発達の障害として捉えている。

　エアーズは，人の発達において初期に発達する前庭感覚，触覚，固有感覚の 3 つの感覚を重視し，これらを含めた感覚が統合されることで教科学習能力，抽象的思考，集中力，自己肯定感，自己抑制など（感覚統合の発達の最終産物）が発達すると考えた（図 C-7-1）。

　感覚統合の発達モデルは，就学を迎える 5，6 歳までの発達過程を 4 段階で示している。左端に感覚，右端に教科学習能力や自己抑制などの最終産物がある。最終産物は 5，6 歳の発達に相当するが，その能力が完成するのではなく，基礎となる土台の発達ができる年齢である。最終産物の前段階には，姿勢バランス，目と手の協調など多くの感覚運動機能が含ま

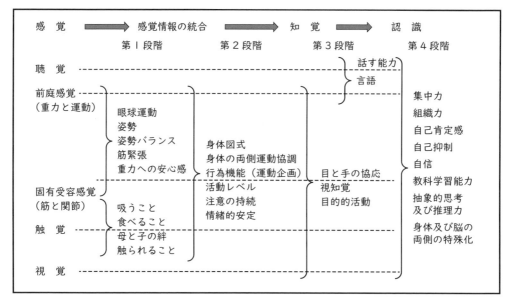

図 C-7-1　感覚統合の発達過程（Ayres（1985）を一部改変）

れている。たとえば，教室で黒板の文字を写す（最終産物の教科学習）には，姿勢を保持し（姿勢バランス），黒板とノートの間で目をスムーズに動かし（眼球運動），文字の形を弁別し（視知覚），ノートの適切な場所に鉛筆を置き（目と手の協応），ノートを押さえながら鉛筆を操作する（身体の両側運動協調）などの能力が必要となる。エアーズは，発達障害児の目に見える学習や行動の問題を，対症療法としてではなく，感覚統合という脳機能の発達的視点から原因を分析し支援することを提唱した。

　学業などの高度な能力を発揮するには，その基礎となる土台の能力を育てる必要がある。感覚統合療法は，特定の学習技能（文字を書く練習や形の弁別など）を直接行うのではなく，これらの学習をしやすくするための脳の発達を促進することを目的としている。

C-7-4　感覚処理障害

　米国の作業療法士ミラー（Miller, L.J.）は，生活に障害を及ぼす感覚の問題について，感覚処理障害（Sensory Processing Disorders：SPD）という診断のための障害分類を提案した。SPD は，①感覚入力に対する適応反応の障害，②不適切な運動，情動，行動反応，③日々の活動や課題の困難さの原因となっていることを特徴としており，感覚統合障害と同義語と考えてよい。

　SPD は，その下位分類として「感覚調整障害（Sensory Modulation Disorder）」「感覚ベースの運動障害（Sensory-Based Motor Disorder）」「感覚識別障害（Sensory Discrimination Disorder）」からなる（図 C-7-2）。感覚調整障害は，感覚刺激に対する過剰な反応（過敏）や感覚への気づきにくさ（鈍感）などであり，感覚を基盤とする運動障害は，動作や運動の不器用さなどの臨床像を示す。

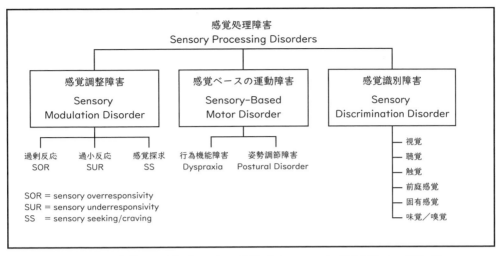

図 C-7-2　感覚処理障害（SPD）の分類（Miller et al.（2007）を一部改変）

1. 感覚調整障害

　感覚調整障害は，「感覚統合障害のパターンのひとつで，身体や環境からの感覚入力に対して過剰反応もしくは過小反応（低反応）を示すことである。それは，人の世界（たとえば文化，環境，課題，そして相互関係）が外因的，文脈的に要求することと人体内部の特性の間で生じる不適合性である」（Hanft et al., 2000）と定義されている。また，DSM-5 の日本語訳において ASD の感覚の問題は「感覚刺激に対する過敏さまたは鈍感さ，または環境の感覚的側面に対する並外れた興味」と訳されているが，原本では hyper-reactivity（過剰反応），hypo-reactivity（過小反応，低反応）と記載されている。ASD を含めた発達障害の感覚の問題については，脳の構造や脳機能などの神経レベルから行動観察による行動反応に至るまで，さまざまなレベルでの研究が数多くなされているが，いまだ原因は明らかになっていない。過剰反応，過小反応は「原因は不明だが，感覚刺激（入力）に対する目に見える行動（出力）が過剰もしくは過小な反応となる」ということのみを意味している。発達障害における感覚調整障害は，ASD の 45 ～ 96%（Ben-Sasson et al., 2009 ; Leekam et al., 2007 ; Dunn & Tomcheck, 2007），ADHD の半数以上にあるとされている（Ghanizadeh, 2011 ; Mimouni-Bloch et al., 2018）。

1）感覚調整障害の 3 つの分類

　感覚調整障害は，すべての感覚に生じる可能性があり，その行動反応は過剰反応，過小反応（低反応），感覚探求の 3 つに分類される（図 C-7-2）。感覚調整障害を示唆する行動反応を表 C-7-3 にまとめた。感覚調整障害は，ほとんどの児で複数の感覚にみられ，触覚は過剰反応だが前庭感覚は過小反応など，感覚の種類により異なる特性を示す場合がある。また，1 つの感覚の中に過剰反応と過小反応（感覚探求を含む）の相反する行動を示す子どもも多い（「のりが手につくと嫌そうな顔で，すぐに手を洗いに行くが，砂遊びはずっとしている」「サイレンの音は耳をふさぐが，好きな音楽は大きな音で聴いている」）。ASD 児で

表 C-7-3　感覚調整障害を示唆する行動反応

	過剰反応	過小反応（低反応）	感覚探求
聴覚	• 突然の音（サイレン等）に容易に驚く • 騒々しい場所（スーパーやデパート）に行くことを嫌がる • 音楽の時間を嫌がる • 他の人が気にしないような背景音（時計，換気扇，クーラー等）を苦にする • 掃除機，ドライヤー等の生活音をうるさがる	• 聞こえていないように見える • 呼ばれても振り向かない	• 大きな音で音楽等を聴く • 特定の音を何度も出すことを好む（ドアを叩く等）
視覚	• 蛍光灯を嫌がる • 光（日光含む）を過度にまぶしがる • 乱雑な部屋やたくさんの物がある店のようなゴチャゴチャとした場所を嫌がる		• 光るものを見続ける • 換気扇等の回るものを見ることを好む • チラつく画面や映像を見ることを好む
触覚	• 触られることから身をひく，過度にくすぐったりである • 粘土，砂遊び，フィンガーペインティング，のりを触ることを嫌がる • 帽子，靴下，ある種の服（タートルネック）や服の素材を嫌う • 顔を拭く，散髪，爪切り，歯磨きを嫌がる • ズボンの裾，上着の袖口を折り上げることを嫌がる • きょうだいや友人に触られたりするとすぐに怒ったり，イライラしたりする • 人が近くにいる，大勢いると落ち着かない	• 身体に触られても気づかないことがある • くすぐられても平気な顔をしている • 転ぶ・切り傷をしても痛みを訴えない	• 粘土・水・泥・砂遊びを他の子どもよりも過度に好む • くすぐられることが好きで何度もせがむ • 抱かれたり，撫でられたり，人から触られるのが好きで，いつもベタベタしている • 物や人に過度に触る
固有受容覚	• 手足や身体を動かされることに，抵抗を示す，力をぬくことができない（触覚の可能性もあり）	• 風船や動物などをそっと握る・触ることが難しく，力の加減がわからない	• 硬い物を噛むのが好きである • トランポリンで跳ぶことを過度に好む（前庭感覚の可能性もあり）
前庭感覚	• ブランコなどの揺れるものを恐がる，他人から揺らされることを嫌がる • 頭が下になることを（鉄棒の前回りなど）怖がる	• 強い回転刺激でも反応しない，目が回りにくい	• ブランコ等，揺れる遊具を過度に好む，ブランコを強く押すように要求する • 床の上で跳んでいたり，バレリーナのようにくるくる回っている • 座っているときや遊んでいるときに，繰り返し頭を振ったり，身体を揺する等がある
味覚・嗅覚	• 部屋のにおいを気にする • 偏食がある • 味の濃い食べ物を嫌がる	• 強い味やにおいに気づかない	• ソースやスパイスを過度に使う • 味の濃い食べ物を好む

表 C-7-4　感覚調整障害と関連する 4A（覚醒，注意，情動，行動）

	過剰反応	過小反応（低反応）	感覚探求
覚醒 Arousal	• 通常高い。しかし，感覚刺激を避けるために，静かにしており，低く見えることもある	• 通常低い	• 低いが，覚醒を高めるために多動や衝動性が高い行動をとり，その結果過覚醒となることもある
注意 Attention	• 注意の持続が難しく，注意が転導しやすい • 感覚に対する脅威を監視するため，過剰に用心深い	• 不注意，感覚刺激に対する気づき（反応）が遅い • 注意の持続が難しい	• 注意を選択することや持続することが難しい
情動 Affect	• 感覚刺激に対し否定的・攻撃的な情動となる • 感覚刺激に対する不安や恐れ	• 変化が乏しい，うつ的	• 変わりやすい • 過剰な感覚刺激により過興奮となることもある
行動 Action	• 衝動的・攻撃的な反応 • 刺激を避けるために静かにするため探索行動を避ける	• 自発性が乏しく受け身的	• 多動や衝動性が高い行動

は，過剰反応：56%，過少反応：63%，過剰と過小の両方がある：38%，と報告されている（Baranek et al., 2006）。

　感覚探求は，特定の感覚刺激を過剰に入力する行動であり，ASD の診断基準（DSM-5）の「環境の感覚的側面に対する並外れた興味」に該当する。感覚探求は，取り込みにくい感覚を自ら取り込もうとする行動であり，過小反応に対する能動的・主体的な反応であると考えられている。しかし，過剰反応がある児に感覚探求がみられることも多い。

2）感覚調整障害と関連する 4A

　一見，感覚調整障害とは関係のない学習や行動などの問題の背景に，感覚の問題が存在することがある。感覚調整障害は，覚醒（Arousal），注意（Attention），情動（Affect），行動（Action）の 4 つの A と関連する（表 C-7-4）。たとえば，聴覚（例：子どもの泣き声）に過剰反応がある児は，泣き声が聞こえると過覚醒となり（心臓がドキドキする，冷や汗が出る），声が気になって仕方がない（注意が過剰となる），衝動的，攻撃的な行動（その子どものところに行き確認する，叩いてしまう），否定的な情動（怒りや不安）となる，などの様子がみられる。覚醒の低下（ボーっとしている），不注意，衝動的・攻撃的な行動などの 4A と関連する問題がある場合，感覚調整障害のアセスメントを行うことが重要となる。

3）感覚調整障害の状態は環境により異なる

　保育所，幼稚園，学校などの集団生活の場は，家庭よりも感覚刺激が強く，量も多い。5 ～ 8 歳の ASD 児を対象とした調査では，家庭に比べ学校では，触覚に対する過剰反応を示す児の割合が多かったことが報告されている（Fernández-Andrés et al., 2015）。同じ子どもであっても感覚調整障害の状態は環境により変化する可能性がある。

表 C-7-5　発達性協調運動症の診断基準（DSM-5）

A	協調運動技能の獲得や遂行が，その人の生活年齢や技能の学習および<u>使用の機会に応じて期待される</u>ものよりも明らかに劣っており，その困難さは，不器用（例：物を落とす，物にぶつかる），運動技能（例：物をつかむ，はさみや刃物を使う，書字，自転車に乗る，スポーツに参加する）の<u>遂行における遅さと不正確</u>によって明らかになる。
B	運動技能の欠如は生活年齢にふさわしい日常生活活動（例：自己管理，自己保全）を著明および持続的に妨げており，学業または学校での生産性，就労前および就労後の活動，余暇，および遊びに影響を与えている。
C	症状の始まりは発達段階早期である。
D	この運動技能の欠如は，知的能力や視力の障害などによってはうまく説明されず，運動に影響を与える神経疾患（例：脳性まひ，筋ジストロフィー）によるものではない。

2. 感覚ベースの運動障害

　感覚ベースの運動障害は，感覚処理障害に起因した協調運動障害であり，行為機能障害（dyspraxia）と姿勢調節障害の 2 つに分類されている。ここでは，類似した臨床像を持つ発達性協調運動症（Developmental Coordination Disorder：DCD）も含め解説する。

1）発達性協調運動症

　DCD は表 C-7-5 の基準（DSM-5）により診断される。5 ～ 11 歳児の有病率は 5 ～ 6％であり，ASD の約 80％，ADHD の約 50％に併存する（DSM-5）。協調運動の問題は，知的能力や視力障害，脳性まひなどを原因としない，一般に不器用といわれる運動の問題であり，書字などの微細運動や自転車，スポーツなどの粗大運動にみられる。学校生活や日常生活をスムーズに遂行するには，目と手の協調を含む微細運動，姿勢保持やバランスなどの粗大運動が不可欠である。

　DCD の診断基準において重要な部分は表 C-7-5 の下線部分である。DCD 児の運動や活動は「できない」ではなく「遅さ」「不正確」であるため，時間をかけ繰り返せば，うまくはないが，できることも多い。そのため，周囲から「やればできる」，「もっと頑張ればもっと上手になる」と思われ，過剰な努力を課せられる。また，協調運動の問題は体育や運動会，図工，習字の作品など他者から見られるため，自己肯定感の低さ，不安の高さ，対人関係の問題などにつながる。また，将来，うつや不安障害などの精神障害や活動量の低下に伴う肥満から脳卒中や心疾患などに関連する。DCD は協調運動の問題のみでなく，学習，対人関係，情動，行動，注意などさまざまな問題を合併することが多いため，早期からの支援が不可欠である。

2）行為機能障害

（1）行為機能障害がある子ども

　私たちは，自分の身体を思い通りに操作し，さまざまな物を適切に操作する。それは，新しい物であっても，最初は戸惑うものの，わずかな時間で操作できるようになる。行為機能障害がある子どもは，新しい・不慣れな物や状況に対し，どのように自分の身体を操作する

のかを思いついたり，どのように動かしたらよいのかが，わからなかったり，思い通りに動かすことが難しい。そのため，いつも同じ物で同じ遊び方をするかもしれない。新しい物に興味を持つことも少なく，興味を持っても叩く，投げるといった，その子どもが関わることができる単純な方法で遊ぶかもしれない。また，新しい場面や状況も苦手なため，馴染みのある場所以外に行くことを避ける，そのような状況に遭遇した際にフリーズしてしまうこともある。子どもは，環境（もの，状況）と相互作用しながら発達するが，行為機能障害は新しい環境への相互作用を妨げる。

（2）行為機能とは

　行為とは「人が意思（意志）に基づいてする行い」である。成人が脳梗塞などにより脳障害を受けると，要求された運動を理解しているにもかかわらず，すでに獲得され習熟した動作ができない障害が現れることがある。このような後天性の行為の障害を失行という。失行は，運動麻痺や感覚の障害がなく，要求された運動を理解しているにもかかわらず，獲得されていた動作や新たな動作の学習ができない障害である。

　感覚統合障害がある子どもは，脳に明らかな障害があるわけではないが，失行と似た症状がみられることがあり，これを行為機能の障害（行為機能障害：dyspraxia）という。行為機能障害も失行と同様に，運動麻痺や感覚の障害がないという点は共通している。

　行為機能は「新しい・不慣れな運動行動を企画する能力であり，それは人（自分）の行動と対象物についての知識や動機，意思を必要とするプロセスである」（Ayres, 1985）と定義されている。生活の中で新しい物や状況との出会いは，大人よりも子ども（低年齢であればあるほど）のほうが多い。たとえば，箸，はさみ，鉄棒，自転車などは，大人には慣れ親しんだものであるが，子どもには新しい・不慣れなものとなる。また，鉄棒にぶら下がることはできるようになっても，前回りや足抜きは新しい・不慣れな運動となる。

　行為機能障害があると，小学校では，定規，コンパス，分度器，彫刻刀などの新しい学用品や，跳び箱，ダンス，球技など体育での新しい活動に戸惑ってしまう。また，使い方や，動き方の見本を見ても身体図式が曖昧な子どもは，どのように身体を動かしたらよいかわからない。人は他の動物よりも多くの新しい物や状況との出会いがあり，さらに，馴染みの物であっても，新たな使い方を考え，試すことで，新たな物を生み出す。このようなことが可能となるのは，優れた行為機能が備わっているからであり，行為機能は人を発達，進化させていく上で不可欠な機能である。

（3）行為機能のプロセス

　行為機能は観念化，順序立て（運動企画，プログラミング），遂行の3つのプロセスからなり，観念化と順序立てが行為機能の中心となる。運動企画は行為機能と同義語に使用される場合もあるが，行為機能のひとつのプロセスである順序立てと同義語で使用することもある（図C-7-3）。

（4）身体図式（body schema）

　身体図式は，脳にある自分自身の身体のイメージであり，行為機能の定義（前述）における，「人（自分）の行動についての知識」に該当する。身体図式は「脳に備えられている身体

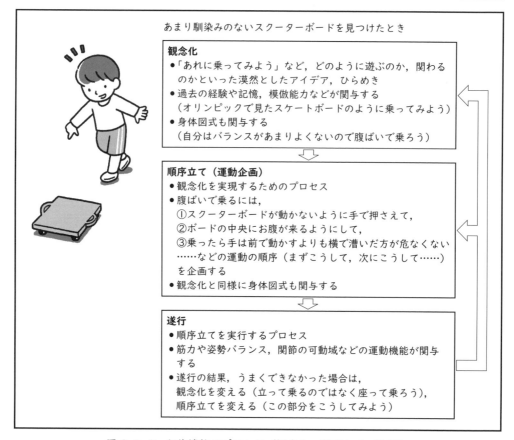

あまり馴染みのないスクーターボードを見つけたとき

観念化
- 「あれに乗ってみよう」など，どのように遊ぶのか，関わるのかといった漠然としたアイデア，ひらめき
- 過去の経験や記憶，模倣能力などが関与する（オリンピックで見たスケートボードのように乗ってみよう）
- 身体図式も関与する（自分はバランスがあまりよくないので腹ばいで乗ろう）

順序立て（運動企画）
- 観念化を実現するためのプロセス
- 腹ばいで乗るには，
  ①スクーターボードが動かないように手で押さえて，
  ②ボードの中央にお腹が来るようにして，
  ③乗ったら手は前で動かすよりも横で漕いだ方が危なくない
  ……などの運動の順序（まずこうして，次にこうして……）を企画する
- 観念化と同様に身体図式も関与する

遂行
- 順序立てを実行するプロセス
- 筋力や姿勢バランス，関節の可動域などの運動機能が関与する
- 遂行の結果，うまくできなかった場合は，
  観念化を変える（立って乗るのではなく座って乗ろう），
  順序立てを変える（この部分をこうしてみよう）

図 C-7-3　行為機能のプロセス（観念化－順序立て－遂行）

の地図である。これらの地図には身体各部の情報と，各部間の関係に関する情報，そして各部が行うことのできた運動すべてについての情報が含まれている」（Ayres, 1979）と定義されている。行為機能障害がある子どもは，身体図式が曖昧であるため，新しい・不慣れな運動や動作に対し，どのように自分の身体を操作するのか思いついたり，どのように動かしたらよいのかわからなかったり，思い通りに動かすことが難しい。

　身体図式は地理的要素と機能的要素に分けると子どもの臨床像を理解しやすい。地理的要素は身体の大きさ（輪郭）や身体部位の位置関係などに関する情報であり，触覚が重要な役割を果たす。地理的要素に問題があれば，人や物にぶつかるなどの行動が多くみられるかもしれない。また，リトミック，ダンスなどの模倣が必要となる活動が難しくなる。

　機能的要素は筋力や姿勢バランスなどの運動機能に関する情報であり，前庭感覚や固有感覚が重要となる。たとえば，水たまりを跳び越えられるか否かの判断は，水たまりの大きさと自分の運動能力（筋力やバランスなど）とを照合することで行っている。機能的要素は運動能力の高さではなく，自分自身の運動機能をどの程度正確に把握しているかどうかが重要となる。機能的要素を正確に捉えていない場合，自分の運動能力よりも高い能力を必要とする遊びや活動も躊躇なく行うため無謀で危なくみえる（機能的要素を過大評価している）。逆に，過小評価している場合は，できる遊びや活動も躊躇して避けてしまうため，消極的で怖

がりにみえる。

3) 姿勢調節障害

　姿勢調節障害は，前庭感覚と固有感覚の感覚処理障害を原因とした姿勢保持や姿勢バランスの障害を特徴とする。姿勢調節障害がある児は，体幹の筋緊張が低く（低緊張），重力に抗した座位や立位姿勢の持続的保持が難しい，手をうまく操作する背景としての姿勢調節（姿勢背景運動，先行随伴性姿勢調節）が難しい，バランスを崩して身体が傾いても立ち直ることが難しい，手をついて頭や体を守ることが難しいなどがみられる。

　前庭感覚と眼球運動は密接な関係がある。私たちは，走ったりジャンプしても，見えている視覚像が揺れ動く（ブレが生じる）ことはない。ところが，ビデオカメラを持った状態で同じことを行うと，撮影した映像はブレてしまう。これは，頭部の位置の変化（加速度）を前庭感覚により感知し，反射的に眼球を動かすことで網膜上の像のブレをなくす前庭動眼反射が機能しているからである。前庭動眼反射は高性能な手ぶれ補正機能にたとえることができる。前庭感覚の情報処理障害は眼球運動，中でも衝動性眼球運動（サッケード）に影響を及ぼし，読みや板書の困難さと関連する可能性もある。

4) 両側運動協調とラテラリティー

　ラテラリティーは「利き」「側性化」「一側優位性」などと訳され「身体の一側が他側よりも優先的に用いられ，より優れた遂行をすること」（Harris, 1958）「手や足など左右対となる器官の一側が，他方より認知的，運動的課題で成績が優れている現象」（Touwen, 1972）と定義されている。

　ラテラリティーは，脳の発達と関連する。脳は脳梁を介し左右の脳半球に分かれている。見た目には大きな違いはないが，左は言語，右は視空間認知など異なる役割を担っている。これらの役割は，左右の脳半球が協調し情報をやりとりすることで分化し，大脳機能の左右非対称性，優位性が確立されてくると考えられている。両手や両足といった身体左右の運動協調（両側運動協調）は，左右の脳半球の協調状態を反映し，その結果として利き側が確立される。ラテラリティーの未確立は，左右の脳半球がうまく協調できていない可能性があり，臨床像としては，両手，両足などの両側協調運動の困難さ，利き手の未確立の他，言語や視空間認知などの発達にも影響を及ぼす。両側運動協調は，食事で茶碗を持つ，ボタンなどの身辺処理やはさみ，定規などの学用品の操作などで観察できる。その際，重要となるのは，非利き手の操作である。非利き手は茶碗や紙を単に把持しているだけでなく，利き手の動きに協調しているかどうか（紙を動かしているか，定規を押さえる力加減や力を加える方向は適切か）を観察することが重要である。

Ⅱ 指　導 ....

C-7-5　感覚運動機能のアセスメント

1. 感覚調整障害のアセスメント

　感覚調整障害の代表的なアセスメントは，日本感覚インベントリー（Japanese Sensory Inventory Revised : JSI-R）と日本版感覚プロファイルである。両方とも対象児の感覚刺激に対する行動特性を質問紙によりチェックするアセスメントである。

1）日本感覚インベントリー（JSI-R）

　JSI-R（太田，2004；太田他，2002）は，ダウンロードして自由に使用することができる。4～6歳を対象に保護者が回答したデータにより標準化されている。JSI-R の適応年齢は制限されていないが，対象児の年齢が4～6歳でない場合や回答者が保護者でない場合，解釈に注意が必要となる。JSI-R の評価領域は，前庭感覚，触覚，筋肉・関節の感覚（固有感覚），聴覚，視覚，嗅覚，味覚，その他，の8つの感覚で，147の質問項目から構成されており，どの感覚に感覚調整障害に関連する行動特性があるのかを評価できる。質問項目に保護者が，対象児の現在の状況に当てはまる行動の頻度を5段階で回答する。結果は，8つの感覚と総合点が Green：「典型的な状態」，Yellow：「若干，感覚刺激の受け取り方に偏りの傾向が推測される状態」，Red：「感覚刺激の受け取り方に偏りの傾向が推測される状態，すなわち，ある刺激に対して過敏もしくは鈍感であるような状態」の3段階で評価される。結果が，Yellow，Red である場合，その感覚に感覚調整障害の可能性があるが，過剰反応，過小反応（低反応），感覚探求のどのタイプかはスコアからはわからない。どの質問項目が，頻度が高いと回答されているのかを確認することが重要である。

2）日本版感覚プロファイル

　ダン（Dunn, W.）によって開発された Sensory Profile の日本版であり，感覚刺激に対する行動特性を，他者評定（対象児をよく知る保護者や教師）による質問紙により評価する。日本版感覚プロファイル（辻井，2015a，2015b）は，3～82歳までの幅広い年齢を対象としている。

　質問は125項目から構成されており，対象児がその行動をしている頻度により5段階で評価する。スコアは，セクション，象限，因子の3つにより評価できるが，象限スコアが解釈の中心となる。象限スコアは，ダンの感覚処理モデルである「低登録」「感覚探求」「感覚過敏」「感覚回避」の4分類について，平均的，高い，非常に高い，の3段階で判定する。象限スコアは，すべての感覚を総合的にみた結果であるため，どの感覚が結果に影響を及ぼしているのかはスコアだけではわからない。

　日本版感覚プロファイルには，原版と同様，短縮版がある。短縮版は，感覚調整障害がある子どもを迅速に見分け，より包括的な支援や支援計画につなぐことを目的に作成され，

Sensory Profile の質問項目から感覚調整障害のある子どもを識別する能力が高い 38 項目により構成されている。

　11 歳以上では自己評定式の青年・成人感覚プロファイルが使用できる。本人と他者の評価が異なることもあるため，知的能力障害がない 11 歳以上の児は日本版感覚プロファイルと併用するとよい。

2. 発達性協調運動症，行為機能障害のアセスメント

　世界的には DCD の標準化された個別検査として Movement Assessment Battery for Children - Second Edition（MABC-2）や Bruininks-Oseretsky Test of Motor Proficiency Second Edition（BOT-2）が使用されているが，日本では標準化されていないため使用できない。日本では，標準化された感覚統合の個別検査である日本版ミラー幼児発達スクリーニング検査（Japanese version of Miller Assessment for Preschoolers：JMAP）と JPAN 感覚処理・行為機能検査（Japanese Playful Assessment for Neuropsychological Abilities：JPAN）に，姿勢バランスや姿勢保持などの粗大運動を主とした協調運動を評価する検査が含まれている。

　行為機能障害の評価は，JPAN と JMAP がある。また，標準化はされていないが，感覚統合の臨床観察に含まれる評価を使用できる。JPAN と感覚統合の臨床観察に含まれる検査の一部は，図 C-7-4，図 C-7-5 にまとめている。これらの検査は，感覚統合のアセスメントと支援に詳しい作業療法士に相談することや，日本感覚統合学会の講習会で学ぶことが望ましい。

1）JPAN 感覚処理・行為機能検査

　JPAN は日本感覚統合学会（2011）により標準化された 4 ～ 10 歳を対象とした感覚統合障害の診断的検査である（図 C-7-4）。JPAN の検査領域は，姿勢・平衡機能（6 検査），体性感覚（7 検査），行為機能（15 検査），視知覚・目と手の協調（4 検査）の 4 領域，計 32 の下位検査で構成されている。姿勢・平衡機能には重力に抗した姿勢保持，姿勢バランスなどの検査，行為機能の検査には，身体図式と関連する模倣，口腔運動，両側運動協調，順序立て（運動企画，プログラミング）の検査が含まれている。また，体性感覚の検査には，手指の微細運動や力加減と関連する触覚，固有感覚の識別能力を評価する検査が含まれている。

2）日本版ミラー幼児発達スクリーニング検査

　2 ～ 6 歳の就学前児を対象とした発達障害のスクリーニング検査である（土田・岩永，2003）。基礎能力，協応性，言語，非言語，複合能力の 5 つの指標から構成されており，感覚運動機能から認知機能まで幅広くアセスメントできる。基礎能力，協応性，複合能力指標に姿勢保持，姿勢バランスや模倣，口腔運動，触覚の識別能力などの協調運動や行為機能と関連する検査が含まれている。

3）感覚統合の臨床観察

　軽微な神経学的兆候（soft neurological sign）を評価する，標準化されていない検査である（図 C-7-5）。評価項目は眼球運動，ラテラリティー（利き側），姿勢・平衡機能，両側

検査領域	評価領域	検査名（評価内容）	検査方法
姿勢・平衡機能	姿勢バランス	フラミンゴになろう（片足立ち）	開眼，閉眼での片足立ちの保持時間を測定する。
		クレーンゲーム（図）（体幹の回旋）	バランス能力と関連する自動的な体の回旋能力を評価する
	抗重力姿勢の保持	ひこうき（腹臥位伸展）	重力に抗した伸展姿勢の保持能力を評価するため，うつ伏せで全身を伸ばす伸展姿勢の保持時間を測定する。
		ボールになろう（図）（背臥位屈曲）	重力に抗した屈曲姿勢の保持能力を評価するため，仰向けで体を曲げる屈曲姿勢の保持時間を測定する。
体性感覚	固有感覚	にぎりくらべ（図）（固さの識別）	固有感覚と関連する，固さの識別能力を評価する。同じ固さのスポンジを，固さの異なる6種類のスポンジから選択する。
	触覚	蝶がとまったら教えてね（触覚の感知）	わずかな触覚刺激に気づく能力を評価する。見えていない状態で，細いナイロン糸の先端で子どもの指先，手のひら，前腕に触り，触ったかどうかを答えてもらう検査。
行為機能	身体図式	かっこよくまねしよう（姿勢模倣）	写真で示されたさまざまな姿勢を子どもに模倣してもらう検査。
	両側運動協調	仲良くおひっこし（図）（上肢の両側運動協調）	重ねてあるカップを両手同時につかんで移動する検査。手を交差する検査も含まれている。
		ケンパ（図）（下肢の両側運動協調）	足を開く，閉じるを素早く10秒間繰り返し，連続してできた回数を測定。
視知覚・目と手の協調	目と手の協調	ぶたさんの顔（図）（線引き）	描かれた幅の狭い線をはみでないようにペンでなぞる検査

クレーンゲーム

ボールになろう

にぎりくらべ

仲良くおひっこし

ケンパ

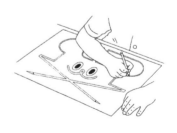
ぶたさんの顔

図 C-7-4　JPAN 感覚処理・行為機能検査
（イラストは左上から，土田（2013）p.93, p.107, p.95, p.97, p98, p.98 より引用）

検査領域	検査名（評価内容）	検査方法
眼球運動	衝動性眼球運動（サッケード）	子どもがある一点を見ている状態から，他のものに素早くスムーズに注視点を変えられるかを評価する
	追従性眼球運動（追視）	指人形などを用いて，頭（頸）を動かさないように目で追わせ，スムーズに目で追うことができるかを観察する。動かす速度は30度／秒程度で，左右，上下，斜めなどに動かす。眼球運動に問題があると，滑らかでない，早く動きすぎる，指人形が正中線を越える際に眼振が出るなどが見られる
	輻輳運動	指人形などを両目の中心線にそって子どもの方に近づけていき，両目で人形を見続けられるか（寄り目になるか）を評価する
利き側	利き手	ボール投げや鉛筆などを使用する手を観察する。ボール投げは，左右両方の手で投げてもらい，パフォーマンスの違いも評価する
	利き目	万華鏡や穴をあけた紙，検査者が指で作った穴などをのぞいてもらい，どちらの目を使うか観察する。偶発性を避けるため複数の方法で観察する
姿勢・平衡機能	立ち直り反応・平衡反応（図）	傾斜台に座位，膝立ち，立位でのってもらい，台を前後左右に傾ける。この傾きに対し頭や体を垂直位に保持することや身体の回旋などでバランスを保持できるかを評価する
	非対称性緊張性頸反射（ATNR）（図）	子どもに四つ這い姿勢になってもらい，子どもの頭部を左右に回旋する。頭の回旋に伴い，後頭側の肘が屈曲するかどうかを評価する
	筋緊張	上腕，前腕などの筋肉を触診したり，筋肉の伸張に対する関節の可動域を評価することで筋肉の張り（筋緊張）を評価する
行為機能・両側運動協調	ジャンピングジャック	ジャンピングジャックを模倣してもらい，左右の上肢・下肢，上肢と下肢の協調性や運動の滑らかさを評価する
	母指対立運動（図）	母指と他の指とを人差し指から小指まで，また小指から人差し指まで順番に対立させる運動を行う際の協調性や滑らかさを評価する。片手ずつのみでなく両手同時も行う
	前腕交互反復運動	肘を90度屈曲した状態で，膝の上で手のひらと手の甲を切り替える運動（前腕の回内回外運動）を素早く行ってもらい，運動の滑らかさを評価する。片手ずつのみでなく両手同時も行う

立ち直り反応・平衡反応　　　　非対称性緊張性頸反射（ATNR）　　　　母指対立運動

図 C-7-5　感覚統合の臨床観察
（イラストは左から，土田（2013）p.103, p.103, p.104 より引用）

運動協調などである。評価判定は観察に基づくため，評価者の知識・技術が不可欠となる。

3. 視機能のアセスメント

　視機能は視力，調節，視野，色覚，両眼視，眼球運動などが含まれ眼科医やオプトメトリストによりアセスメントが行われるが，眼球運動の評価は，読み書きと関連するため特別支援教育士として知る必要がある。

1）WAVES（Wide-range Assessment of Vision-related Essential Skills）
　小学校 1 ～ 6 年生までを対象とした視覚関連基礎スキルを評価する検査である（竹田，2014）。視覚関連基礎スキルは WAVES 独自の概念であり，①情報を取り込むための目の機能（眼球運動），②視覚情報を理解する機能（視覚的注意，空間知覚・認知，形態知覚・認知，視覚性記憶），③他の感覚機能や運動機能との連動（目と手の協応，図形構成）の「見る」ために必要な 3 つの能力である。検査は基本検査 9 検査と補助検査より構成されている。

2）Developmental Eye Movement Test（DEM）
　等間隔及び不等間隔に並んだ数字列を読む速さと正確性により，衝動性眼球運動を評価する。6 ～ 13 歳を対象とし短時間で評価できるが，日本では標準化されていない。

3）感覚統合の臨床観察
　感覚統合の臨床観察には衝動性眼球運動（サッケード），追従性眼球運動（追視），開散輻輳視の 3 つの眼球運動の評価が含まれている（図 C-7-5）。

C-7-6　感覚運動機能に対する指導・支援

　感覚運動機能のつまずきがある子どもの指導・支援は，子どもの感覚特性や運動機能に対する支援だけでなく，環境や作業（活動や課題）にも注目し，人（子ども）・環境・作業が相互に良い関係をもたらすよう指導・支援することが重要である（図 C-7-6）。

1. 感覚調整障害の支援

　感覚調整障害の支援は，感覚刺激を少なくする「ひき算の支援」と感覚刺激を取り込む「たし算の支援」，「認知的な支援」の 3 つに大きく分けることができる。以下に「過剰反応」「過小反応」「感覚探求」の 3 つのタイプについて，いくつかの感覚を例に解説する。

1）過剰反応への支援
　多くの人は，気になる感覚刺激であっても，同じ刺激が続けば慣れが生じ，さほど気にならなくなる。しかし，過剰反応がある児は，慣れが生じにくいだけでなく，感覚刺激が蓄積することで，パニックなどのより強い過剰反応を起こす。そのため，我慢が足りない，時間が経てば慣れるなどは，誤った対応である。

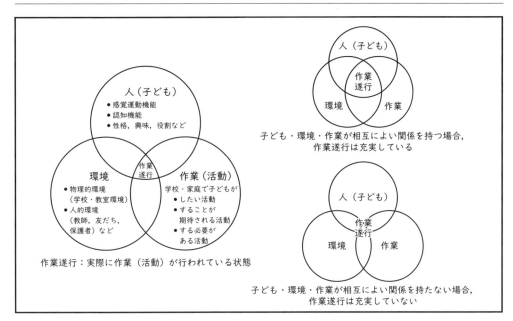

図 C-7-6 人（子ども）・環境・作業（活動）の関係と作業遂行

（1）感覚刺激を少なくする（ひき算の支援）

　過剰反応に対する一般的な支援は，感覚刺激を減らす方法であり，主に「聴覚」「視覚」「嗅覚」などの遠距離感覚に対して有効である。教室などの環境を調整する方法と対象児が道具，グッズなどの補助具を使用する方法がある。

　聴覚の過剰反応に対しては，イヤーマフ，耳栓，ノイズキャンセリング機能付きのヘッドホン，デジタル耳栓などがある。視覚は，太陽のまぶしさや，蛍光灯のちらつきに対し，サングラス使用や窓際の席を避ける，LED ライトの使用などがある。紙に書かれた文字がまぶしく見える児には，カラーシートを使用すると見えやすくなる場合がある。小学校は黒板の周囲に掲示物が多いため，視覚刺激に反応しやすい児は，必要なところに注意を向けることが難しい。子どもの席から教室を見て，余分な刺激がないかをチェックするとよい。

　集団生活に多い感覚刺激のひとつに触覚がある。触覚に過剰反応がある児は，触れられなくとも，人が近くにいるだけで緊張と不安が高まる。席の位置（後方の端）や休み時間の避難場所を確保するなど安心して過ごせるようにする。触覚に過剰反応がある児は服を着ることもストレスになる。最近は縫い目がない服やさまざまな素材の服がある。過剰反応を起こしにくい服を一緒に探すとよい。

　過剰反応がある児は，時間とともに感覚刺激が蓄積し，過覚醒となり不安や衝動性，攻撃性が高まる。そのため，夕方や週末は，過剰反応が強まり不適応行動が増える児が多い。休み時間などに，保健室や空き教室など感覚刺激から避難する場所に行き，感覚刺激の蓄積をリセットし，覚醒や情動を整えることが重要である。

（2）感覚刺激により覚醒・情動を整える（たし算の支援）

　学校では，視覚，聴覚，触覚，嗅覚などの感覚刺激を少なくする支援には限界がある。感覚刺激を減らす方法（ひき算の支援）に加え，感覚刺激を取り込むことで（たし算の支援），覚醒・情動を整える支援を行うとよい。

　どの感覚であっても，入力方法を調整することで覚醒を高めることも低くすることもできる。情動についても入力方法により幸福，喜びにも嫌悪や恐怖にもなる。たとえば，一般的に触覚では，適度に柔らかく，均一でさらさらして，体温に近いものは覚醒を低くするが，冷たく，不均一でざらざら・ネバネバしているものは覚醒を高める。しかし，同じ感覚，入力方法であっても，作用の仕方には個人差がある。

　固有感覚は，覚醒・情動を整える際に有効な感覚刺激であり，過剰反応，過小反応どちらにも活用できる。休み時間にロッカーなどの狭いところに入ることを好む児は，聴覚や視覚刺激を減らすと同時に固有感覚を取り込んでいる。最近は，重い毛布やウエイトベストなども販売されており，これらも固有感覚を取り込む方法として活用できる。

（3）予測できるように予告をする

　感覚刺激を予測できることで入力される刺激を抑制することができる。よく行う方法は，前もって伝えておくこと（例：避難訓練のベルのなる時間）である。対象児の視界に入り，見えている状態で話しかけることも予測させるための方法として有効である。これは，学級の子どもにも伝えておくとよい。

2）過小反応への支援

　過小反応がある児は，覚醒が低い，情動の変化が少ない，行動が受身的であるなどの特徴があるため，問題が顕在化しにくい傾向にある。そのため，過剰反応がある児と比べ支援が遅れることが多い。

（1）覚醒を整える

　学習において覚醒を整えることは重要である。覚醒とパフォーマンスは逆U字型の関係があり（ヤーキーズ・ドットソンの法則），覚醒が高すぎても，低すぎてもパフォーマンスは低くなる。過小反応がある児は覚醒が低いことが多いため，学習前に覚醒を高めることが必要となる。また，覚醒と関係する睡眠時間や生活リズムなどを確認し，家庭と協力し支援することも重要である。

　覚醒を高める感覚刺激としては，前庭感覚，固有感覚，触覚が有効である。ブランコやトランポリンなどの前庭感覚やくすぐるなどの触覚刺激は，覚醒を高める刺激として使用することが多いが，感覚刺激が強すぎると，過覚醒，過興奮，多動となる児も多い。また，休み時間を利用した活動で，覚醒が高まっても，覚醒の維持が難しい児も多い。そのため，授業中にも覚醒を高める工夫（例：黒板を消す，立って発表する）が必要である。

（2）持続性注意に配慮する

　覚醒の低さは，注意の持続性を低下させる。覚醒を高める支援に加えて，言語指示を短くする，課題を分割し１回の時間を短くする，全体指示の後に個別に指示をするなどが有効となる。

（3）トップダウンの支援

　感覚刺激により覚醒を高めるだけでなく，子どもの興味・関心を引き出すことで，覚醒を

高めることができる。

3）感覚探求（sensory seeking）への支援

　感覚探求は，自分で覚醒や注意，情動を調整しようとする自己調整行動として解釈できるため，過小反応，過剰反応がある児のどちらでもみられる。

　感覚探求に対する支援は，対象児にとって自己調整に働きやすい感覚を目的的な活動として生活に取り入れることや不安などの情動反応を引き起こしている要因への対処が重要となる。

2. 協調運動，行為機能障害に対する支援

　協調運動，行為機能障害に対する支援は，子どもに対する直接支援と環境に対する支援の2つがある。また直接支援は，子どもが獲得したい課題を実施する中で問題解決していく課題志向型アプローチと，課題遂行を妨げている要因となる機能の改善，発達を目的とする過程志向型アプローチがある。過程志向型アプローチとして作業療法士による感覚統合療法がある。

1）協調運動，行為機能障害に対する支援の原則

　協調運動，行為機能障害がある児は，失敗体験や周囲からの不適切な対応により，劣等感や苦手意識を持っていることが多い。「しっかり」「きちんと」「丁寧に」「落ち着いて」などの曖昧な口頭指示や，アセスメントに基づかない課題の繰り返し練習は，苦手意識を強め，自己肯定感を低下させることが多い。子どもにあった適切な難易度の課題設定が重要である。また，課題遂行時の指示や教示方法は言語のみでなく，視覚，身体誘導も含め対象となる子どもの理解しやすい方法を選択する。

2）姿勢保持を高める支援

　姿勢保持は，無意識に調整する能力であり，「姿勢を正しなさい」などの言語指示により姿勢を意識させる支援は誤った方法である。人が意識してできることは，一つであり，それ以外は無意識で行っている。授業中に意識することは，授業を聞いて理解することであり，姿勢ではない。姿勢に意識が向くことで，授業に意識が向かなくなる。子どもが授業に集中していれば，姿勢に関しては，うるさく言わないほうがよい。

　しかし，座位での姿勢保持は書字などの手の操作能力とも関連するため，姿勢の問題が手の機能に影響している場合は，クッションや滑り止めシートなどの環境設定で，意識しなくとも姿勢保持ができるようにするとよい。

3）行為機能・運動企画に対する支援

　行為機能に問題がある児は，新しい学用品や，体育での新しい活動に戸惑ってしまう。使い方や，運動の見本を見ても身体図式が曖昧なため，身体をどのように動かしたらよいのかわからない。見本は，分割してゆっくりと見せることや，視覚的な手がかりや目標を設置（跳び箱の手のつく位置，ダンスでは右手に赤い手袋，左手に青い手袋をつけ「赤を前に，青を腰に」などの具体的な言語指示）するとやりやすくなる児が多い。また，身体の動かし方も

コンパスの使い方のコツ

じゅんび
ハリとえんぴつの 長さを そろえる

① おやゆびと 人さしゆびで ぱっくん
（中ゆびは よこで サポート）

② 中心に ハリを しっかり さす
（下じきは はずす）

③<u>スタートいち(※)</u>に えんぴつを セット

④ すすむ ほうこうに コンパスを 少し
たおしながら えんぴつを まわす

（※）ポイント！
右きき…スタートは 時計の 5 の ばしょ
左きき…スタートは 時計の 7 の ばしょ

ポイント！
● 力を 入れるのは じくのほうこう
　<u>えんぴつは やさしく！</u>
● えんぴつの ほうは さわらない
（半けいが ずれるから）

図 C-7-7　コンパスの使い方のコツ
（亀岡市立亀岡小学校 第十麻紀さん（教諭・作業療法士）提供）

「大きなボールを抱えるように」「腕で×を作るように」など子どものイメージしやすい言語指示にすることや，鏡で自分自身の身体を見ながら行うと良い。

　新しい学用品は，見本を見せるだけでなく，具体的で丁寧な説明が必要となる（図 C-7-7）。また，実際の指導では言語指示のみでなく，身体誘導も含めて支援すると良い。

4）両側運動協調に対する支援

　両側運動協調は，左右同時，左右交互，操作と支持，の順序で発達する。また，粗大運動から微細運動の発達順序も考慮し，対象児の発達に合わせた支援を考える必要がある。通級指導教室や特別支援学級では，お盆の上に乗せたペットボトルを落とさないように両手で運ぶ，ロープを手繰り寄せる，ケンケンパなどの支援が考えられる。

　生活や学習では，操作（利き手）と支持（非利き手）が重要となるが，発達的にはもっとも難しい課題である。定規やプリントを押さえる非利き手は，ほとんど動いていないように見えるが，利き手が機能しやすいように押さえる位置や力加減，力の方向を調節している。たとえば定規で線を引く場合，定規を押さえる非利き手の力の方向は，真下ではなく鉛筆を押し返す方向（定規への鉛筆の押しに対しバランスをとる）に力を入れている。このような力の調節は，触覚や固有感覚を手がかりとし，無意識で行っている。そのため，非利き手を意識させるような言語指示（「しっかり押さえて」など）による支援は有効ではない。非利き手の感覚を感じ取りやすいようにする支援，たとえば，定規にスポンジや紙やすりを貼る（手で押さえる部分）などが有効である。

5）手指の操作を高める活動

　手指の巧緻的な操作には触覚が重要である。手指の触覚の過剰反応や過小反応に対して児の受け入れやすい素材を用いた手指の操作を高める活動を行うとよい。また，手指の操作が必要となる課題（リコーダー，図工）の前に手洗いブラシやボディブラシ（商品により手触りが異なる）などで手指に触覚刺激を入力するのもよい。心地よいと感じる刺激の強さ（ブラシの固さも含め）や方向，速度は子どもにより異なる。過剰反応がある児は，自分で刺激を入力すると受け入れやすい。

6）書字の支援

　運動の切り替えや止まることが難しい子どもは，書く速度が速く，文字が大きく，乱雑になることが多い。ザラザラ下敷きや紙やすりを下敷きとすることで鉛筆操作がよくなることがある（新庄他，2019）。太い鉛筆や三角鉛筆，鉛筆ホルダーなども有効な場合があるが，さまざまな種類があるので，子どもと試しながら行うことが重要である。

　漢字などを繰り返し書くことの目的は，書くという感覚運動を通し記憶することであり，そのためには，同じ運動で同じ感覚をフィードバックすることが大切である。協調運動の問題がある児は，同じ運動を繰り返すことが難しいため，書いた文字の形やきれいさが一定しない傾向がある。少ない回数であっても一定した文字を書くことが記憶につながる。さらに，筆記具の握りが強すぎる，弱すぎる場合も感覚のフィードバックに問題が生じる。筆記具の工夫のみでなく，筆記具を使用せず指で書くことも検討するとよい。

3．視機能に対する支援

　視力，調節，視野，色覚などに問題がある可能性を確認し，問題の可能性があれば眼科医やオプトメトリストによるアセスメントや支援が優先される。

　学校において視機能の主たる支援は，合理的配慮と環境整備である。教材では文字等の拡大，文字間・行間の拡大，コントラスト配色，などを検討するとよい。定規や分度器などの学用品の中には，見やすいものが販売されている。

1）読み書きに対する支援

　文字を目で追いながら音読することが難しい場合，指で押さえながら読む，語のまとまりがわかるように分かち書きを行う，リーディングルーラーの使用などの支援が考えられる。水平と垂直方向で眼球運動の苦手さが異なる児の場合，縦書き，横書きで読みのスムーズさに違いがある。縦書きが苦手な場合，横書きに書き換えたものを用意し，教科書などをノートに写すときの配置も横に並べるとよい。文字間・行間は空けすぎると，文字をまとまりとして捉えにくくなり，眼球運動がより難しくなる場合もある。子どもと相談し，読みやすい行間・文字間を見つけることが重要である。

　読みにくいフォント（明朝体など，縦横の太さが異なる文字など）がある場合，児と相談し読みやすいフォントにする。

2）ビジョントレーニング

　視機能の支援として，ビジョントレーニングがある。ビジョントレーニングに関する書籍

やソフトも多くあるが，問題の背景が視機能と関連するのかをアセスメントすることが重要である。たとえば，読みの問題が音韻処理障害に起因している場合，ビジョントレーニングを実施しても効果はない。また，視機能も眼球運動の問題なのか，視知覚・視覚認知の問題なのか，運動との統合（目と手の協調）の問題なのか，さらに眼球運動の場合，苦手な眼球運動の種類（追従性眼球運動，衝動性眼球運動など）や方向はあるのか，視知覚・視覚認知の場合，形態知覚・認知，空間知覚・認知どちらが苦手かなど，詳細なアセスメントに基づいた支援を行わなければならない。

〔引用文献〕

American Psychiatric Association（2013）：Diagnostic and statistical manual of mental disorders Fifth Edition：DSM-5. American Psychiatric Press, Washington, DC. 高橋三郎，大野　裕（監訳）（2014）：DSM-5 精神疾患の診断・統計マニュアル. 医学書院.

綾屋紗月，熊谷晋一郎（2008）：発達障害当事者研究―ゆっくりていねいにつながりたい―. 医学書院.

Ayres, A.J.（1979）：Sensory integration and the child. Western Psychological Services, Torrance. 佐藤　剛（監訳）（1983）：子どもの発達と感覚統合. 協同医書出版.

Ayres, A.J.（1985）：Developmental dyspraxia and adult onset apraxia. Sensory Integration International.

Baranek, G.T., David, F.J., Poe, M.D. et al.（2006）：Sensory experiences questionnaire discriminating sensory features in young children with autism, developmental delays, and typical development. Journal of Child Psychology and Psychiatry, 47, 591-601.

Ben-Sasson, A., Hen, L., Fluss, R. et al.（2009）：A meta-analysis of sensory modulation symptoms in individuals with autism spectrum disorders. Journal of Autism and Developmental Disorders, 39, 1-11.

Dunn, W. & Tomchek, S.D.（2007）：Sensory processing in children with and without autism：A comparative study using the short sensory profile. American Journal of Occupational Therapy, 61, 190-200.

Fernández-Andrés, M.I., Pastor-Cerezuela, G., Sanz-Cervera, P. et al.（2015）：A comparative study of sensory processing in children with and without autism spectrum disorder in the home and classroom environments. Research in Developmental Disabilities, 38, 202-212.

Ghanizadeh, A.（2011）：Sensory processing problems in children with ADHD：A systematic review. Psychiatry Investigation, 8, 89-94.

テンプル・グランディン，マーガレット・M・スカリアーノ（著），カニングハム久子（訳）（1994）：我，自閉症に生まれて. 学研プラス.

Hanft, B.E., Miller, L.J. & Lane, S.J.（2000）：Toward a consensus in terminology in sensory integration theory and practice. Sensory Integration Special Interest Section Quarterly, 23, 1-4.

Harris, A.（1958）：Harris tests of lateral dominance：Manual of directions for administration and interpretation. Psychological Corporation, New York.

Leekam, S.R., Nieto, C., Libby, S.J. et al.（2007）：Describing the sensory abnormalities of children and adults with autism. Journal of Autism and Developmental Disorders, 37, 894-910.

Miller, L.J., Anzalone, M.E., Lane, S.J. et al.（2007）：Concept evolution in sensory integration：A proposed nosology for diagnosis. The American Journal of Occupational Therapy, 61, 135-140.

Mimouni-Bloch, A., Offek, H., Rosenblum, S. et al.（2018）：Association between sensory modulation and daily activity function of children with attention deficit/hyperactivity disorder and children with typical development. Research in Developmental Disabilities, 83, 69-76.

日本感覚統合学会（2011）：JPAN 感覚処理・行為機能検査実施マニュアル．パシフィックサプライ．

ニキリンコ，藤家寛子（2004）：自閉っ子，こういう風にできてます！　花風社．

太田篤志（2004）：JSI-R（Japanese Sensory Inventory Revised：日本感覚インベントリー）の信頼性に関する研究．感覚統合障害研究，10，49-54.

太田篤志，土田玲子，宮島奈美恵（2002）：感覚発達チェックリスト改訂版（JSI-R）標準化に関する研究．感覚統合障害研究，9，45-63.

新庄真帆，加藤寿宏，松島佳苗（2019）：学童期の書字動作に感覚フィードバックが及ぼす影響．LD研究，28，241-248.

竹田契一（監修）（2014）：『見る力』を育てるビジョン・アセスメント「WAVES」．学研教育みらい．

Touwen, B.C.L.（1972）：Laterality and dominance. Developmental Medicine and Child Neurology, 14, 747-755.

土田玲子（監修），石井孝弘，岡本武己（編）（2013）：感覚統合 Q&A［改訂第 2 版］―子どもの理解と援助のために―．協同医書出版社．

土田玲子，岩永竜一郎（2003）：日本版ミラー幼児発達スクリーニング検査と JMAP 簡易版．パシフィックサプライ．

辻井正次（日本版監修）（2015a）：日本版感覚プロファイルユーザーマニュアル．日本文化科学社．

辻井正次（日本版監修）（2015b）：日本版青年・成人感覚プロファイルユーザーマニュアル．日本文化科学社．

C-8

社会的自立・就労の指導

【概要】.....................「発達障害：学習障害（LD/SLD），注意欠如・多動症（ADHD），自閉スペクトラム症（ASD），発達性協調運動症（DCD）等」及び境界域知能の青年期以降の社会的自立と就労の現状や課題について，障害者就労支援制度や障害者基本法等の制度も踏まえて解説する。青年期以降の課題と具体的な支援内容は，当事者の知的水準・適応水準によって多様であるため，職業リハビリテーションの場でアセスメントに関連して用いる TTAP，BWAP2 についても紹介する。また，社会的自立・就労に向けた具体的な準備が必要になる高等学校・大学期の支援の方針・内容，自立のために重要なアドボカシーについても述べる。小・中学校の教員にとっても将来を見据えた指導が重要であることの理解を図る。

【キーワード】...........社会的自立／障害者手帳／ライフスキル／職業リハビテーション／アドボカシー

【到達目標と評価】.....①「発達障害」のある青年・成人期の状態像について説明できる。
②自立と社会参加の観点に立った長期的支援の必要性を説明できる。
③日本の障害者就労支援制度の概略を説明できる。
④「発達障害」のある人の社会的自立・就労支援の現状と課題について説明できる。
⑤「発達障害」のある人の支援における教育と福祉，労働の連携の必要性を説明できる。

C-8-1　青年・成人期の発達障害者の状態

　発達障害の有無にかかわらず青年期・成人期には，大学や専門学校等へ進学する，あるいは就職して働くことが考えられる。いずれにせよ，小学校から高校までとは異なり，受け身ではなく，自ら考えて行動していくことが増えてくる。とりわけ，親元から離れて一人で生活する場合には，新しい環境へ適応していく必要がある。このような環境との相互作用において，発達障害者は定型発達者に比べ困難が生じることが多い。

　具体的には，朝自分で起きる，顔を洗う，着替える，朝食をとる，歯を磨く，男性の場合は髭をそる，女性の場合は化粧をする，家に鍵をかける，乗り物を利用するなど，ライフスキルと呼ばれる日常の生活能力が必要となるが，実行機能に障害があり，時間概念が不十分な場合に，朝の準備に時間がかかりすぎる，注意力に問題がある場合は忘れ物をするなどのトラブルが生じる可能性がある。大学等に通っている場合は教員や友人，働いている場合は同僚・上司とのコミュニケーションが必要であるが，昼食時の雑談などに困難性を抱える発達障害者も多い。学校や仕事が終わった後の買い物，帰宅してからの調理，食後の余暇の過ごし方，入浴，定時の就寝などにおいても定型発達者と同じように対処できない場合が考えられる。

　以上のように，青年期・成人期には保護者の援助がなく，主体的に自分で考え，行動する機会が増えてくるにもかかわらず，基本的なライフスキルが身についていないため，それが職業的自立に支障を来す可能性が高いのが発達障害者の現状である。

C-8-2　我が国の障害者の雇用・就労支援制度

　我が国における障害者の雇用・就労支援制度は，障害者雇用促進法に基づく障害者雇用対策と障害者総合支援法に基づく障害福祉施策の両施策から展開されている（中川，2018）。障害者雇用対策は，障害者の雇用の促進と職業の安定を図るため主に障害者雇用率制度と職業リハビリテーションにより実施されており，障害者福祉施策には一般就労（通常の事業所で雇用されること）が困難な障害者を対象にした就労系障害福祉サービスがある。発達障害者の就労支援制度は，このような障害者の雇用・就労施策の枠組みの中で実施されている。

　「障害者雇用促進法」における障害者とは，「身体障害，知的障害又は精神障害（以下「障害」と総称する。）があるため，長期にわたり，職業生活に相当の制限を受け，又は職業生活を営むことが著しく困難な者（法第2条第1号）」と定義されており，発達障害者は難治性疾患患者等とともに「その他の障害者」に分類されている。ただし，以上の障害者の中で企業の雇用義務となっている障害者は，身体障害者手帳を所持している者，療育手帳所持者など知的障害があると判定された者及び精神障害者保健福祉手帳の所持者となっており，発達障害者の場合，精神障害者保健福祉手帳あるいは知的障害者を証明する療育手帳を取得している場合に雇用義務の対象となる。

　ここでは，職業リハビリテーションと就労系障害福祉サービスを合わせて就労支援として解説する。また，障害者雇用率制度等は事業主（人を雇用して事業を行う主体をいう）を対象とした制度であるが，障害者雇用対策の重要な施策であることから就労支援制度に含めて解説する。

1.　障害者雇用率制度等

　障害者雇用率制度は，事業主に対して，雇用している労働者の一定割合（法定雇用率）以上の障害者を雇用することを義務づけるものであり，障害者雇用義務制度ともいわれている。障害者雇用率の対象となる障害者は，原則として身体障害者手帳，療育手帳または精神障害者保健福祉手帳（以下，障害者手帳）の交付を受けている者であり，事業主が障害者手帳の交付を受けている発達障害者を雇用した場合，その企業の実雇用率にカウントされることになる。民間企業の法定雇用率は2.3%（2022年4月時点）であり，たとえば雇用している労働者が120人の民間企業の場合，2人以上（120人×法定雇用率2.3%＝2.76人（小数点以下切り捨て））の雇用義務があることになる。

　障害者雇用納付金制度は，障害者雇用にかかる事業主間の経済的負担を調整するため，法定雇用率を満たしていない事業主から納付金を徴収し，それを原資として法定雇用率を超えて障害者を雇用する事業主に調整金等を支給する仕組みである。その他に，障害者を雇用する事業主に各種助成金が支給される制度がある。

　また，障害者雇用促進法では，事業主に対して，障害者であることを理由とした雇用の分野における差別を禁止し，障害特性に配慮した職務の円滑な遂行に必要な合理的配慮の提供

表 C-8-1　合理的配慮指針別表 (厚生労働省, 2015)

障害区分	場面	事例
発達障害	募集及び採用時	● 面接時に，就労支援機関の職員等の同席を認めること ● 面接・採用試験について，文字によるやりとりや試験時間の延長等を行うこと
	採用後	● 業務指導や相談に関し，担当者を定めること ● 業務指示やスケジュールを明確にし，指示を一つずつ出す，作業手順について図等を活用したマニュアルを作成する等の対応を行うこと ● 出退勤時刻・休暇・休憩に関し，通院・体調に配慮すること ● 感覚過敏を緩和するため，サングラスの着用や耳栓の使用を認める等の対応を行うこと ● 本人のプライバシーに配慮した上で，他の労働者に対し，障害の内容や必要な配慮等を説明すること

を義務づけている。その具体的な内容は，厚生労働省 (2015) から「障害者差別禁止指針」「合理的配慮指針」が示されている。「合理的配慮指針」の別表には，多くの事業主が対応できると考えられる合理的配慮の事例が障害の区分ごとに掲載されており，発達障害の事例は表 C-8-1 のとおりである。

2.　職業リハビリテーション

　職業リハビリテーションは，障害者雇用促進法において，障害者に対する職業指導，職業訓練，職業紹介その他この法律に定める措置と定義され，障害の種類や程度，希望，適性，職業経験等の条件に応じ総合的かつ効果的に実施されなければならないとされている。

　職業リハビリテーションには，職業指導 (職業相談)，職業評価，職業準備訓練 (職業準備支援)，職業訓練，職業紹介，ジョブコーチによる職場適応援助，職場定着支援，事業主援助等があり，代表的な実施機関には公共職業安定所 (以下，ハローワーク)，障害者就業・生活支援センター，地域障害者職業センター及び障害者職業能力開発校がある。

1) ハローワーク

　ハローワークは事業主からの求人を受理し，求職者に対する職業相談・職業紹介，雇用保険業務等を実施する行政機関であり，全国に 544 カ所 (2022 年 4 月時点) 設置されている。一般の求職者とは別の窓口 (専門援助部門) において，ケースワーク方式による障害者の職業指導 (職業相談)，職業紹介，求人開拓等を実施している。そこでは必要に応じ障害者が利用している関係機関との連携による就職前から就職後の職場定着までの一貫したチーム支援に取り組んでいる。また，雇用トータルサポーターを配置して，同サポーターが発達障害者への専門的支援を実施しているところもある。

2) 障害者就業・生活支援センター

　障害者就業・生活支援センターは身近な地域において就業面と生活面の一体的な相談・支援を実施する職業リハビリテーション機関であり，全国に 338 カ所 (2022 年 4 月時点) 設置されている。就業面では就職前の相談，準備支援から就職活動支援，就職後の職場定着に

向けた支援等を行い，生活面では日常生活や地域生活に関する助言等を行っている。

3）地域障害者職業センター

　地域障害者職業センターは障害者職業カウンセラーによる職業相談，職業評価，職業準備支援等の専門的支援を実施する職業リハビリテーション機関であり，全国に 52 カ所（47 センター及び 5 支所：2022 年 4 月時点）設置されている。就職後の支援としては，事業主への援助の他，ジョブコーチによる職場適応援助等を実施しており，職場における障害者の職場適応や職場定着を図るために障害者，事業主双方に支援を行っている。

4）障害者職業能力開発校

　障害者職業能力開発校は，職業能力開発促進法に基づいて，一般の職業能力開発施設で職業訓練を受けることが難しい障害者を対象に職業訓練を実施する職業リハビリテーション機関であり，全国に 19 校（2022 年 4 月時点）設置されている。このうち国立職業リハビリテーションセンター及び国立吉備高原職業リハビリテーションセンターでは，すべての訓練科において発達障害者を対象にしている。両センター以外の障害者職業能力開発校では，対象となる障害者は各校において訓練科ごとに設定されている。

5）その他の機関

　上記以外にも，地方公共団体が設置する障害者就労支援機関や発達障害者支援法に基づいて設置・運営されている発達障害者支援センターにおいて，就労に関する相談等を実施している。職業訓練では，障害者の多様なニーズに対応するため，都道府県が企業や各種団体に委託して実施している制度がある。

3. 就労系障害福祉サービス

1）就労移行支援事業所

　就労移行支援事業所では，通常の事業所に雇用されることが可能と見込まれる障害者に対して，就労訓練，求職活動支援，職場開拓，就職後支援等を実施している。標準利用期間は 2 年であり，全国の 3,056 事業所（2022 年 3 月時点）において一般就労を目指した就労移行支援を行っている。

2）就労継続支援 A 型事業所

　就労継続支援 A 型事業所では，通常の事業所に雇用されることが困難であり，雇用契約に基づく就労が可能である障害者に対して，雇用契約による就労の機会を提供し，必要な訓練等の支援を実施している。この事業の特徴は雇用契約の締結による就労の場を提供している点にあり，そこで働く障害者は労働基準法や最低賃金法等が適用されることになる。全国の 4,196 事業所（2022 年 3 月時点）において障害者が就労している。

3）就労継続支援 B 型事業所

　就労継続支援 B 型事業所では，雇用契約による就労が困難である障害者に対して，就労（非雇用型）の機会を提供し，必要な訓練等の支援を実施している。全国の 15,070 事業所

（2022年3月時点）において障害者が就労しており，就労系障害福祉サービスの中では利用者がもっとも多い。

4）就労定着支援事業所

　就労定着支援事業所では，就労移行支援等の利用を経て通常の事業所に新たに雇用された障害者に対して，就労の継続を図るための支援を実施している。利用期間は3年であり，全国の1,459事業所（2022年3月時点）において就労定着支援を行っている。

4. 就労支援のプロセス

　就労支援のプロセスは，就職前の支援，就職の支援，就職後の支援に分けることができる。就職前の支援では，職業相談と並行して，職業評価（アセスメント），支援計画策定という基本的な流れがあり，必要に応じ職業準備支援や就労移行支援，職業訓練に移行する。就職の支援では求職活動支援や求人開拓から職業紹介を行い，就職後の支援では必要に応じジョブコーチによる職場適応援助，職場定着支援，就労定着支援，事業主援助等を行っている。就職後の支援では，障害者個々の特性に合わせた職場環境の整備が重要になることから，障害者と事業主への支援を一体的に行うことが効果的である。

　就労支援は，障害者の就労に関わる医学，心理，教育，福祉，労働等の幅広い領域の知識・技術に基づいて実施されるべき専門的な支援であり，単独ですべてのプロセスと支援サービスをワンストップで提供できる就労支援機関や専門職は存在しえない。したがって，就労支援のプロセスにおいては，就労支援機関だけでなく，医療・教育・福祉・労働の関係機関による連携やこれらの機関から構成する地域の就労支援ネットワークによるチーム支援が必要になる。

5. 就労支援サービス

　就労支援のプロセスに沿って，就労支援サービスの種類ごとにサービスニーズ（例）と主なサービス実施機関をまとめると表C-8-2のとおりとなる。ここでは，地域障害者職業センターが実施している職業相談，職業評価，職業準備支援，ジョブコーチによる職場適応援助を取り上げ，その概要を紹介する。

1）職業相談

　就労支援は職業相談から始まり，その後も職業評価（アセスメント）や職業準備支援と並行して職業相談を継続していくことになる。手法としての相談（カウンセリング）は就労支援のさまざまな場面で使用されているが，ここでいう職業相談のプロセスには，①就職希望や支援ニーズの把握，②職業関係情報の収集・整理，③職業評価（アセスメント）や就労体験の振り返り，④問題解決，課題改善のための検討がある。

　発達障害者の職業相談では，上記プロセスの②と③において，自己の能力特性や行動特性に関する理解（自己理解）の深化を促すことが大切である。発達障害は他者からわかりにくい障害といわれているが，自分自身でも能力特性や行動特性を客観的に理解するのが難しい傾向がある。これまでの学校生活や就労の経験を支援者と一緒に振り返り，支援者との対話の中で，支援者の視点を意識しながら自分の経験，エピソードを詳しく話すことが自分自身

表 C-8-2　就労支援サービス

サービスニーズ（例）	サービスの種類	主なサービス実施機関
就職活動の相談がしたい	職業相談（職業指導）	ハローワーク 地域障害者職業センター 障害者就業・生活支援センター
自分の職業能力等を知りたい	職業評価	地域障害者職業センター
就職に向けての課題を改善したい 職場適応力を高めたい	職業準備支援 就労移行支援	地域障害者職業センター 就労移行支援事業所
特定の職業技能を身につけたい	職業訓練	障害者職業能力開発校 委託訓練実施機関（企業等）
就職先を紹介してほしい	職業紹介	ハローワーク
職場で仕事やコミュニケーションの支援を受けたい	ジョブコーチによる職場適応援助	地域障害者職業センター ジョブコーチ支援実施機関
職場での悩みを相談したい 職場に適応できず困っている	職場定着支援 就労定着支援 事業主援助	ハローワーク 地域障害者職業センター 障害者就業・生活支援センター 就労定着支援事業所

を深く知ることにつながる。このような自己理解の深化が，その後の課題改善の動機づけや支援者との支援目標の共有，具体的な就職準備の取組にとって必要なものとなる。

　発達障害者の中でも ASD（自閉スペクトラム症）者の多くは，話（文脈）をよく理解できない，話を要約するのが苦手，言いたいことがうまく表現できないなど，程度の差はあるもののコミュニケーションに何らかの障害がある。このような ASD 者に口頭（聴覚－言語回路）で抽象的な質問を投げかけても，一方的な会話や紋切型の会話になってしまい意図する対話が成立せず，必要な情報の収集と整理が思うようにできないことが多い。このような特性に配慮して職業相談を進めるためには，聴取したいことをわかりやすく記載している相談シートを見せながら相談を行うなどの工夫が必要である。

2）職業評価（アセスメント）

　職業評価は，多面的（身体的・精神的・社会的・職業的）な視点から職業能力，職場適応性を評価し，必要な支援計画を検討するために行うものである。単にアセスメント（assessment）という場合は，就労体験等を通じて職場適応のストレングス（長所）と課題を見つけ，長所をどのように活かし，課題に対してどのように支援するかを具体的に検討することに焦点を当てるというニュアンスがある。アセスメントは，カウンセリングとともに就労支援のプロセス全体を通じて必要となる基本的な手法である。

　職業評価法には面接・調査，心理的・生理的検査，ワークサンプル法，場面設定法（模擬的就労場面），職場実習がある。梅永（2018）によると，発達障害者の離職理由にはハードスキル（作業能力）よりもソフトスキル（日常生活やコミュニケーション，対人関係などにおける能力）に関することが少なくないといわれている。発達障害者の職業評価においては，職場あるいは模擬的就労場面での環境下において，ハードスキルだけでなく，ソフトスキルもアセスメントの対象にすることが必要である。

表 C-8-3　BWAP2 で評価される 4 領域と BWA の内容（Becker, 2005）

I. 仕事の習慣／態度（HA）	「勤怠」「時間順守」「衛生管理」「意欲」および「仕事中の姿勢」を評価する 10 項目が設定されている。
2. 対人関係（IR）	社会的関わり，情緒の安定，協調性といった 3 つの分野を評価する 12 項目が設定されている。
3. 認知能力（CO）	推論，判断，知覚，思考，認識といった能力に知的なスキルを評価する 19 項目が設定されている。
4. 仕事の遂行能力（WP）	「粗大および微細運動」「コミュニケーション」「仕事の責任」「作業効率」の 4 つの分野を評価する 22 項目が設定されている。
総合的職場適応能力（BWA）	さまざまな仕事や社会的活動を通して，対象者の総合的能力を評価する。

表 C-8-4　職業準備支援の全体構成（例）

作業体験	• 模擬職場での作業体験 • 実際の職場での体験実習
講習・技能トレーニング	• ビジネスマナー講習 • ナビゲーションブックの作成 • 職場対人技能トレーニング（JST） • 問題解決技能トレーニング • マニュアル作成技能トレーニング • リラクゼーション技能トレーニング
個別相談	• 現状（課題）認識と目標設定 • 体験の振り返り • 職場での対応策 • 就職活動の相談

　このように，従来の職業適性検査や職業興味検査とは異なり，ハードスキルとソフトスキルの両面から発達障害者の職場適応力をアセスメントするツールとして BWAP2（ベッカー職業適応プロフィール 2）がある（Becker, 2005）。BWAP2 は，評価者が実際に仕事を行っている状況を観察し，職場適応に必要な仕事の習慣・態度，対人関係，認知能力及び仕事の遂行能力の 4 つの領域の就労スキルをアセスメントし，総合的職場適応能力を評価することができる（表 C-8-3）。

　このようなアセスメントを通じて，発達障害者のストレングス（長所）と課題を明らかにすることにより，対象者の自己理解を深め，課題の改善に向けた取組を促すとともに，支援者と対象者が職場適応に必要な支援や合理的配慮を具体的に検討して支援計画を立てることになる。

3）職業準備支援

　職業準備性とは，多くの職場において必要とされる基本的な作業遂行，職業生活，対人関係の適応に関する対象者の状態を指す。職業準備支援は，このような職業準備性の課題を改善するために作業体験，講習・技能トレーニング，個別相談を組み合わせて行う就職前の支援である。すべてのカリキュラムを受講する場合は約 3 カ月間通所して支援を受ける。

　発達障害者向けのカリキュラムとしては，表 C-8-4 のとおり職場対人技能，問題解決技

表 C-8-5　発達障害者の職場適応上の課題（例）

職務遂行	• 指示通りに仕事ができない • ミスが多い • 報告・連絡・相談ができない • スケジュール管理ができない • 複数の作業を並行してできない • 仕事の優先順位がつけられない • こだわりがある • 気が散りやすい
ルール・マナー	• 職場のルールが守れない • 遅刻が多い • 対人マナーが適切でない • 暗黙のルールがわからない
適応行動	• 予定の変更が苦手 • 感覚過敏がある • 休憩時間をうまく過ごせない • 身だしなみが適切でない • 問題となる行動がある

能などの4つの技能トレーニングを実施している。この技能トレーニングは，発達障害でよくみられるコミュニケーションや社会性などの特性に対応したもので，職場での行動レパートリーを増やし，できるだけその場に合った適切な行動を選択できるようになることを目指している。

　職業準備支援では，具体的な支援目標を立てたうえで，①講習・技能トレーニングでスキルを学習し，②そのスキルを作業体験（模擬的就労場面）の中で実際に試行し，③個別相談でその結果を振り返るという学習，体験，相談のサイクルを繰り返すことにより，職場で必要なソフトスキルやコミュニケーションスキルの課題を改善しようとするものである。

4）ジョブコーチによる職場適応援助

　ジョブコーチとは，職場適応に課題を有する障害者に対して，職場に出向いて障害者，事業主双方に職場適応のための支援を行う専門職である。ジョブコーチは，全国の地域障害者職業センターの他，障害者の就労支援を実施している機関・施設や障害者を雇用している企業の中にも配置されているところがある。

　地域障害者職業センターでは，障害者，事業主の支援ニーズを踏まえて，障害者職業カウンセラーが個別支援計画を立て，その計画に基づいてジョブコーチが職場で支援を行い，職場の上司・同僚によるサポートや合理的配慮に移行させて職場定着を図ることを目指している。支援には，雇用開始に併せて行うケースと雇用後に職場不適応が発生したことを受けて行うケースがある。標準的な支援期間は約3カ月であり，支援終了後も計画的にフォローアップを行う。

　発達障害者の職場適応上の課題としては，表 C-8-5 のような例があり，ジョブコーチは場面の構造化（手順・空間・時間の構造化，本人用マニュアル作成），認知的援助（ルール・マナー，慣習をわかりやすく説明，見本の提示），対処方法の提案（コミュニケーションの対

表 C-8-6　発達障害者の就労支援制度の適用

就労支援制度	障害者手帳あり（障害開示）	障害者手帳なし発達障害診断あり
障害者雇用率制度	○	×
職業相談・職業評価	○	○
職業準備支援	○	○
就労移行支援	○	○
職業紹介	○	○
ジョブコーチによる職場適応援助	○	○
職場定着支援	○	○

（○適用／×不適用）

処方法と配慮，感覚過敏の配慮，休憩時間の過ごし方の提案，疲労対処の助言）等の方法により支援を行っている。

　発達障害者個々の職場適応上の課題は人それぞれであるが，個人と職場環境との相互作用に着目して，発達障害者が安心して働けるような職場環境となるように，周囲の上司・同僚を巻き込みながら支援を行っている。

6．発達障害者の就労支援制度の適用

　障害者手帳の有無による障害者の雇用・就労支援制度の適用をみると，表 C-8-6 のとおり障害者雇用率制度での適用（実雇用率のカウント）には障害者手帳が必要となるが，就労支援は障害者手帳の交付を受けていなくともサービスの対象となる。

　発達障害者の中には就職時に職場に障害を開示するかどうか迷っている者が少なからず見受けられる。就労支援機関では，障害の開示不開示についての相談も行っているが，就労支援を受けても職場に障害を開示するかどうかは最終的には当事者の意思が尊重される。ただし，職場での支援を受ける場合は職場での障害開示が前提となる。

C-8-3　発達障害の人の就労と就労支援の現状と課題

1．発達障害のある求職者の現状

　障害者職業総合センター（2020）の調査によると，ハローワークの特別援助部門に新規求職申込みを行った障害のある求職者のうち，発達障害のある求職者は全体の 12.9％であり，その 8 割近く（77.7％）が精神障害者保健福祉手帳の交付を受けている。

　発達障害のある求職者の診断別状況をみると，ASD（自閉スペクトラム症）が 68.6％，ADHD（注意欠如多動症）が 26.7％，SLD（限局性学習症）が 1.6％となっている。他の障害との重複状況は，精神障害（精神疾患）を重複している者が 24.2％となり，およそ 4 人に 1 人が精神疾患を併せ有するという結果になっている。

　発達障害のある求職者のうち，支援機関を利用しているのは 59.8％であり，ハローワーク以外では就労移行支援事業所や障害者就業・生活支援センターの利用が比較的多い。

　職場で必要としている合理的配慮事項としては，能力が発揮できる仕事への配置（45.7％），職場でのコミュニケーションを容易にする手段や支援者の配置（39.7％），調子の悪いときに休みを取りやすくする（27.1％），業務遂行の支援や本人，周囲に助言する者等の配置（26.7％）の順で多くなっている。

　新規求職申込みから6カ月後までの就職率は38.2％であり，職種別では事務的職業（31.6％）がもっとも多く，次いで運搬・清掃・包装等の職業（27.2％），生産工程の職業（17.5％）となっている。就職者の職場での障害の開示率は9割近く（89.7％）になっている。

2．発達障害者の雇用の現状

　民間企業における障害者雇用状況（2021年6月時点）をみると，実雇用率は2.20％と10年連続で過去最高を記録しており，障害種類別では特に精神障害者の伸び率が大きくなっている。その一方で法定雇用率を達成している企業の割合は5割を下回り，半数以上の企業は法定雇用率を満たしていない現状がある（厚生労働省，2021）。

　また，近年のハローワークにおける障害者の職業紹介状況をみると，コロナ禍の影響があった2020年度を除き，新規求職申込件数，就職件数とも増加傾向にあり，特に精神障害者の増加が目立っている。

　ここでいう精神障害者とは，精神障害者保健福祉手帳の交付を受けている者を指す。上記雇用状況や就職件数に含まれる発達障害者数は不明であるが，精神障害者の雇用数及び就職件数の急激な増加状況や発達障害のある求職者の精神障害者保健福祉手帳の交付状況から考えると，障害を開示して就労している発達障害者が増加していることが容易に推測できる。

　発達障害の診断を受けていても障害を開示しないで就労している者の実態は明らかになっていないが，一方で大学等を卒業後就職したものの職場不適応や体調不良，メンタルヘルス不調により離職し，医療機関で発達障害を診断された後に就労支援を希望する若年者の利用が増加している現状を見逃してはならない。

　厚生労働省（2019）の平成30年度障害者雇用実態調査結果によると，事業主による雇用している障害者への合理的配慮の提供状況は，身体障害者（60.1％），精神障害者（55.0％），知的障害者（51.6％）と比較して，発達障害者への配慮提供率が40.3％と低くなっている。また，実際に発達障害者に提供している合理的配慮の内容は，短時間勤務等勤務時間の配慮（76.8％）がもっとも多く，次いで通院・服薬管理等雇用管理上の配慮（53.2％）となっており，精神障害者保健福祉手帳の交付を受けていることの影響もあり，発達障害者が必要としている配慮ニーズと十分マッチしているとは言い難い結果となっている。発達障害は他者からわかりにくい障害といわれているが，事業主にとって個々の発達障害特性を理解し，どのような合理的配慮が必要なのかを認識することの難しさがうかがえる。

3．発達障害者の就労支援の現状と課題

1）特性に応じた就労支援の困難さ

　発達障害者もさまざまな職業リハビリテーションサービスを受けることができるが，それだけで容易に就労及び職場定着が図られているとはいえない。それにはいくつかの理由がある。まずは，身体障害者に比べ発達障害者の就労上の課題がみえにくいということである。

たとえば，脊髄損傷によって車椅子を利用する身体障害者の場合は，誰から見ても移動に困難性があることがわかる。よって，自家用車での通勤を許可する，段差を解消しスロープやエレベーターなどを利用する，トイレを改造するなどといった合理的配慮を行いやすい。しかしながら，発達障害者の場合は，読み・書き・計算等が不得手なSLD，不注意・多動・衝動性で定義されるADHD，対人関係やコミュニケーションが苦手で，音や光といった外部刺激に敏感なASDではその特性が異なり，合理的配慮の内容も異なる。

　また，彼らの多くは特別支援学校ではなく，通常の小中高校，場合によっては大学を卒業した者もいるが，仕事をする上で職種を知らないことが多く，自ら「このような仕事に就きたい」という意思を述べる者は少ない。それは，学校教育の段階で十分なキャリア教育を受けてきていないことも原因のひとつである。

　つまり，発達障害者の就労支援は，「障害者手帳を取得して障害者雇用で」という単純な図式で考えるのではなく，障害を開示しないことを選択して就労する者を含めて就労支援の現状と課題を考える必要がある。障害を開示しないで就労するのか，障害を開示して就労するのかはそれぞれのメリット，デメリットと個人の希望・ニーズ，適応能力，特性等を総合的に検討して選択することが適切である。

　障害を開示せずに就職する場合でも就職前の就労支援を受けることができるので，障害を開示するか否かにかかわらず，就労支援の利用をさらに拡大していくことが課題となっている。

　また，障害を開示して就職する場合は，職場での適切な障害特性の理解と合理的配慮の下，安定した就労が実現できるように，個人特性に応じた職場環境を整備するための支援をさらに充実強化していくことが課題である。

　さらに，就労支援の専門家や企業の同僚・上司が，発達障害者（特にASD者）に特化した効果的な支援を知らないという現状があり，他の障害者と同様の支援ではなく，発達障害の障害特性に十分配慮した専門的支援の拡充が課題となっている。

2）就労支援ニーズの現状

　成人期に達した発達障害当事者の人たちに就労を継続していくために必要な具体的なニーズについて質問してみたところ，表C-8-7のような結果が示された。

　表C-8-7から，「障害に合った社会的スキルのトレーニングをやってほしい」というのは，職場で同僚・上司と関わる上で必要な対人関係のスキルを教えてほしいというものであり，これは，柔軟なコミュニケーションスキルというよりは，職場のマナーやルールと考えられる。

　また，「心理検査を実施してほしい」というのは，自分が定型発達者とどのような違いがあるかなどを知りたいということであった。発達障害者の多くは，自分が発達障害であると診断されてホッとしたと述べている。よって，就職する上で自分にどのような問題があるかを把握し，かつ自分の職業能力を客観的に把握したいものと考える。さらに，「相談できる相手がほしい」や「友人がほしい」などから自分を理解してくれる仲間の必要性，さらには企業と当事者の間に入ってサポートをしてくれる支援者を望んでいることがわかる。

表 C-8-7　発達障害者の就労支援ニーズ（梅永, 2004）

- 障害に合った社会的スキルのトレーニングをやってほしい
- 心理検査を実施してほしい
- 困っているときにすぐに相談できる相手がほしい
- 自助グループや友人がほしい
- 自分の障害を理解してくれる相談相手がほしい
- 差別禁止法ができてほしい
- 具体的でかつわかりやすく指示をしてほしい
- 人間関係がややこしくならないようにサポートしてほしい
- 第三者による障害についての説明・アドバイスがほしい
- 仕事を教えてくれるジョブコーチがいてほしい

C-8-4　発達障害者の社会的自立における問題点

1. 発達障害者の離職理由

　発達障害者には，一度は就職したことのある離職経験者が多い。その離職理由についてアンケート調査を行った結果を表 C-8-8 に示す。

　表 C-8-8 から離職理由は，仕事そのものにおける問題以上に対人関係やコミュニケーション，ライフスキルなどの問題が多いことが示された。

　表 C-8-8 の離職理由の中で多かったのが，「簡単な作業ができなかった」「仕事の技術面で追いつかなかった」「仕事をするのが遅いので向かなかった」など仕事そのものができないことであった。この仕事そのものの能力のことを，職業リハビリテーションでは「ハードスキル」と呼ぶ。ハードスキルとは，教えられる能力のことで，機械操作やタイピング，コンピュータープログラミング，外国語の習得など仕事そのものの能力のことをいう。

　一方，離職理由の「人間関係で問題を抱えた」「雇用主に自分の障害を理解してもらえなかった」「普通の人の感覚を身につけさせようとされ精神的なダメージを受けた」「人間関係のややこしさ，指示の多さにパニックを引き起こした」などは，仕事ができないから離職したのではなく，対人関係がうまくいかなかったのである。また，「仕事がつまらなかった」や「ストレスと体力的に続かなかった」「自分に合わない仕事だった」などは，適切なジョブマッチングがなされていなかったことが離職につながったのである。この対人関係スキルや仕事に対するモチベーションなど，仕事に直結しないが日常生活能力や対人関係など就労生活に間接的に関連するスキルのことを，ハードスキルに対して「ソフトスキル」と呼んでいる。具体的には，表 C-8-9 に示すようなものがソフトスキルと考えられる。

　これらの離職理由を考えてみると，その大きな要因は発達障害当事者と職種のマッチングミス，及び企業・雇用主側の発達障害の人に対する理解不足なども大きく影響しているものと考えられる。

2. 発達障害の特性と関連する就労上の課題

　発達障害の各障害特性と就労上の課題については，次のような回答が得られた。

表 C-8-8　発達障害者の離職理由（梅永，2004）

- 仕事がつまらなかった
- 人間関係で問題を抱えた
- 雇用主に自分の障害を理解してもらえなかった
- 普通の人の感覚を身につけさせようとされ精神的なダメージを受けた
- 「障害など関係ない，努力してなおせ」と言われ重圧になった
- 会社でいじめを受けた
- 会社の業務，人間関係ができなかった
- 仕事をするのが遅いので向かなかった
- 自分に合わない仕事だった
- 仕事の技術面で追いつかなかった
- 人より時間がかかった
- 簡単な作業ができなかった
- 期待に応えようと頑張ったが疲れた
- 人間関係のややこしさ，指示の多さにパニックを引き起こした
- 自分の能力では手に負えなかった
- 自分のペースで働けなかった
- リストラにあった
- ストレスと体力的に続かなかった
- 仕事のレベルアップができなかった
- いじめにあったり，無視されたりした

　まず，基本的定義となっている「読み」と「書き」が十分にできない SLD 者の場合は，「マニュアルが読めない」「メモが取れない」「報告書が書けない」「情報を正確に捉えられない」などが示された。

　次に，ADHD 者の特徴のひとつである注意の欠如がある場合は，「指示が頭に入らない」「やることを忘れてしまう」「仕事に手をつけないままになってしまう」「問題を要約できない」などの問題が生じている。

　そして，ASD 者の特徴につながるコミュニケーションに問題がある場合は，「相手にどう伝えたらいいのかわからない」「不必要なことをしゃべってしまう」「特定のことにこだわってしまう」「失敗してもその理由をうまく説明することができない」「対人関係がうまくもてない」などとなっている。

　ただ，青年期・成人期の発達障害者の大学や就労に関する調査によると，障害種に偏りがある。図 C-8-1 は，障害者職業総合センター（2015）によって実施された全国の LD 親の会，ASD 協会，JDDNET に所属する発達障害当事者及び保護者に実施された「発達障害者の職業生活への満足度と職場の実態に関する調査研究」による障害種別アンケート結果であるが，圧倒的に ASD が多い。

　また，図 C-8-2 はハローワークに求職登録をしている発達障害者の種別であるが，これも ASD 者が圧倒的に多い。

　図 C-8-2 に示されるように，社会的自立・就労において対象となるのは ASD が中心で，次いで ADHD，SLD はきわめて少ない。その理由として，小中学校では問題となる読み・書

表 C-8-9　就労に関連するソフトスキルとは（梅永，2018）

1. 身だしなみ
　（1）　職場にマッチした適切な服装をする（季節感も意識する）
　（2）　従事する職種に合った適切な長さの髪の毛，髪の毛の色にする
　（3）　ひげをそっている
　（4）　毎日入浴している（体臭予防のため）
　（5）　歯を磨いている（口臭予防のため）
　（6）　爪を切っている

2. 時間の管理
　（1）　遅刻をせずに出勤する
　（2）　昼休みの時間を守り時間前に持ち場に戻る

3. 余暇の使い方
　（1）　お昼休みに適切な余暇を取る
　　　　（新聞や雑誌を読む，音楽を聴く，短時間のゲームなどの趣味，コーヒーを飲む，仮眠する，同僚
　　　　と会話をする，体操や散歩などの運動をする，その他）
　（2）　一日の仕事が終わったあとの余暇を楽しむ
　　　　（自宅でテレビや DVD・ビデオを見る，本を読む，ゲームをする，音楽を聴く。自宅外でスポーツ
　　　　クラブに行く，習い事をする，友人と会う，カラオケに行く，食事をしたりお酒を飲みに行く，そ
　　　　の他）
　（3）　一週間のうち，週末の余暇を楽しむ
　　　　（自宅でテレビや DVD を見る，ゲームをする，音楽を聴く。自宅外でスポーツクラブに行く，習
　　　　い事をする，友人と会う，カラオケに行く，映画やコンサートに行く，スポーツをする，食事をし
　　　　たりお酒を飲みに行く，その他）
　（4）　1 カ月およびそれ以上の期間における余暇を楽しむ
　　　　（旅行に行くなど）

4. 日常的な家事労働を行う
　（1）　買い物
　　　　（食品及び日常生活に必要な買い物をする）
　（2）　炊事
　　　　（調理をする，食器を洗う，片付ける）
　（3）　洗濯
　　　　（洗濯機を使う，洗濯物を干す，洗濯物を取り入れ片付ける）
　（4）　掃除をする（部屋の片付けを行う）
　　　　（掃除機をかける，テーブルや棚，窓などを拭く）

5. 対人関係（チームワーク），コミュニケーション
　（1）　職場に来たときの「おはようございます」，職場を出る際の「失礼します」の挨拶を行う
　（2）　職場内で上司・同僚とすれ違った際にお辞儀をする，あるいは「お疲れ様」などの挨拶をする
　（3）　職場で一緒に働く同僚・上司に不快感を与えないようなことば遣いを行う（敬語なども含む）
　（4）　行わなければならない仕事を確認する
　（5）　ミスをしたら素直に謝る
　（6）　わからないことは質問する
　（7）　お礼を言う
　（8）　トイレなどに行かなければならない場合は許可を得る
　（9）　やむをえず遅刻や欠勤をする場合には連絡を入れる
　（10）職場のマナーやルールに従う

6. 金銭管理
　（1）　無駄遣いをしない
　（2）　貯金をする
　（3）　高額なものは計画的に購入する

7. その他
　　忍耐性，柔軟性，意欲，など

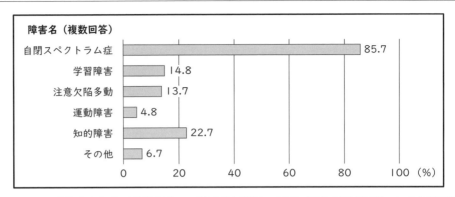

図 C-8-1　「発達障害者の職業生活への満足度と職場の実態に関する調査研究」による障害種
（障害者職業総合センター，2015）

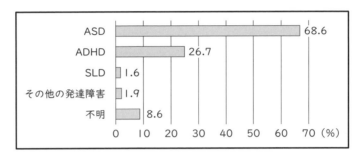

図 C-8-2　「障害のある求職者の実態等に関する調査研究」による発達障害者の障害種
（障害者職総合業センター，2020）

き・計算も成人期に就職を考える際に，読み・書き・計算の少ない職種を選ぶことにより，対応可能になりえるからである。江戸時代には武士は読み書きができたものの，町民である大工や魚屋などは読み・書きができなくても仕事に従事していたものと考える。一方で，ASD者は高機能で大学，あるいは大学院を修了する者もいるが，知的に高いだけでは必ずしも就職が容易であるとはいえない。

　ヘンドリクスによると，米国におけるASD者のうち 50 ～ 75％は失業中であり，ASD者の就労における障害は，二次的な問題としてうつや不安，躁うつなどの精神疾患があり，てんかんを持っている者も 3 分の 1 存在し，精神的身体的問題が就労を阻害している要因であると述べている（Hendricks, 2010）。また，ミュラーらは，ASD者は就職活動の一連の流れが把握できない，企業面接で対応できないなどの問題があること，かつASD者に特化した就労支援のプログラムが開発されていないことを指摘している（Müller et al., 2003）。

C-8-5　発達障害者の職業的自立に必要な支援

1. 職場における人とのかかわり

　発達障害者の中で，ASD者は人とのかかわりで表 C-8-10 のようなトラブルを生じるこ

表 C-8-10　人とのかかわりにおけるトラブル
（Scheiner & Bogden, 2017）

- しゃべりすぎたり，情報を伝えすぎたりする
- 不適切なことを言う
- 人の話を遮る，同じことを繰り返す
- 目を合わせることができない
- 他者の表情を読む，顔を認識することができない
- 皮肉や慣用句の解釈ができない
- 社会的状況を理解したり，職場の決まりを守ることができない

とがある（Scheiner & Bogden, 2017）。昼食，会議，休日の集まり，そして廊下や給水所などはすべて，一緒に働く同僚や上司と会話をする機会となる。ASD 者の中には他者と関わりたい者もいるが，彼らの社会的スキルの欠如は他者とのかかわりを難しいものにしている。結果として，ASD 者は「孤独な人」とみなされることがある。職場によっては，同僚たちと一緒に昼食を取ることがあるが，ASD の社員の中には昼食に参加するものの，他者の気持ちを無視して，自分の興味のある話題について詳細にしゃべり続ける人もいる。また，ASD 者の中には，会社のポリシーを文字通りに解釈してしまう人もいる。たとえば「オープンドア」は「すべての会社のドアは 24 時間常に開けたままにしておかなければならない」あるいは「誰でもいつでも上司や同僚の部屋に入ることができる」と意味していると捉えたりする場合がある。さらに，ASD 者の中は，職場で同僚の体重増加を指摘することが，鈍感で失礼であるということを理解できないこともある。

　よって，学校在学中から ASD 児にはこのような問題に対する対応法を指導しておく必要がある。具体的には，「明確なルール」を提供することがとても有効である。政治，宗教，性的指向，民族などのデリケートな話題や，他の同僚に不快感を与える可能性のある個人の特別な趣味などを含めた**「話してはいけないことリスト」**を作成し，軽率な行動が相手にどのような影響を与えるかを冷静に説明し，必要に応じて簡単な謝罪を実践するといった職場において必要なマナーを指導する。

2. 仕事の遂行能力――実行機能の困難さへの対応

　実行機能とは，自分の思考や行動を管理・制御するための認知的プロセスの総称であり，脳科学辞典（林他，n.d.）によると「複雑な課題の遂行に際し，課題ルールの維持やスイッチング，情報の更新などを行うことで，思考や行動を制御する認知システム」と定義されている。具体的には，仕事を始める能力，計画を立てる能力，仕事に優先順位を付ける能力などが実行機能に含まれる。実行機能に障害があると，衝動的に行動したり，刺激に敏感に反応してしまうことがある。ASD 者の場合は，切り替えの困難や問題解決がスムーズにできないのは，この実行機能の弱さから生じている。仕事の遂行能力としては，締め切りに間に合わない，整理整頓が苦手で優先順位を付けられない，指示を文字通りに解釈してしまう，常にフィードバックが必要，自分のやり方を変えようとしない，イライラしやすいなどといった問題が生じる。

　実行機能の弱さに対する支援として，次に何をすべきか，ということを推測しないで済む

ように，仕事のリストを紙に書いて示すことにより，見通しを持つことができ，継続的な仕事を把握することができる。また，部署の仕事に精通した同僚（上司）を配置し，ASD社員が毎日「やることリスト」を作成できるようにする。あるいは，一日の仕事の始まりに数分だけ上司に，その日に行う仕事に優先順位を付けてもらうことにより，すぐにやらなければならない業務や数日間にまたがって行う仕事のために時間を切り分けてもらうことができる。

　学校在学時に，スマートフォンや電子カレンダーなどのICTを使って，リマインダーやアラームを設定して予定を立てるスキルを獲得しておくとよい。

3. 感覚刺激への対応

　職場の中には，プリンターやコピー機の音，人の話し声，オフィスの照明やパソコンの画面，さらには休憩室で淹れるコーヒーや同僚の香水の匂いなど，感覚的な刺激があふれている。職場の感覚的な刺激を排除することは非常に難しく，感覚の問題があるASD者の場合は，苦痛が大きくなり仕事をする上での集中力が途切れ，疲弊してしまう。これらの刺激には，無理に慣れさせるのではなく，刺激を和らげるための合理的配慮を行うべきである。蛍光灯の明かりが苦手な場合は，白熱電球に変えたり，野球帽などをかぶって，光を遮るようにする。あるいは，自然光が差し込む場所に座って仕事をすることも有効である。音に敏感な場合は，仕事上の重要な会話は，静かな場所で行う。イヤホンやノイズキャンセリング機能付きのヘッドセットを装着する，オフィスの静かな場所に移動する，オフィスの壁などに吸音材を使用する，サウンドマスキングシステム（会話などの音が発生する空間にあえて他の音を流すことで音漏れ，会話漏れを遮断するシステム）を導入するか，ホワイトノイズマシンを使用してオフィスの騒音を隠す。匂いに関しては，無香料の製品や洗浄剤を使用する，ASD社員に小型の空気清浄機の使用を許可する，オフィスでの強い香水の使用を禁止する，休憩室や食料品売り場から離れた座席にするといった配慮を行っている企業もある。

　ASD社員が特定の感覚入力に反応するのは，自分ではコントロールできない物理的なものであり，感覚過敏が起こる可能性のあるすべての状況を回避できるとは限らないことを理解することが重要である。ASD社員が感覚刺激に圧倒されているときは，気持ちを落ち着かせて集中力を取り戻すためにそれらを避ける必要があることを理解しておく。

C-8-6　具体的な教育支援

1. 早期からの職業教育

　米国では3歳から21歳までの長期にわたる個別教育計画（Individualized Education Program：IEP）の中で，14歳（州によっては16歳）から将来の職業的自立を図るために個別移行計画（Individualized Transition Plan：ITP）が実施されている。そして，22歳以降には個別就労計画（Individualized Plan for Employment：IPE）といった職業自立を図るためのカリキュラムが実施されている。

　我が国においても，できるだけ早期から将来の自立を目指すために必要なサポート計画を立てることが望まれる。そのために，まずはソフトスキルにつながるライフスキルについてを高等教育からではなく，子どもの特性がわかった段階から，早ければ就学前から，また，

小中学校でも，個別の指導計画や個別の教育支援計画の中に組み込んで教育を行うことが必要である。

　さらに，我が国には約3万種類の職種があるといわれているが，その多くが知られていない。よって，どのような仕事があるかをビデオ等で紹介し，できればいろいろな人が働いている場所を見学することが望まれる。仕事を知ることによって，将来像が明確になり，そのために必要となる学校の授業科目へのモチベーションが上がるものと考えられる。

2. 学校卒業後の教育

　学校卒業後の教育の場として発達障害のための職業能力開発校等18歳以降の教育制度の充実も望まれる。全国LD親の会（2005）の調査では，SLDの人たちの中で学校教育修了直後に職業訓練機関へ進んでいる人たちは20.4％となっている。職業能力開発においては，発達障害者に特化した3カ月のトレーニングがあり，地域障害者職業センターの職業準備支援事業（ワークトレーニング社）や就労移行支援事業所などを経て就職することも選択肢のひとつである。

　米国ノースカロライナ大学医学部で開発されたTTAP(TEACCH Transition Assessment Profile) は，ASDの障害特性を明確にし，より本人のスキルに合わせた就労支援を展開していくことができるアセスメントツールである（メジボフ他，2010）。本人のスキルアセスメントだけにとどまらず，現場実習の選定，実習先の記録，On the Job Training（OJT）手法を用いた就労移行支援を実施するまで活用を広げることもできるため，就労移行支援のアセスメントツールとして有効である。

3. 仕事の体験を行う

　成人期に達した発達障害者は職業的自立を目指すことになるが，自分で仕事を探すことができない人も多い。また，ある職種に就くために必要な能力がどのようなもので，そのためにはどのような学習やトレーニングを行えばよいのかもわからない場合がある。家庭において料理を作るのを手伝ったり，パソコンやワープロ，電卓に早期から親しむこと，また，家での掃除や洗濯，家族の衣服の整理なども職業的自立に関連する。そして，できればインターンシップなどを通して早期から仕事をする体験をすることが望ましい。就労体験によって，家族以外の他人との対人関係を学習することができ，働いて得た収入によって，働くという意欲の向上につながる。さまざまな職業を体験することにより，その仕事にはどのような能力が必要であるといった能力向上のための意識が生まれ，また自分がどのような仕事につきたいのかといった仕事に対するニーズも培うことができる。

4. 地域の情報を知る

　まずは，その地域にはどのような産業があるのか，職業的自立を目指すために利用できるような機関はどのようなものがあるか，などを知るとよい。たとえば，熱心に就職指導を行っている高校や専門学校，その他発達障害者の相談が可能な福祉事務所や発達障害者支援センター，ハローワークの障害者コーナー，地域障害者職業センター，就業・生活支援センター，就労移行支援事業所，職業能力開発校などの情報を収集し，できれば見学等を行うことでどのような支援を受けることができるかが把握できる。

表 C-8-11　診断を下されてよかった理由（梅永, 2004）

- 発達障害ということがわかって，自分の性格が悪いのではなく自分を卑下することはないことがわかった
- 家族が自分の障害に対して理解してくれるようになった
- 前向きに対処の方法を考えられるようになった
- 生きづらさの原因がわかり，またその結果具体的な対策を考えられるようになった
- 自分に対して罪悪感を持たずに済むようになった
- 自分の仕事の適性などを知ることができ，いろいろと対策が取れるようになって日常生活が楽になった
- 人とうまくいかなかったことが自分のせいではなかったことがわかり，周りや自分の接する人に対して障害のために人とのコミュニケーション上の困難があることを伝えられた
- 自分の性格が悪いと悩むことがなくなり，自分を直そうと無駄な努力をする必要がなくなった
- 自分の抱えている問題が具体的になった
- 脳の機能障害だとわかったため努力不足ではないということが認められた
- 自分は普通ではないと感じていたが，その原因がわかって安心した

　見学などの情報収集を行う場合，発達障害当事者だけでは十分な情報を把握できない場合もあるため，保護者，担任教師とともに訪問し，知識を共有することで支援に対するずれが軽減される。また，その際に情報を収集するだけではなく，発達障害のことを学校や関係機関に伝えることも重要である。

　現段階では，SLD や ADHD，ASD 等については，一般の企業で働く人たちには十分には理解されていない。よって，情報を収集する際に，当事者側からも関係機関等に発達障害のことを周知・啓発していくことにより，よりスムーズな実習や就労が可能となる。

C-8-7　発達障害者の支援における教育と福祉，労働の連携

1. 医療と就労支援

　発達障害医療においてもっとも必要なのは，早期の診断であると考える。多くの発達障害者は自分が何者であるかわからないために，周りの人たちに合わせようとして精神的な苦痛を感じている。逆に診断された発達障害者は表 C-8-11 のような安心感を述べている。

　表 C-8-11 から，正確な診断は発達障害者の生き方，考え方を変えることにつながり，それはひいては今まで感じてきた苦痛を軽減することにもつながるものとなっていることがわかる。

　よって，医療機関はできるだけ発達障害の専門性を高め，発達障害当事者たちを精神的なプレッシャーから救うような診断及び告知を早期の段階から実施してほしいものである。

2. 教育と就労支援

　障害児教育における教育方法にボトムアップ型（底上げ型）教育とトップダウン型教育（目的指向型）教育がある。

　ボトムアップ型教育とは，たとえば「買い物」を教えるとする。従来の「形が先」の教育では，買い物をするためには，その基礎となるお金の計算能力が必要とされると考える。つ

まり，1円が10個で10円，10円が10個で100円，100円が10個で1,000円であり，そのようなお金の計算ができるようになったら買い物ができるという考え方である。

　これを就労にたとえると，手先が不器用な子どもの場合は，現段階の就労は困難で，手先が器用になったら仕事ができる。あるいは，計算能力であれば少なくとも100まで数えられるようにならなければ就職できない。さらには，コミュニケーションが苦手なASD児者に対しても，「おはようございます」「こんにちは」「失礼します」などの言語によるコミュニケーションを強制する場合も考えられる。これは，一見正しそうにみえて，児童・生徒の能力をまったく無視した支援方略であり，非常に抽象的，観念的な指導といえる。

　これに対しトップダウン型教育では，買い物を指導する際，ハンバーガーが大好きな発達障害児であれば，ハンバーガーを一人で買いに行くことを目的とする。その場合，お金の計算ができなくても写真や絵で示されたメニューであれば，好きなハンバーガーを指で示すことにより買い物が可能な場合がある。

　就労でたとえると，言語によるコミュニケーションが不得手なASD者の場合は，絵や文字カード等によるコミュニケーションでもその仕事をこなすことができれば，とりわけ問題となることはない。

　よって，居住する地域においてどのような仕事があるのかを調査することが先決となる。そして，その仕事に必要なスキルを分析し，その仕事を遂行するためにどのような支援が必要かということを知ることが職業アセスメントであり，その結果仕事を行うために必要な支援をしていくということがトップダウンの就労支援である。非常に具体的かつ実践的な考え方である。

　先に，我が国においても，できるだけ早期から将来の自立を目指すために必要なサポート計画の必要性があることを述べた。これらについて，福祉の場で使われている個別の支援計画も視野に入れながら，義務教育や高等教育修了後の姿を想定して，早期から個別の指導計画や個別の教育支援計画の中に組み込んでいくことが必要である。

　また，早期から自己の特性に気づき，理解し，他者へ説明できることを目指して，発達障害等のある児童生徒に対する「自己理解」の教育が行われることが望ましい。この力を育てることによって，自らが自分の特性に対する合理的配慮を求めることができるセルフアドボカシー（自己権利擁護）の考え方を発信できるようになることが重要である。これらも，教育の場で培っていくことが必要な考え方である。

　比較的低年齢の発達障害児童生徒に関わる教員や支援者の方も，ぜひ，これらの考え方を理解して，早期からの取組を行ってほしい。

3. その他就労支援に関わる専門分野

　障害者の就労支援を行う機関は，従来ハローワークの障害者窓口と地域障害者職業センターだけであったが，現在では障害者就業・生活支援センター，就労移行支援事業所，障害者職業能力開発校など就労支援の専門機関が全国的に広がってきている。

　これらの機関はASDやSLD，ADHDといった発達障害者が増加しているのにもかかわらず，その対処方法について，まだ十分な専門性があるとはいえない。よって，就労支援機関の支援従事者は，発達障害についての詳細な知識，発達障害者に対する適職開発，発達障害者の職業評価や職業指導について，より専門的な知識の獲得が望まれる。

とりわけ，彼らの就労上の問題は仕事の遂行能力以上に対人関係でのトラブルであることが多い。よって，知的障害がない場合，表面的に仕事ができるのではないかと判断されることがある。就労支援の専門家は，単に仕事を教えるだけではなく，彼らと企業側の仲介役として彼らの特性を説明し，適職のアドバイス，人間関係を構築するための支援，そして感覚刺激への対応など企業に対するコンサルテーション能力を習得していく必要がある。

4. 発達障害の専門家の育成

近年，国家資格として公認心理師が制定され，発達障害児者支援にも大いに関わってくるものと考える。しかしながら，知能検査や他の心理テスト等のアセスメント，あるいは狭い意味の心理的アプローチだけでは，就労支援には十分な役割を果たすことはできない。学校教育においては，特別支援教育コーディネーターが各校に１人配置されている。特別支援教育士を含めて，これらの専門家が学校教育の中だけではなく，学校卒業後の成人期の支援を見据えた発達障害に詳しい専門家となっていくことが望まれる。

C-8-8　最後に

SLD の教育支援においては，ICT の導入によって学習の困難性が軽減されているように，UDL（Universal Design for Learning）といった個別の学習方法は職場でも当然の考えである。また，先に述べたように読み・書き・計算が極端に不得手である場合は，読み書き計算の業務の少ない仕事を選ぶこともできる。ただ，近年の少子化により大学へ進学する SLD 生徒が，大卒として事務的な仕事に就く場合は，読み・書き・計算能力が必要とされることもあるため，小学校から中学，高校に至る段階で，仕事をよく知り，自分に何が向いていて，何が向いていないかを知ることが，大学への進学が適しているかどうかの判断基準となろう。ADHD 児者の場合は，多動・衝動性というよりも不注意の問題が仕事に影響することが多いため，注意力が必要な事務的な職種よりも，活動的なメリットを活かした営業やクリエイティブな職種に向いている場合もある。そして，対人関係に苦手さや職場環境における感覚刺激の問題のある ASD 児者には，決して定型発達児者と同様の均一化した能力を求めるのではなく，環境のほうを ASD 児者が活動しやすいように配慮するといった指導を行うことにより，彼らの特異能力を伸ばしていくことができるものと考える。

〈謝辞〉
本稿をまとめるにあたり，独立行政法人高齢・障害・求職者雇用支援機構障害者職業総合センター主任研究員 井口修一氏に多大なるご協力をいただきました。
井口氏は長年障害者職業リハビリテーション業務に従事され，発達障害者の就労支援においても我が国における先駆者でいらっしゃいます。職業リハビリテーションの制度や支援機関の業務等にきわめて詳しく，井口氏の援助がなければ本稿をまとめることはできませんでした。
井口氏に心より感謝申し上げます。

〔引用文献〕

Becker, R.L.（2005）：Becker work adjustment profile : Second Edition User's manual. PRO-ED. 梅永雄二（監訳・監修）（2021）：発達障害の人の就労アセスメントツール．合同出版．

林　康紀，田中啓治，定藤規弘他（編）（n.d.）：脳科学辞典．https://bsd.neuroinf.jp/wiki/（2022年8月18日閲覧）．

Hendricks, D.（2010）：Employment and adults with autism spectrum disorders : Challenges and strategies for success. Journal of Vocational Rehabilitation, 32, 125-134.

厚生労働省（2015）：合理的配慮指針．https://www.mhlw.go.jp/file/04-Houdouhappyou-11704000-Shokugyouanteikyokukoureishougaikoyoutaisakubushougaishkoyoutaisakuka/0000078976.pdf（2022年2月3日閲覧）．

厚生労働省（2019）：平成30年度障害者雇用実態調査結果．https://www.mhlw.go.jp/stf/newpage_05390.html（2022年2月3日閲覧）．

厚生労働省（2021）：令和3年障害者雇用状況の集計結果．https://www.mhlw.go.jp/stf/newpage_23014.html（2022年2月3日閲覧）．

ゲーリー・メジボフ，ジョン・B・トーマス，S・マイケル・チャップマン他（著），梅永雄二（監修）（2010）：自閉症スペクトラムの移行アセスメントプロフィール支援プログラム— TTAP の実際 —．川島書店．

Müller, E., Shuler, A., Burton, B.A. et al.（2003）：Meeting the vocational support needs of individuals with Asperger syndrome and other autism spectrum disabilities. Journal of Vocational Rehabilitation, 18, 163-175.

中川純（2018）：総則（1条〜7条）．永野仁美，長谷川珠子，富永晃一（編）：詳説障害者雇用促進法［増補補正版］．弘文堂，pp.64-73.

Scheiner, M. & Bogden, J.（2017）：An employer's guide to managing professionals on the autism spetrum. JKP.

障害者職業総合センター（2015）：発達障害者の職業生活への満足度と職場の実態に関する調査研究．障害者職業総合センター調査研究報告書 No.125.

障害者職業総合センター（2020）：障害のある求職者の実態調査等に関する調査研究．障害者職業総合センター調査研究報告書 No.153.

梅永雄二（2004）：こんなサポートがあれば．エンパワメント研究所．

梅永雄二（2018）：発達障害者の就労上の困難性と具体的対策—ASD 者を中心に—．労働の科学，73（6），9-13.

全国 LD 親の会（2005）：教育から就業への移行実態調査報告書（全国 LD 親の会・会員調査）．

〔参考文献〕

厚生労働省（2019）：障害者総合支援法における就労系障害福祉サービス．https://www.mhlw.go.jp/content/12200000/000571840.pdf（2022年2月3日閲覧）．

厚生労働省（2021）：障害者雇用のご案内．https://www.mhlw.go.jp/content/000767582.pdf（2022年2月3日閲覧）．

梅永雄二（編）（2015）：発達障害のある人の就労支援．金子書房，pp.12-20.

梅永雄二，井口修一（2018）：アスペルガー症候群に特化した就労支援マニュアル ESPIDD．明石書店．

梅永雄二，島田博祐，森下由規子（編著）（2019）：みんなで考える特別支援教育．北樹出版，pp.220-226.

C-9
個別の指導計画・個別の教育支援計画の作成と活用

【概要】……………「発達障害：学習障害（LD/SLD），注意欠如・多動症（ADHD），自閉スペクトラム症（ASD），発達性協調運動症（DCD）等」のある幼児児童生徒の個別の指導計画及び個別の教育支援計画について，意義と目的，領域と内容について説明する。記録やアセスメントから得られたさまざまな情報から，幼児児童生徒の実態を把握し，課題等を整理して個別の指導計画及び個別の教育支援計画を作成するまでの実際について，事例を挙げて説明する。

【キーワード】………個別の指導計画／個別の教育支援計画／学習指導要領／長期目標／短期目標／指導の手立て／評価／PDCA／校内委員会／多機関・多職種との連携

【到達目標と評価】……①「発達障害」のある児童生徒の教育支援における個別の指導計画の意義と目的，領域と内容について説明できる。
②個別の指導計画の構成内容を説明できる。
③学校における個別の指導計画の作成と活用の方法について説明できる。
④個別の指導計画の実施に必要な基礎的環境整備や合理的配慮を具体的に説明できる。
⑤個別の教育支援計画の策定についても説明できる。

I 基礎理論

2014（平成26）年1月の「障害者の権利に関する条約」批准を巡り，我が国では共生社会の実現に向かって，障害のある人の権利を尊重，保障する取組を強化してきた。学校教育においては，通常の学級・通級による指導，特別支援学級，特別支援学校など，児童生徒の多様な教育的ニーズに対応できる学びの場において，インクルーシブ教育システムの構築に向けた特別支援教育が推進されている。

この特別支援教育の実施にあたって，一人一人の子どもの教育的ニーズを把握し，そのニーズに応じた適切な配慮・支援を行うための欠くことのできない柱として，個別の教育支援計画及び個別の指導計画が挙げられる。

C-9-1　我が国の教育施策における個別の指導計画及び個別の教育支援計画の考え方

1. 学習指導要領における考え方

2017（平成29）年3月公示の小学校学習指導要領及び中学校学習指導要領では，第1章

総則に，次のように示されている（文部科学省，2017a，2017b）。

> 障害のある児童（生徒）などについては，家庭，地域及び医療や福祉，保健，労働等の業務を行う関係機関との連携を図り，長期的な視点で児童（生徒）への教育的支援を行うために，**個別の教育支援計画**を作成し活用することに努めるとともに，各教科等の指導に当たって，個々の児童（生徒）の実態を的確に把握し，**個別の指導計画**を作成し活用することに努めるものとする。特に，特別支援学級に在籍する児童（生徒）や通級による指導を受ける児童（生徒）については，個々の児童（生徒）の実態を的確に把握し，**個別の教育支援計画や個別の指導計画**を作成し，効果的に活用するものとする。

　これまで特別支援学校学習指導要領でのみ扱われていた個別の指導計画や個別の教育支援計画の考え方について，通常の小中学校に設置されることの多い特別支援学級及び通常の学級の児童生徒で通級による指導を受ける児童生徒について，全員に個別の教育支援計画及び個別の指導計画を作成することとなった点が，大きな進歩といえる。

　また，現行の学習指導要領では，通常の学級では，通級による指導を受けている子どもだけでなく，個別の指導や支援が必要な児童生徒への対応が必要であることも踏まえ，総則に児童（生徒）の発達の支援が追加されている。さらに，すべての教科等の小中学校学習指導要領解説の中に，特性に応じた指導や支援の方法が記されていることや，個別の教育支援計画，個別の指導計画の作成・活用に努めることなども，大変重要な点である。

　なお，特別支援学校においては，1999（平成11）年の学習指導要領改訂から個別の指導計画について言及されており，2009（平成21）年度の前回の改訂の際には，個別の教育支援計画の考え方が示されている。

2. 文部科学省によるガイドラインでの提示

　文部科学省では，すでに2004（平成16）年，「小・中学校におけるLD・ADHD・高機能自閉症の児童生徒への教育体制の整備のためのガイドライン（試案）」において，通常の学級を含むすべての小中学校における個別の教育支援計画・個別の指導計画の考え方を示している。

　その後，障害者権利条約の批准を巡る状況の変化や，これまで培ってきた発達障害を含む障害のある児童等に対するすべての学校，すべての学級における教育支援体制の整備状況を踏まえ，文部科学省は，試案の提示から13年経過した2017（平成29）年に，「発達障害を含む障害のある幼児児童生徒に対する教育支援体制整備ガイドライン」を示している。試案からの主な変更点は，①対象を発達障害のある児童等に限定せず，障害により教育上特別の支援を必要とするすべての児童等に拡大したこと，②対象とする学校に幼稚園及び高等学校等も加え，進学時等における学校間での情報共有（引継ぎ）の留意事項について追記したこと，③特別支援教育コーディネーター，いわゆる通級による指導の担当教員及び特別支援学級の担任など，関係者の役割分担及び必要な資質を明確化したこと，④校内における教育支援体制の整備に求められる養護教諭の役割を追記，⑤特別支援学校のセンター的機能の活用及びその際の留意事項等を追記したことである。指導や支援及び指導の引継ぎ等にあたっ

て，個別の指導計画や個別の教育支援計画の策定・活用についても記載されている。

3. 基礎的環境整備，合理的配慮における個別の指導計画及び個別の教育支援計画の考え方

　障害者権利条約の批准を巡り，我が国では教育・福祉だけでなくさまざまな分野の施策の中で，共生社会の考え方が広がっている。特に教育においては，2012（平成 24）年 7 月の「共生社会の形成に向けたインクルーシブ教育システム構築のための特別支援教育の推進（報告）」の中で，国，都道府県，市町村の責務として，特別支援学校以外の学校の基礎的環境整備の維持・向上を図りつつ，特別支援学校以外の学校の基礎的環境整備の向上に努めることが示された（文部科学省，2012）。

　この基礎的環境整備の中に，「学校が保護者や関係機関との連携を行う際，懇談時等に個別の教育支援計画や個別の指導計画の評価・改善点等の説明をすること」や，「本人・保護者の教育的ニーズに応じた指導が効果的に行えるよう，個別の教育支援計画を活用した関係機関との連携」が挙げられている。

　さらに，合理的配慮の検討の前提として，「設置者及び学校は，興味・関心，学習上又は生活上の困難，健康状態等の当該幼児児童生徒の状態把握を行い，これを踏まえて，設置者及び学校と本人及び保護者により，個別の教育支援計画を作成する中で，発達の段階を考慮しつつ，合理的配慮の観点を踏まえ，合理的配慮について可能な限り合意形成を図った上で決定し，提供されることが望ましく，その内容を個別の教育支援計画に明記し，個別の指導計画にも活用されることが望ましい」とされている。

　つまり，個別の教育支援計画の作成や説明は，障害のある子どもの基礎的環境整備であり，本人及び保護者と合意形成を図った上で決定した合理的配慮について，個別の教育支援計画及び個別の指導計画に明記，活用されることが望まれている。

C-9-2　多様な学びの場における個別の指導計画・個別の教育支援計画

1. 多様な学びの場における教育課程との関連

　インクルーシブ教育システムにおいては，障害のある子もない子も同じ場でともに学ぶことを追求するとともに，個別の教育的ニーズのある幼児児童生徒に対して，自立と社会参加を見据えて，その時点で教育的ニーズにもっとも的確に応える指導を提供できる，多様で柔軟な仕組みを整備することが重要とされている。文部科学省は，障害のある幼児児童生徒の就学についての仕組みについて，2013（平成 25）年 10 月「教育支援資料」の改訂版として，2021（令和 3）年 6 月に「障害のある子供の教育支援の手引～子供たち一人一人の教育的ニーズを踏まえた学びの充実に向けて～」を発出している。ここでは，「小・中学校においては，通常の学級，通級による指導，特別支援学級，特別支援学校といった，連続性のある多様な学びの場を用意しておくことが必要」と述べている。なお，この場合の通級による指導とは，通常の学級の指導に通級による指導を加えた学びの場である。

　図 C-9-1 は，多様な学びの場における教育課程について，まとめたものである。特に個

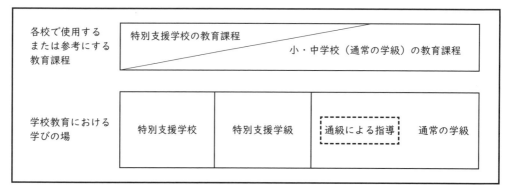

図 C-9-1　多様な学びの場における教育課程

別の指導計画の作成にあたっては，各校の教育課程を熟知した上で，立案していくことが必要である。

　特別支援学校の教育課程は，在籍する子どもたちの実態を分析・検討した上で，特別支援学校学習指導要領の各教科等の目標，指導内容の選択や配列等を通して，各学校の教育目標を達成できるよう編成することができる。個別の指導計画については，1999（平成11）年の特別支援学校学習指導要領改訂により特別支援学校の全児童生徒の自立活動の指導において，また重複障害のある児童生徒の指導について作成することとなり，次の改訂の2010（平成22）年度から，すべての特別支援学校の幼児児童生徒に，自立活動だけでなく，各教科や領域を含めて作成することとなった。

　特別支援学級の多くは小中学校に設置されており，通常の学級の学習指導要領を基本とするが，特別の教育課程を編成する場合は，特別支援学校の学習指導要領を参考として，実情に合った教育課程を編成することとなっている。特別支援学級についても個別の指導計画の考え方の重要性はかねてから現場ではいわれていたが，2017（平成29）年3月，現行の学習指導要領の改訂において，初めて国の規定として義務づけられた。

　通級による指導を受ける児童生徒は，通常の学級で各教科等の指導を受けながら，障害に応じた特別の指導（自立活動）を通級で受ける。つまり，通常の教育の各教科等の一部を，自立活動に加えたり替えたりしたものを個別の教育課程とすることができる。また，通級による指導においても，特別支援学級と同様に現行の学習指導要領の改訂から，個別の指導計画，個別の教育支援計画を作成して指導と支援を行うことが義務となった。

　なお，これまで通級による指導においては，自立活動に加えて障害の状態に応じて各教科の内容を補充するための特別の指導として「教科の補充指導」も行われてきた。しかし，単に各教科・科目の学習の遅れを取り戻すための指導など，通級による指導とは異なる目的で指導を行うことができると解釈されることを避け，現在，文言を改め，「特に必要があるときは，障害の状態に応じて各教科の内容を取り扱いながら指導を行うことができる」と明確化されている。

2. 就学相談等における取り扱い

　特別支援学校，特別支援学級，通常の学級において通級による指導を加えた学び，通級は

しないが通常の学級における特性に応じた配慮や支援を伴う指導など，多様な学びの場を保護者及び幼児児童生徒が選択する過程の中で，我が国では，特別支援学校を就学先と考える場合は主に都道府県，特別支援学級を含む小中学校の場合は，主な設置者である市区町村の教育委員会が相談にあたっている。

　これらの就学先を決定する相談や，就学相談以降の学びの場の変更等の検討の際にも，個別の教育支援計画及び個別の指導計画をもとに検討される必要がある。特に，初就学においては，就学前の早期からの一貫性や一覧性の高い関係機関等の情報共有が容易なファイルとしてまとめられた就学支援ファイルまたは相談支援ファイル等を，個別の教育支援計画としている地域もある。これらは，保護者と認定こども園・幼稚園・保育所や医療，福祉，保健等の関係機関と連携して作成されている。

　市区町村等で行われる就学に関する事前の教育相談（就学相談）は，固定的に一つの学びの場を決定するための相談ではなく，将来の生活に向けた子どもの教育的ニーズに沿って，今後，どのような多様な学びが必要であるかの相談と捉える必要がある。先の手引（文部科学省，2021a）では，就学後の学びの場の変更についても，保護者，在籍校と教育委員会が連携して検討していくことが明記されている。これらの検討の際にも，また，学びの場を小中学校の途中で変更する際にも，以前の在籍校で作成された個別の教育支援計画及び個別の指導計画が，次の学びの場に引き継がれていくことが重要である。

　現行の学習指導要領では，通常の学級や特別支援学級を含めた小中学校と特別支援学校との「連続性」という表現が使われているが，これらの学校間の移動を行う幼児児童生徒の指導や支援を，より的確に行うためにも，個別の教育支援計画，個別の指導計画の役割は大きい。

3.　切れ目ない支援の充実

　2021（令和3）年の中央教育審議会答申「令和の日本型学校教育の構築を目指して──全ての子供たちの可能性を引き出す，個別最適な学びと，行動的な学びの実現」の各論でも，新時代の特別支援教育のあり方について今後の方向性が示されており，「障害のある子供の学びの場の整備・連携強化や関係機関の連携強化による切れ目ない支援の充実」などが挙げられている。

　特別な支援が必要な子どもとその保護者については，乳幼児期から学齢期，社会参加に至るまで，地域で切れ目のない支援を受けられるような支援体制の整備を行うことが重要である。本答申においても，子どもが受けた指導や合理的配慮の状況等を個別の教育支援計画等を活用し，学校間で適切に引き継ぐとともに，個別の指導計画との趣旨の違いに留意しながら，共通して引き継がれるべき事項をより明確にすることや，デジタル化の動向も踏まえた環境整備の必要性が述べられている。

　また，高等学校における学びの場の充実が取り上げられ，小中学校から発達障害のある生徒などが進学している状況を踏まえ，個別の教育支援計画や個別の指導計画を作成・活用し，適切な指導及び必要な支援を行う重要性が指摘された。特に，小中学校で特別支援教育を受けてきた子どもの指導や合理的配慮の状況等を，個別の教育支援計画を活用して高等学校に引き継ぐ必要がある。

　なお，高等学校における通級による指導は，2016（平成28）年12月「学校教育法施行

規則の一部を改正する省令等の公布について（通知）」により，2018（平成30）年に法制化された。より一層の教員の資質向上や校長のリーダーシップのもと，学校全体で高等学校における特別支援教育の充実に取り組むことの重要性も挙げられている。

C-9-3　福祉・保健・医療との連携

1．個別の支援計画との関連

　障害者権利条約の批准を巡り，福祉分野等の障害者施策が整備され，障害者基本法や発達障害者支援法の改正，障害者差別解消法の制定等が行われた。障害者一人一人の実態や支援について明記した「個別の支援計画」は，個人のライフステージにわたる支援のあり方を記述したもので，必要不可欠な計画と考えられている。

　個別の教育支援計画は，個別の支援計画の学校段階における計画として，子どもの幼児期からの切れ目のない支援や，学校教育修了後の支援に切れ目なく継続するものと捉えることができる。

　個別の指導計画は，個々の子どもの障害の状態等に応じたきめ細かな指導を行うために，指導の目標や内容，配慮事項などを示した計画とされている。学級での配慮，ティームティーチングによる指導，取り出し指導，特別な場での個別指導など，形態を問わず，子どもの教育的ニーズについての包括的な指導計画である。

　つまり，個別の教育支援計画は，児童生徒の支援に関わる人が広い範囲で求められ，長期的なスパンで計画されるものである。対して，個別の指導計画は，学校等における具体的な指導の内容に深く迫り，指導をする側は場面によって限定的であり，学期ごと等比較的短期的な計画として位置づいている。

　個別の支援計画，個別の教育支援計画，個別の指導計画の関係を，図C-9-2に示した。

2．チームでの取組

　2014（平成26）年，内閣の閣議決定として「子供の貧困対策に関する大綱」が提示された。子どもをめぐる貧困対策の推進の中に，学校をプラットフォームとした子どもの貧困対策の推進，きめ細かな学習指導による学力保障，スクールソーシャルワーカーの配置充実などがあり，学校において，スクールソーシャルワーカーやスクールカウンセラーなどの職種が機能する体制の構築が提案された。

　その後の現行の学習指導要領への改訂においては，学校生活だけでなく家庭生活や地域での生活を含め，長期的な視点に立って幼児期から学校卒業後まで一貫した支援を行うため，家庭や医療機関，福祉施設などの関係機関と連携し，さまざまな側面からの取組を示した計画である個別の教育支援計画を作成し，計画的・組織的な指導や支援を行うことの重要性を述べている。個々の子どもの障害の状態等の把握にあたっては，学校が，チームとして必要に応じて専門の医師や心理学の専門家等と連携協力し，障害の状態，発達や経験の程度等を的確に把握することが明記された。

　また，学習指導要領等の理念を実現するために必要な方策として，「チームとしての学校」への実現に向けた改革が示されている。これによると，複雑化・多様化する学校の諸課題に

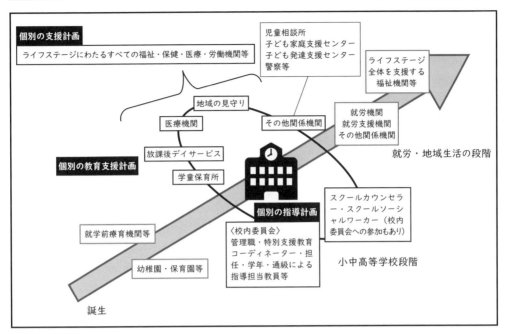

図 C-9-2　個別の支援計画，個別の教育支援計画と個別の指導計画との関係

対応し，子どもたちに必要な資質・能力を育成していけるよう，学校において教職員が心理や福祉等の専門スタッフと連携・分担する「専門性に基づくチーム体制の構築」等が記されている。したがって，スクールカウンセラーやスクールソーシャルワーカーなど，教員以外の専門性を持つ人材も，「チーム学校」としてのメンバーとなる。幼児児童生徒の育成の観点から，学びについてはこれまでも学校の教員が担い授業を中心に指導と支援を行ってきたが，今後は，子どもの心理的ケアや家族支援等も視野に入れながら，学校の教員だけでない多職種の専門家と連携していくことが求められる。

C-9-4　個別の指導計画・個別の教育支援計画共通の留意点

1．PDCA サイクル

　図 C-9-3，C-9-4 に個別の教育支援計画，個別の指導計画の作成の流れを示す。

　2 つの計画に共通していえることは，計画立案の前に，本人・保護者・支援者等のニーズをしっかり把握し，的確な実態把握を行い，計画を立案することである。

　そして，教育上の指導や支援の具体的な内容，方法等を「計画し→実施し→評価し→改善する（Plan － Do － Check － Action）」の PDCA サイクルによって，より客観的に分析的に指導や支援を行っていくことが望ましい。

　日々の指導においても，また，短期・長期など期間を区切った中で，このサイクルを用いて計画の見直しを行っていくことが重要である。

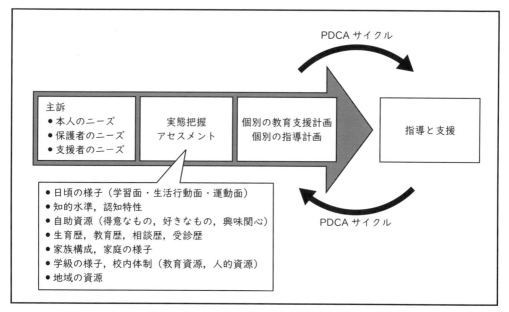

図 C-9-3　個別の教育支援計画・個別の指導計画と PDCA サイクル

2. 課題の特定と行動観察

　子どもへの支援は，教員や保護者による気づきから始まり，子どもを指導・支援していくチームにおける気づきの共有へと進んでいく。これらは，家庭と学校，学童保育所と学校など，幼児児童生徒が異なる場所で過ごす際に，子どもの行動の様子が異なってみえる場合においても，課題を感じた支援者がいれば，その課題となる事実を共有しながら，検討を行う必要がある。子どもが過ごす場によって，課題のみえ方が違ったり，課題が変化したりすることを確認することもできる。

　誰かの発見，誰かの違和感等に対して，まだ課題に気づかなかったり感じなかったりする者がいても，なぜ感じるのか，なぜ異なるのか等を考え，否定し合わないことが大切である。

3. チームで作成

　先にチーム学校について述べたが，特別支援教育においても，特別支援教育コーディネーターを中心とする校内委員会が有機的に機能してほしい。そして，当該の子ども本人・保護者の心情を汲み取りながらも客観的な評価を行いながら校内外の専門家とともに適切な実態把握を行い，個別の指導計画と個別の教育支援計画を立案していく。

　学校では，入学当初に保護者が子どもの課題を申し出る場合もあるが，教員や保護者等のうちの誰かによる小さな気づきから始まる場合も多い。この場合は，小さな気づきに周囲が気づいていない場合でも必ず受け止め，複数以上のメンバーで課題の有無を観察することが重要である。担任だけが気づき，周囲の教員が気づかない場合でも，専門家がみると課題の一端がみえることもある。

　当該の子どもや保護者，担任の教員等を支えるチームは，特別支援教育コーディネーターや学年等関連の教員，養護教諭，学校管理職等の学校教員であるが，スクールカウンセラー

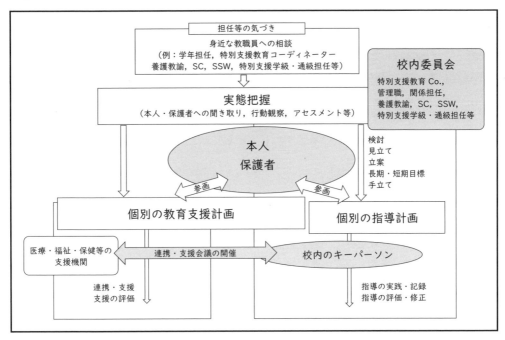

図 C-9-4　個別の指導計画，個別の教育支援計画立案の手順

やスクールソーシャルワーカーなどの専門性を持って学校に勤務する多職種の人材も加わることが望ましい。

　通級による指導を行う児童生徒の場合には，通級指導教室担当教員の役割も重要である。特別支援学級では担当教員が中心となって個別の教育支援計画や個別の指導計画を作成することになるが，この場合も，児童生徒が交流する通常の学級の担任や校内関係者と連絡・協議を踏まえて作成することが望ましい。校内委員会等において，このようなチームの連携をリードするのが特別支援教育コーディネーターであり，子どもと直接関わる通常の学級担任，通級による指導や特別支援学級の担当教員等との連携が不可欠である。

　また，子どもが学校外の療育機関や医療機関等にかかっていたり，家庭の課題等のために子どもや家庭の支援を行う福祉機関等と連携したりして，個別の教育支援計画を作成することもある。時には，学校外の機関がチームを招集するなど，リーダーシップを取るのが，外部機関となることもあるだろう。そのような場合の学校は，代表である管理職や特別支援教育コーディネーター等が，校内委員会の意見をもとに，学校という一つの組織としての考えを述べたり，役割分担等を検討したりすることが重要である。

4.　主訴の検討

　個別の計画を作成する際には，子ども自身は何に困り，何を必要としているかを把握することが重要である。困っているのは担任であって，子ども自身にまったく問題意識がない場合もある。

　子どもが自分自身のニーズをどの程度把握し，それを表現できるかは年齢や発達にもよるが，個別の教育支援計画や個別の指導計画の作成と実行の過程で，キーパーソンとなる担任

や通級による指導の担当者等が，子どもとよく話し合うことが大切である。課題に気づかせるというよりも，普段の学習・生活の中の場面を具体的に振り返りながら，子ども自身のことばで，どんなときにどんなことが起こるのかと気づかせていくことが必要である。このような過程を通して，最終的には子ども自身が，自分は何をすることを求められているかを理解し，やってみようという意欲を持ち，教員や周りの人に支えられて目標に向かって行動しようとすることが不可欠である。

　一方で，困っている担任等がいるときにも，どんなとき，子どものどんなところが困るのかを，校内委員会の他の教員やスクールカウンセラー，スクールソーシャルワーカー等が聞き取り，整理をしていくとよい。

　また，個別の教育支援計画，個別の指導計画ともに，保護者の積極的な参画を促し，計画の内容や実施についても意見を十分に聞くことが必要である。子どもの育ちに漠然と不安を抱えながらも，学校から初めて問題を指摘され戸惑うばかりの保護者もいれば，学校への要望を用意している保護者もいる。まずは，保護者，子ども，教員それぞれが認識している問題・事柄はそれぞれで異なる，という前提から始めることが現実的であり，互いの理解をすり合わせていく。これらの計画立案・作成に保護者の参加を促すことは，教員・学校と保護者の信頼関係を促進することにもつながる。学校と家庭での支援の連続性は，子どもたちの生活の質を安定化し，目標を達成するための必要条件である。

C-9-5　個別の教育支援計画の作成

1. 個別の教育支援計画の内容

　個別の教育支援計画は，長期的な視点で，子どものライフステージを見通した QOL を考える計画ともいえる。家族や親戚の関わりとともに，医療，福祉，保健等，さまざまな分野の公的機関，民間機関で，子どもと保護者が誰と，過去にどのように関わってきたか，現在関わっているか，将来どのように関わっていこうとしているかについても言及する。これらの関わりについては，心情的なサポートだけではなく，どのようなサービスを受けたか，受けることができるのか等，具体的，正確な記述が求められる。

2. 子どもを取り巻く状況についての実態把握の方法と実際

1) 家庭の情報と個人情報の扱い

　当該の子ども本人の家庭生活の様子を保護者から聞くことが中心となるが，当該の子ども以外のきょうだいとの関わり等についても言及できるとよい。個別の教育支援計画では，父親，母親，祖父母，近い親戚等の考えや関わり等も記述していることが望ましい。家庭の人々が，今までどのように関わり，現在は当該の子どもに対してどのような役割を果たし，将来的にはどんな関わりをしてくれるのか等を，PDCA サイクルの中で，毎年度，確認して変化を修正していくことが必要である。

　このときに重要なのは，家庭の状況を聞き取る際には，個人情報について，組織として守っていくという姿勢である。たとえば，家庭支援が必要なケースであれば，個人情報を守秘しながら，子どもや家庭を支援する部署の職員やスクールソーシャルワーカー等が，聞き

取ることがあるかもしれない。これらの場合には，学校が情報を共有してよいか，学校職員の誰が共有してよいか等まで具体的に聞けることが望ましい。学校で，担任や特別支援教育コーディネーター等が聞き取る場合には，聞き取った内容の何を関係機関と共有してよいか，共有したくない内容は何か，まで聞き取る必要がある。

　また，虐待対応等，保護者の同意を得にくい場合には，管理職や児童相談所，警察，司法等，しかるべき根拠に基づいて対応している機関と連携を取り合い，学校の取るべき立場について助言を得ながら対応することが必要である。

2）切れ目ない支援の充実の観点から
　学校では次の3つの視点で整理しておくとよい。

（1）就学前からのつながり
　就学前に子どもが主に所属していた機関（幼稚園・保育園等）と，関わっていた機関（療育機関等のこともある），それぞれの担当者の記述。何らかの指導や支援を受けていた場合には，その内容と，それらをどのように，小学校に引き継ぐかについての記述が必要である。「就学支援シート」等を作成している自治体等では，すでに記述されているものを小学校等が受け取ることもある。

（2）学校内の引継ぎ状況
　それぞれの学年の担任と，それぞれの学年における児童生徒の活躍や，主な課題，それに対する指導と支援の概略等を記述する。

（3）小学校から中学校へ，中学校から高等学校等への引継ぎ
　それぞれの段階における児童生徒の希望と，実際の課題，引き継ぎたい指導と支援についての記述が必要である。義務教育修了後の進学の際，たとえば高等学校等の入学試験で一般の受験とは異なる合理的配慮を申請する際，時には小学校にまでさかのぼって，小中学校でどのような指導や支援を受けていたかが記述されていることが求められる。

3）地域の支援
　地域のリソースや，地域で関わってくれる人についての記述もあるとよい。公的機関や民間機関もあれば，地域の商店や子ども会，スポーツや稽古事，学習塾等においても，保護者や子ども本人が，発達的な課題を公表して支援の要請をしたい場合には，支援者として記述しておくことが望ましい。

4）医療機関との連携
　発達障害児の多くは，就学前から医療機関で治療や助言を受けている場合がある。投薬等の治療だけでなく，福祉や医療の機器等の使用や，医療的なケア等，学校以外の機関で受けている支援等についての計画及び実施状況について，学校でも承知していることが望ましい。医師だけでなく，作業療法士や言語聴覚士等，医療分野の専門家からの助言も的確に記述していることが望ましい。保護者を通して，または学校が直接当該医療機関から保護者の

同意のもとに聞き取っていくことも必要である。

　精神保健に関する手帳等を取得する際や大学入試センターの共通テスト受験の際に特性に応じた合理的配慮による支援をしてもらう場合には，主治医による書類が必要である。

　2021（令和 3）年 9 月から施行された「医療的ケア児及びその家族に対する支援に関する法律」（以下，医療的ケア児支援法）により，これからは医療的ケア児が特別支援学校だけでなく小中学校に入学することも増えていくだろう。これらの幼児児童生徒については，医療的ケアを担当する職員との連携や，医療的ケア以外の個別の指導や支援の必要性なども併せて医療機関との連携が不可欠である。

3. 個別の教育支援計画の立案と実施における留意点

1）ケースのマネジメント

　個別の教育支援計画の作成と実施にあたり，学校側の職員の心構えとして，ケースをマネジメントする意識を持つことが重要である。学校教育では，幼児児童生徒一人一人の学びを保証し育成することが本来の役割だが，これからは，子どもを取り巻く環境も含めて，学校以外の機関で行われる支援を理解しつつ，個人情報の守秘に留意しながら個別の教育支援計画を作成し，その適正な実施を見守るという広い視野が必要となる。

　学校側のキーパーソンとして，特別支援教育コーディネーター，養護教諭，スクールソーシャルワーカー等，連携を専門に行える職員が，学校組織としての校内委員会の代表となり，学校管理職に報告・連絡・相談も行いながら，組織的に外部機関と連携をしていくことが求められる。

　個別の教育支援計画により，学校教育から次のステージへという長期の目標を共有しながら，子どものニーズによって生じるさまざまな機器の使用や支援の具体的な内容の変更や調整については，目標と期間を区切ってマネジメントしていくことが必要となる。

2）ライフステージの見通し

　個別の教育支援計画の作成にあたっては，学校段階にいる子ども本人及び保護者が，学校教育を修了した後，さらなる進学や就労等も含めてどのような人生をおくっていきたいか，ライフステージを見通した目標をどう設定していくか，本人，保護者の現在の状況に即したニーズに加えて，将来の夢や希望も聞き取っていくことが大切である。学習だけではなく，生活や余暇の使い方，友人との交際等，将来の展望も含めたものとなっていく。

　ライフステージを見通した長期的な視野に立った上で，今現在の実態把握に基づいた個別の指導計画を立案，作成，実施にあたっても，将来を見通した個別の教育支援計画が，本人，保護者とさまざまな支援者により個人情報の守秘のもとで，しっかりと共有されていることが望ましい。

3）支援会議

　関係機関が集まって，支援の方向性を話し合う会議が開催されることがある。児童生徒が在籍する学校長主催の場合もあれば，要保護児童対策地域協議会の児童相談所や子ども家庭支援センター等，自治体の福祉部門の事務局等が主催する場合も考えられる。

　支援会議の留意点は，支援の目的と各機関の役割分担を明確にすることである。

　特に，それぞれの部署が役割を分担して，子どもや保護者にアプローチ等を行う際には，具体的にどの部署が，いつまでに何を行い，それをどこに報告し合うかの具体的な手順を確認しておくことが必要である。

C-9-6　個別の指導計画の領域と内容

1. 個別の指導計画が扱う領域

　個別の指導計画の領域は，学習，生活・行動，コミュニケーション，対人関係，運動などである。学習はさらに国語，算数など教科に分けられる。どの領域の教育的ニーズが優先され，どの領域が重点指導になるかは当然子どもによって異なる。これらは子ども本人，保護者，クラスメイト，そして教員の状況を総合的に判断して決められる。さらに，教科によって子どもの実態や課題が大幅に異なる場合や，教科担任制の場合も優先される領域を決定するときには関係教員間の協議が必要である。

2. 個別の指導計画の内容

　個別の指導計画・個別の教育支援計画のPDCAについては，先に述べたが，的確なP（計画）の立案のためには，気づきや課題の把握の後，適切な実態把握が必要である。先の図C-9-4を参照してほしい。もし，子どもや保護者にすでに課題についての意識がある場合には，その捉え方，それぞれのニーズがどこにあるかを中心に，それぞれの主訴を把握する。そして，その主訴に沿って，実態把握・アセスメントを始める。

1）実態把握

　学校で直接収集できる情報は，授業及び学校生活のさまざまな場面における行動観察が第一である。できるだけ客観性を持たせるために，チェックシートの利用など，数値化して指導前と後の比較ができるようにするとよいだろう。

　また保護者（時には本人）との面談によって，家庭生活のさまざまな場面の様子を具体的に聞いたり，生育歴の情報を収集したりする。特に，生育歴は身体発達，言語発達，他者との愛着関係の発達等，一般的な乳幼児の発達指標（マイルストーン）と比較して当該の子どもの発達がどのような状況であったかを，明らかにすることができる。このことを通して現在の課題の背景や，幼少期からの発達課題のリスクがみえることがある。

　標準化された検査等からの情報収集も重要である。

　子ども本人，保護者，支援者等それぞれの主訴とこれらのアセスメント結果を吟味することにより，あらためてそれぞれの主訴を見直したり，アセスメント結果それぞれの関連性や妥当性を考えて，本当の教育的ニーズとは何かを明らかにしたりしていく。これらの過程を通して，子どものつまずきの背景要因の分析を行うこととなる。

（1）アセスメント

　相談・医療機関での障害の診断や検査結果も含め，以下の内容のアセスメントが挙げられる。通級による指導のように，限られた時間の指導についてより吟味された指導計画を立案

する場合には，できるだけ詳細な情報収集によるアセスメントが必要だが，通常の学級を含めたすべての指導や支援の場面で，これらすべての情報を得られなければ個別の指導計画が立案できないわけではない。

　どの情報から優先的に収集していくかについても，校内委員会で決定していくことが望ましい。

　　①子どもの気になる点，問題となっている事柄の分析：それがいつ，どこで，どのような状況で観察されるのか。
　　②学習面のつまずきと学力：学習のつまずきの内容とその特性，学年レベルに達している教科と達していない教科，達していない場合は，何学年程度の遅れであるのか。
　　③知能水準と認知特性：全体の知的発達の水準や認知機能の特性は指導方法・内容・教材を工夫する上で重要な手がかりとなる。
　　④対人関係・社会性：行動上の問題がある子どもについても，そうでない子どもについても，子どもが人や環境とどう関わり，どう自分を表現しているかを把握する。
　　⑤運動：粗大運動，微細運動，全身の協応性など。
　　⑥身体面：身体疾患，他の障害，脳機能等。
　　⑦生育歴：発達の経過。
　　⑧教育情報：就園・就学前からの教育・保育経験（中学校・高等学校の場合は以前の学校生活の様子），前在籍校からの申し送り事項，個別の教育支援計画（策定されている場合）。
　　⑨医療・福祉・保健機関の情報：諸機関の受診歴（診断・治療），専門機関への相談歴，福祉の措置，補助等の受給などに関する情報。
　　⑩家庭：家族構成，家庭環境，家族関係等の情報，各家族の当該の子どもの課題についての意識等。

（2）アセスメントから見立て，目標設定へ
　実態把握や情報収集のアセスメントの結果から，その子どものつまずきの背景要因を分析し，見立てを持ち，その上で目標を設定し，指導の手立てを考える。

　①背景要因の分析と見立て
　子どもの課題の背景となる要因が見つかれば，校内委員会等，子どもを指導・支援するチームとしての指導の方向性が見出せることとなる。チームとしての見立てということになる。
　たとえば，発達障害の診断や傾向が予測された場合には，発達障害に伴って言語や運動，注意，対人面等，どのような学習や生活面でつまずきが生じているのか，また，そのつまずきに応じた一般的な手立てが，当該の子どもの場合に有効かどうかの吟味が必要となる。
　家庭にも要因の一部がありそうな場合，そのことの解決のためには，単に学校の教員による保護者面談だけでよいのか，スクールカウンセラーやスクールソーシャルワーカーと連携して対応するべきか，または，学校外部の医療，福祉，保健機関との連携が必要かなども考えなければならない。

②目標の設定

　目標設定の際，現在の最大の課題の解決を指導の目標にすることは望ましくない。目標は，子ども自身と教員等周囲の努力によって，達成可能なものでなければならないからである。達成可能なものにするには，最大の課題以外の他の達成可能な課題を目標とするか，または，達成までの具体的なスモールステップをたくさん設けた上で，達成可能なものを目標とするかのどちらかとなる。

　たとえば，読みの問題であれば，何が読むことを困難にしているか，どのような認知特性と関連しているか，どのような介入の仕方が目的達成のために有効かつ現実的であるか，などと検討するプロセスが存在している。

　また，学習や生活面における子どもの課題の程度によっても目標や手立ては変わってくる。発達障害の子どもへの介入方法として，回避の手立てを教えるのもひとつの方法である。しかし，学校教育の場合，たとえば読みの苦手な子どもが，いつまでも音読を回避するのではなく，あらかじめ通級による指導の場等で録音した読みを担任や周囲の子どもに聞いてもらうというような代替手段を行う段階，また，教科書にルビを振ったり，文節に分ける線を引いたりして，少しの努力で達成可能な挑戦を行う段階等が考えられる。

2) 長期目標

　長期目標は，多くの場合，1年間を想定して設定している。1年の間に育てたい力を明確にして，子ども自身も自分自身で評価できる目標に絞って表現することが望ましい。

　たとえば「コミュニケーション能力を高める」「よい友人関係を持てる」といった表現は漠然としていて曖昧であるため，具体的なイメージが持ちにくく，評価しにくい。どんな場面でどのような相手と，どんなやりとりができるようにしたいか等，子ども自身が評価できるような文言を設定するとよい。

　また，ほとんどの事例では，問題や改善したいことが1つではないため，重点課題や優先課題を絞り込んでいく必要がある。1年の長期目標を設定する際に，月や学期単位の学習や行動についての明確な短期目標から，1年後の長期目標へと考えていく方法もある。

3) 短期目標

　短期目標は日々の指導の目標，行動目標となるものであり，長期的なゴールに到達するための，段階的，具体的な行動目標でなくてはならない。達成する目標と手順を具体的に示すことが大切である。その期間は学期ごとくらいの単位で考えていくとよい。子どもの変容が早ければ，1カ月ごとに修正・追加していく場合もある。

　個別の指導計画の成功の鍵は，いかに目標を設定するかにある。短期目標を設定する上でのポイントは，以下のとおりである。

- 具体的，段階的で明確であること
- 一定期間に達成可能である
- 結果がみえる（測定可能，観察可能）
- 子どもが意識できる

　たとえば，聞くことが苦手な小学校低学年の場合，通級による指導の小集団学習の中で，「友達の発言の際には顔を見て聞く」という目標であれば，どのような行動が目標であるのか，本人が理解して，本人自身も担任も評価できるだろう。これがたとえば1学期終了時に達成できているとしたら，2学期は，「友達の発言の際に，相づちを打ちながら聞く」というような段階に進めることができる。

4）指導の手立て

　通常の学級や特別支援学級・通級による指導の小集団指導の場合，誰もがわかりやすいユニバーサルデザインによる学習が大前提である。その上で，アセスメントから得た子どもの特性に応じて設定した短期目標を達成するために，さまざまなアイデアを収集し，具体的な手立てや指導内容，方法・教材を選択し決定する。

　現場の実践に基づいた指導案，教材，ICT機器の利用等，支援ツールが次々に書籍やWeb上で公表されている。新しい手立てを積極的に取り入れるために，常に情報収集に努める必要がある。

　多様な学びの場の中で，他の子どもは使用していなくても子どものニーズに応じて特別な手立てが行えるよう，周囲の教職員や他の子ども・保護者の理解も求めながら進めていくことがもっとも重要である。

　実際の個別の指導計画への記載については，「いつ，どこで，誰が」といった実行計画を可能な限り明らかにし，関係者の間で確認できるようにしておきたい。通級による指導と通常の学級における指導を連携させた個別の指導計画も工夫されているが，計画立案前の実態把握の部分の共有も行った上で，在籍級と通級の両担任，本人，保護者が互いに見やすく確認できる形を考えながら実践してほしい。

　一斉指導においての配慮指導か，ティームティーチング，個別指導など，どのような形態で行われる指導かについても記載が必要である。また，特別支援学級と通常の学級での交流及び共同学習の場や，通級による指導と通常の学級など，子どもが複数以上の場を行き来して学習する際にも，関係者がそれぞれの役割を認識し，関連性のある計画を立案することが必要である。

5）評価・修正

　評価する対象は，まずは目標の達成具合（子どもの変容の評価）である。そのためには，目標自体が具体的でかつ評価しやすいもの（数値，段階的チェック）であることが必要である。

　次に指導自体の評価である。どの指導・配慮が有効であったかの振り返りは，「指導計画」では不可欠である。また，対象の子どもだけでなく，通常の学級や通級による指導，特別支援学級における小集団やクラスの変容をみることも忘れない。いずれも，校内委員会や複数の目で進めることが望ましい。

　指導の手立てに課題があった場合，その原因として考えられるのは，①情報の不足（追加のアセスメントが必要），②アセスメントの解釈や見立て違い，③選択された指導案・教材が有効でなかった，④目標の設定に無理があった，のいずれかである。どの点を修正するべきかを考え，変更・修正を進めていく。

〔引用文献〕

文部科学省（2004）：小・中学校における LD・ADHD・高機能自閉症の児童生徒への教育体制の整備のためのガイドライン（試案）.

文部科学省（2012）：共生社会の形成に向けたインクルーシブ教育システム構築のための特別支援教育の推進（報告）.

文部科学省（2016）：学校教育法施行規則の一部を改正する省令等の公布について（通知）.

文部科学省（2017a）：小学校学習指導要領.

文部科学省（2017b）：中学校学習指導要領.

文部科学省（2017c）：発達障害を含む障害のある幼児児童生徒に対する教育支援体制整備ガイドライン.

文部科学省（2021a）：障害のある子供の教育支援の手引―子供たち一人一人の教育的ニーズを踏まえた学びの充実に向けて―.

文部科学省（2021b）：令和の日本型学校教育の構築を目指して―全ての子供たちの可能性を引き出す，個別最適な学びと，行動的な学びの実現―. 中央教育審議会答申.

内閣府（2014）：子供の貧困対策に関する大綱.

〔参考文献〕

文部科学省（2018）：障害に応じた通級による指導の手引き―解説と Q & A―.

文部科学省（2020）：初めて通級による指導を担当する教師のためのガイド・初等中等教育局特別支援教育課.

笹森洋樹，大城正之（2014）：通級指導教室運営ガイド―Q & A と先読みカレンダーで早わかり！―. 明治図書.

全国特別支援学級・通級指導教室設置学校長協会（2019）：新版「特別支援学級」と「通級による指導」ハンドブック.

Ⅱ　実践編 ···

C-9-7　小学校の通常の学級での実践

1．小学校における計画立案のポイント

1）就学前機関からの引継ぎ

　小学校で個別の教育支援計画や個別の指導計画を作成する際，あらかじめ就学前機関から子どもの情報を引き継いでおくとよい。近年，就学前機関で行っていた指導と支援を小学校に引き継ぐために，保護者と保育所・幼稚園等が協働して就学支援シートを作成し，入学先の学校に提出することが増えてきている。入学前に十分な引継ぎが行われれば，入学後すぐに，指導や支援を開始することができる。また，療育機関を利用していた場合も，保護者の同意を得た上で，療育の目的や方法，成果と課題，小学校へ引き継ぎたい事項等が申し送りされるとよい。

2）校内での引継ぎ

　入学後の校内での情報共有は重要である。小学校では学級担任制が中心となるため，学級担任が，学校生活全般を通じて児童を理解することは容易であるが，その反面，他の教員との情報共有が不十分になることもある。日頃から校内委員会など校内全体で情報を共有することに努めるとともに，担任が交代する際には後任者に必要事項をしっかりと引き継いでおきたい。担任が他校へ異動する場合もあるため，引継ぎ事項は，校内の特別支援教育コーディネーターや学年主任，スクールカウンセラー等，次年度も校内委員会に所属する教職員間でも共有しておく必要がある。また，引継ぎに際しては，行った支援や指導の内容だけでなく，アセスメントから得たその児童の知的水準や認知特性もあらためて確認しておくとよい。

3）学級運営の視点

　通常の学級で個に応じた指導を行う場合，他の児童とまったく別立ての指導を展開するわけではない。支援対象の児童のニーズを念頭において指導計画を立てることはもちろんであるが，クラス全体にとってもわかりやすく参加しやすいユニバーサルデザインの視点を授業に取り入れるとよい。取り出し指導となる「個別指導」や，通級指導教室等での「個別指導」「小集団指導」と併せ，集団のサイズが大きな通常の学級における「配慮指導」を，上手に使い分けながら，児童の指導を計画するとよい。

4）学校・家庭・地域（各機関）との連携

　個別の教育支援計画や個別の指導計画は，学校が中心となって作成するが，放課後等デイサービス等，民間の療育機関においても学習指導が行われる場合がある。また，感覚や運動，コミュニケーション等の指導を行う機関もあり，児童が学校以外で何らかの指導を受ける場

合には，その目的や内容を関係機関が共通理解した上で役割分担し，支援や指導を行っていくとよい。また，子ども会やスポーツクラブ，絵画や芸術のクラブ等の習い事でも，周囲の大人が児童の特性を知り，児童が適切に周囲の人と関われるよう支援をしてもらう必要がある。

2. 事例の概要

　A児は，小学校2年生の男子で通常の学級に在籍している。落ち着きがなく集中して授業に臨むことができない。座位を保つことが難しく，椅子をゆらしたり，椅子の上に正座するなど姿勢を頻繁に変える。授業への参加意欲はあるが，挙手をせずにだしぬけに発言したり，担任が説明をしている最中に黒板まで出て行って教材（黒板に掲示する資料やマグネット等）をいじったりするため注意を受けることが多い。また，挙手をして指名されても，発言内容を忘れたということが少なくない。聞きもらしや聞き間違いも多く，指示通りにできないことが多い。忘れ物が多く，連絡帳に持ち物を書いても忘れてしまう。また，落とし物も多く，学級の落とし物入れに入っているものは，ほとんどがA児の持ち物である。整理整頓も苦手である。学習面では，計算のときに指を使ったり手順を声に出してつぶやいたりすることがある。九九の学習でも苦戦している。ほとんど毎日出される計算ドリルの宿題は面倒がってやろうとしない。1年生時には目立たなかった学習の遅れが，2年生の後半になって目立ってきた。

　行動面，学習面両方の面で支援が必要と判断した担任が，保護者の了解を得た上で，専門家チーム等を活用して支援につなげた。

3. 実態把握

1) 主訴
- 落ち着きがなく授業に集中できない。
- 忘れ物，落とし物が多く必要な持ち物が揃った状態で授業に参加できないことが多い。
- 学習面の遅れがみられるようになってきた（暗算や九九等に苦手さがみられる）。

〈担任のニーズ〉
- 集中して授業に参加してほしい。
- 指示をしっかり聞いてほしい。
- 忘れ物をなくしてほしい。

〈保護者のニーズ〉
- 学習（特に九九）のつまずきをなくしてほしい。
- 落ち着いた行動がとれるようになってほしい。

〈本人のニーズ〉
- 九九を覚えたい。
- 忘れ物をなくしたい。

2）家族構成・家族状況

　父，母，A児，妹（4歳）。両親は共働きで忙しいが，休日は家族で過ごす時間を大切にしている。父親は，A児とよく公園でキャッチボールをしている。また，なかなか九九を覚えられないA児のために九九のクイズを出すなど，育児にも積極的に関わっている。兄妹仲も良い。

3）生育歴・教育歴

- 通常分娩で39週に2,956gで出生。妊娠中のトラブルはない。
- 定頸4カ月。始歩11カ月。ハイハイをあまりしないまま，つかまり立ちをして始歩に至った。歩き始めるとじっとおとなしくしていないため，母親は目を離せず大変だった。幼児期は，外出時によく迷子になった。
- 始語1歳すぎ（「ママ」）。母親によると，語彙の広がりについて当時は特に問題がないと思っていたが，妹の育児をするようになってから，A児はことばの発達がやや遅めだったと思うようになったという。
- 人見知りは特に問題なし。標準的な発達相応の現れ方であった。
- 年長クラスのとき，保育所の担任から，次々と遊びを変えるので友達が戸惑うことが多く，じっくり1つのことに取り組めないと言われた。
- 1歳6カ月児健診，3歳児健診，就学時健診ともに特別な指摘はなかった。
- 相談歴はない。これまでに療育や特別支援教育を受けたことはない。

4）学校の状況・クラスの様子

　学校は中規模校で，全校で15学級である。校内に指名されて特別支援学級及び通級指導教室は設置されていないが，特別支援教育コーディネーターに指名されている教師がS.E.N.Sの有資格者であり，特別支援教育を行う上での人的資源となっている。

　A児の学級には児童が36名在籍しており，男子の比率が高い。学級担任は，着任2年目の20代の女性教諭で，経験は浅いが特別支援教育への関心は高い。

5）学力

- 読む力：文末の勝手読みがある。野球選手の伝記やプロ野球選手名鑑を好んで読む。
- 書く力：漢字の練習を面倒がる。作文はほとんどがひらがなになる（漢字が書けないわけではないが，作文の時に漢字を思い出して書いていると，書こうとしていた内容を忘れるという）。
- 計算する力：暗算が苦手で指を使う。九九の習得が不十分。
- 推論する力：国語や道徳の授業の中で，因果関係や次の展開を考えることはできるが，自分のことになるとよく考えずに行動することが多く，手順よくできない。

6）行動・社会性

- 多動性・衝動性：落ち着きがない。衝動性が高く指示を聞く前に行動に移していることがある。
- 注意・集中：家庭ではゲームに長時間集中することがあるようだが，授業中は物音等

の刺激に惑わされることが多く，姿勢を保持することも苦手である。まとまった時間同じことに取り組むことも苦手で，すぐに飽きてしまう傾向がみられる。

- 固執傾向：1年生のときは勝ち負けにこだわり，ドッジボールでエラーした友達を責めることがあったが，最近は勝敗へのこだわりは強くない。
- 社会性・対人関係：話したいことを一方的にしゃべることがあるが，大きなトラブルはない。ケンカしても仲直りできる。野球チームで一緒の仲の良い友達がいる。
- その他：整理整頓が苦手で落とし物も多いため，探し物が多くなかなか活動を始められない。

7）言語・コミュニケーション

- 聞く力：言語理解は悪くないが，聞き返しや聞き漏らしが多い。
- 話す力：多弁で，おしゃべりをしないように注意されることが多い。指示語や擬音を多用する。

8）運動・基本的生活習慣・その他

- 粗大運動：運動面に大きなつまずきはない。運動能力は年齢相応であり，野球チームに所属している。チームでは，監督の話を聞くときに集中できず，叱られることが多い。
- 微細運動：工作等は好きだが作業が雑になる。折り紙は角と角をきっちりと合わせられない。消しゴムを使用するとき消し残しが多く見られ，しっかり押さえられないためノートが破れたり，しわがよったりすることがよくある。

9）身体・医学面

- 視力，聴力の矯正はない。
- 特筆すべき持病はない。
- 特別支援教育コーディネーターの勧めで医療機関を受診した結果，ADHD の診断を受けた。

10）興味・強い面・指導に利用できるもの

- 野球は観戦することもプレーすることも好んでいる。プロ野球選手のプロフィールは選手名鑑を熟読しているためよく知っている。
- パズルが好きで，最近では都道府県パズルが気に入っている。
- 電車の路線図を眺めるのが好きで，時々自由帳に都心の路線図（駅名は最寄りと主な乗換駅だけ）を色分けして描いている。

4. WISC-IV の結果（8 歳 1 カ月）

　日頃の様子から，学習の遅れが出てきているものの知的障害ではないと判断し，同年齢集団の中での知的水準と個人内での能力の差異を把握するため，WISC-IV を実施した。結果は表 C-9-1 に記す。

　検査結果から得られた全般的知的水準及び認知特性等を以下に記す。

表 C-9-1　A 児の WISC-IV の結果（CA：8 歳 1 カ月）

全検査・指標得点	合成得点	パーセンタイル	信頼区間（90%）	記述分類
全検査（FSIQ）	93	32	88- 99	平均の下〜平均
言語理解指標（VCI）	95	37	88-103	平均の下〜平均
知覚推理指標（PRI）	109	73	101-115	平均〜平均の上
ワーキングメモリー指標（WMI）	76	5	71- 85	低い（境界域）〜平均の下
処理速度指標（PSI）	94	34	87-103	平均の下〜平均

1）全般的知的水準（FSIQ）

　全般的知的水準（FSIQ）は「平均の下」から「平均」の範囲にあるが，指標得点間に大きなばらつきがみられるため，FSIQ を中心に解釈するのではなく，各指標の特徴から実態把握を行う必要がある。

2）4 つの指標得点，処理プロセス等の特徴

　ワーキングメモリー指標（WMI）が，他の 3 つの指標のいずれと比較しても 15％水準で有意に低く，標準出現率からその差は稀であることがわかった。また，プロセス分析において「順唱」と「逆唱」間に有意差がみられた（順唱＞逆唱）。

3）検査中の行動観察から得た情報

　検査に対しては協力的であり，開始時はやや緊張もみられたが，すぐに検査者に打ち解けた。検査の後半は，貧乏ゆすりが多くなったが，全般的に集中して取り組んでいた。「類似」「単語」では語想起が滑らかにいかないことがあった。「積木模様」ではためらいなく組み立てていたが，手順を声に出してつぶやいていた。「算数」では聞き返しが 3 回あり，指を使って計算していた。「符号」を終了した後，「3 は足す，4 はカタカナのト，6 は V って覚えた」と言っていた。

5. 総合的判断

　WISC-IV から推察される認知特性と本児の実態とを関連づけて総合的判断を行う。

- 学習のつまずきがみられ始めたが知的障害ではない。
　⇒ FSIQ と日頃の様子から考えられる。
- 言語理解力は平均的な能力がある。
　⇒ VCI の結果と日頃の様子から考えられる。
- 聴覚的ワーキングメモリーに弱さがある。
　⇒ WMI の低さと聞き返しや聞き漏らしの多さ，発言内容を忘れる，素早くひらがなで書きとめないと書きたいことを忘れるなどの日頃の様子から推測される。九九の定着の悪さとも関連すると推察される。また，注意・集中の悪さや手順よく行動できないこととも関連すると思われる。
- 視覚認知は比較的よい。

⇒ PRI（「積木模様」）の高さとパズルや路線図が好きなことから推察される。
- 聴覚的記憶に比べて視覚的記憶のほうが得意。
  ⇒ WMI の低さに比して PSI が良いことと，日頃指示を憶えていられないことが多い反面，選手名鑑の内容は繰り返し眺めて書かれている情報をよく記憶していることから推察される。

二次的な問題として，学習に対する意欲がやや低下している様子があるため，指導に際しては留意する必要がある。

6. 教育的支援の方針

1）方針

　ワーキングメモリーの弱さに配慮した指示の与え方や活動の展開にする。得意な視覚認知能力を活用して聴覚的短期記憶の弱さや注意集中の悪さを補う。

2）教育的支援の場と形態

- 通常の学級における配慮指導（校内及び近隣に通級指導教室がないため）。
- 隣市の学童の送迎を行う放課後等デイサービスの利用。

3）指導上の配慮事項

（1）学級全体への配慮事項，集団場面での配慮事項

- 学級全体が互いの存在を認め合えるような雰囲気づくりを心がける。
- 黒板に書かれた情報に集中できるよう，黒板周辺の掲示物を整理する。
- 口頭で複数の指示を一度に出さない。または視覚情報を提示しながら指示を出す。

（2）個人への配慮事項，個別指導での配慮事項

- 「がんばり表」を作成し，苦手な課題に取り組めたら表の所定欄にシール（野球ボールのイラストのシール等）を貼り，学習の動機づけを高める。
- 口頭での指示を出すときは，事前に十分に注意を向けさせてから伝える。
- 指示を出すときや解説をするときに，視覚的な情報を活用して理解や記憶を助ける。
- 学級内での座席の位置を考慮する。
- プリント等の教材は，一度に多くの課題を与えない（例：1枚につき20題のプリント教材であれば5題ずつ4枚のミニプリントの形にして取り組ませるなど）。
- 活動内容を箇条書きにして提示するなど見通しを与える。
- 机やロッカー内で管理させる持ち物の数を減らす。

（3）家庭での配慮事項

- 宿題の内容や量に配慮する。
- 翌日の持ち物の準備をしているか保護者に声かけをしてもらう。
- 学校での頑張りを連絡帳で家庭に伝える。

表 C-9-2　A 児の個別の教育支援計画

氏名	A		性別	連絡先		在籍校	○○市立○○小学校
生年月日	○年□月◇日（　　年）		男	○○○−○○○○		学年組	2 年□組

主な課題　保護者の願い・心配
落ち着きがなく忘れ物が多いこと。学習につまずきが生じていること。

現在・将来についての希望			
児童・生徒	野球の選手か電車の運転手になりたい。	保護者	勉強が苦手でも高校には進学してほしい。得意なことを見つけて将来の職業につなげてほしい。

前任者からの引継ぎ事項	支援の目標
指示は，明確にシンプルに伝える。視覚的な手がかりを活用する。	落ち着いた学習・生活態度と自己肯定感の向上。

就学前	○○保育園　0 歳〜3 歳		◇◇保育園　3 歳〜6 歳
小学校	1 年時担任○○　Co. □□　　　2 年時担任○○　Co. □□　　　3 年時担任○○　Co. □□ （★現在）		
学童保育	支援機関	○○学童保育所　　　担当者　○○　　　連絡先 ○○	
	支援内容	学校と連携して，学級で行っている持ち物管理の工夫や落ち着くためのクールダウンのスペースの確保などを学童保育所でも実施。	
医療機関	支援機関	▽▽小児科　　　担当者　▽▽　　　連絡先　▽▽	
	支援内容	○年○月 ADHD の診断。投薬開始	
民間組織	支援機関	◇◇（放課後デイサービス）担当者　◇◇　　　連絡先　◇◇	
	支援内容	2 年時より週 2 回の頻度で利用を開始。OT による体幹を鍛える運動（姿勢保持の促進）や ST によるタブレットを活用した学習指導を実施。	
	支援機関	△△（地域の野球チーム）　　担当者　△△　　　連絡先　△△	
	支援内容	野球のルールを教える際は，タブレットやマグネットボード等を用いて，視覚的な手がかりを与えながら説明を行う。	
支援会議	2 年次　4 月に第 1 回開催（主催：小学校　司会：小学校特別支援教育コーディネーター） 次回予定：2 年次 2 月（目的：2 年次の取組の評価と 3 年次に向けた支援）		
確認欄	作成日　　年　　月　　日　　学校長　　　　　　　　　作成担当 私は以上の内容を確認し，学校が支援機関と個人情報を共有し連携・支援を行うことに同意いたします。 保護者　氏名　　　　　　　　　　印　　　　　　　（確認日　令和　年　月　日）		

4）各機関との連携

　特別支援教育コーディネーターの勧めにより隣市の医療機関を受診，放課後デイサービスの受給者証を得た。

7．個別の教育支援計画（表 C-9-2 参照）

　両親が共働きで忙しく，子どもに関わりたい気持ちはあっても十分に関われないことを補うために，隣市に開設した放課後等デイサービスを利用することとした。校内のキーパーソンは有資格者の特別支援教育コーディネーターで，家庭及び地域の医療機関，民間療育機関との連携の中心となっている。

8.　個別の指導計画の作成と指導の実施（表 C-9-3 参照）

1）長期目標の設定

　学習面：1 位数同士の乗算を正しく計算できる。

　生活・行動面：忘れ物や落とし物をなくし，円滑に活動に参加できるようにする。

2）短期目標の設定

　学習面①：九九の 1，2，5 の段を正しく唱えることができる。

　学習面②：九九の 3，4，6 の段を正しく答えられる（唱えにくい場合は，通常の唱え方にこだわらず，音韻認識が容易な唱え方で覚える）。

　生活・行動面①：視覚情報を参照しながら教師の指示を理解し行動できる。

　生活・行動面②：連絡帳代わりのプリントを用いて翌日の持ち物を準備することができる。

3）評価

　学習面：1，2，5 の段はもともと定着がよかったが，復習したことでより正確になったため目標達成と判断した。また，3，4 の段は，ひとつの式について単独で学習するだけでなく，表 C-9-4 のように各段の答えの一覧を示したことで 3 の段については正確に解答できるようになった。九九を学習する際，口頭で繰り返し覚えるだけでなく，式と答えが一緒に書かれた紙を見ながら唱えたり，特定の段の答えの数列を目にしたりすることが記憶を助けたようであった。4 の段と 6 の段については，まだ不正確な部分があるため学習を継続する。

　生活・行動面：視覚情報の活用として，活動内容やプロセスを黒板に提示する他，同じ内容を書いた紙を A 児に渡し，手元でも参照できるようにした。聞きもらしたときには，当初その紙を使って周囲の人に内容を教えてもらっていたが，徐々に手元に紙を置かなくても黒板に掲示した情報だけで活動に参加できるようになった。これまでは，聞き漏らしたことがあると活動への興味を失ったり，自己判断で指示と異なることを行ったりしていたが，以前と比較して活動への適切な参加が増した。

　忘れ物対策として，想起すべき情報に早くたどりつくために，連絡帳に必要事項を記入する従来の方法から，翌日の持ち物や宿題をメモした紙（A5 サイズ）をランドセルの蓋の裏ポケットに挟み，ランドセルをめくれば即座に情報を目にすることができる方法に変更したところ，持ち物に対しての意識が高まった。また，忘れ物をしなかった日は，A 児が好きな野球に関わるシールを表に貼っていくトークンエコノミー法を用いたところ，モチベーションが上がり，家庭の協力もあって忘れ物が減った。目標は達成できたが，習慣づけのため，しばらくこの方法を継続する。

4）今後の課題

　通常の学級及び放課後等デイサービスの利用により，自信を失っていた九九の学習に手応えが感じられたようで，学習への意欲も高まってきた。A 児が苦手とする聴覚処理を，得意な視覚処理で補う方法が有効であることがわかった。しかし，すべての段を正確に覚えるにはまだ時間を要すると思われる。個別指導の場では今回の指導方略を継続する一方で，3 年生の段階では，学級の授業内では題意の理解と立式に重きを置き，九九の不正確さは九九表

表 C-9-3　A児の個別の指導計画（通常の学級）

作成日：令和　　年　　月　　日

××市立○○小学校　第2学年△組	担任　○○
児童氏名　　　A　　　（ 男 ・ 女 ）	生年月日　○○年△月×日

主訴　• 落ち着きがなく授業に集中できない。
　　　• 忘れ物，落とし物が多く必要な持ち物が揃った状態で授業に参加できないことが多い。
　　　• 学習面の遅れがみられるようになってきた（暗算や九九に苦手さがみられる）。

担任のニーズ	保護者のニーズ	本人のニーズ
• 集中して授業に参加してほしい。 • 指示をしっかり聞いてほしい。 • 忘れ物をなくしてほしい。	• 学習（特に九九）のつまずきをなくしてほしい。 • 落ち着いた行動がとれるようになってほしい。	• 九九を覚えたい。 • 忘れ物をなくしたい。

長期目標

学習面	1位数同士の乗算を正しく計算できる。
生活・行動面	忘れ物や落とし物をなくし，円滑に活動に参加できるようにする。

指導計画（2年生3学期）

短期目標	指導の場と形態	方法	評価
〈学習〉① 1，2，5の段を正しく唱えることができる。	個別指導 放課後や朝自習の時間を使って担任または支援員が行う。	大き目の単語カードに式と答えの両方（例：2×3＝6）を書き，視覚に訴えながら九九を唱える。時計の文字盤や「に，し，ろ，や，とう」の唱え方等身近なものと乗算を関連づける。	滑らかに唱えることができるようになり正しく答えを導き出せるようになった。 ⇒達成
〈学習〉② 3，4，6の段を正しく答えられる（通常の唱え方でなくてもよい）。	個別指導 （上記に同じ） 通常の学級での配慮指導 A児が使っている単語カードと同じ表記の短冊を黒板に貼るなどしてA児の視野に入れる。	個別指導：上記と同様に単語カードを用いる。九九表から学習する対象の段だけ取り出して表を作り視覚的に記憶する（3の段であれば，3，6，9…）。音韻認識が容易な唱え方を用いる（例：4×7＝28よんななにじゅうはち）。 通常の学級：九九の復習を学級全体で行う際に，個別指導で用いた方法や教材を使って定着を図る。	3の段は正しく唱えられるようになった。4，6の段はまだ不正確なものがある。 ⇒4，6の段については継続
〈生活・行動〉① 視覚情報を参照しながら教師の指示を理解し行動できる。	通常の学級での配慮指導 指示や解説の際に，視覚情報を提示して聞き漏らしても情報にアクセスできるようにする。	指示を出すときは，注意を十分引きつけておく。活動のプロセスを示した図や指示内容の要点を箇条書きにしたものを黒板等に提示する。写真やイラスト等も資料として活用する。	聞き漏らしても，視覚的な手がかりをもとに指示の通りの行動ができるようになってきた。 ⇒達成 視覚情報の活用は継続する。
〈生活・行動〉② 連絡帳代わりのプリントを用いて翌日の持ち物を準備することができる。	通常の学級での配慮指導＋家庭の協力 保護者に持ち物の準備について声かけの協力を仰ぐ。	持ち物や宿題の情報は連絡帳ではなく見やすい書式のプリントに記入しランドセルの蓋の内側にある透明ポケットに入れてすぐに目で確認できるようにする。 忘れ物をしなかったときは表にシールを貼る。	野球のデザインのシールを貼ることでモチベーションが上がり3学期は忘れ物をした日が2日だけだった。 ⇒達成とする。 この方法は継続する。

表 C-9-4　A 児が九九の学習に用いた表

	×1	×2	×3	×4	×5	×6	×7	×8	×9
3 の段	3	6	9	12	15	18	21	24	27

の使用で補うなどの配慮が必要となる可能性がある。

　現在，九九の学習の遅れが気になり，読み書きの課題を中心的には取り上げてこなかったが，音韻認識や語想起等の課題について，精査が必要である。

　忘れ物対策は，家庭の協力もあり現状の方法で効果がみられている。ここでは，他児と同じ方法や記憶力の向上にこだわらず，「忘れ物をしない」という目的に絞って負荷を減らす方法を用いた。今後は，プリントの方法から従来の連絡帳の使用に移行するか，習慣づけられたプリントの方法を継続するか検討する必要がある。

　いずれにしても，3 年生への進級時に担任やクラスの変更が生じるため，申し送りをしっかりと行い，適切な支援が継続されるよう配慮する必要がある。

C-9-8　中学校の通常の学級での実践

1. 中学校における計画立案のポイント

1) 小学校からの引継ぎ

　特別支援教育の広がりによって，以前と比較して小学校から中学校への支援の引継ぎが丁寧に行われるようになってきたといえる。しかし，地域による差もあり，まだまだ十分とはいえない。

　学級担任制が中心となる小学校から，教科担任制の中学校への進学は，学校生活における変化が大きく，発達に偏りのある児童生徒にとっては適応に困難が生じやすい。小学校から個別の教育支援計画や個別の指導計画を引き継いで，段差が生じない支援の移行を上手に行う必要がある。小学校と中学校それぞれが年度末に校内委員会を開いた上で，両校が顔を合わせて情報共有を行う機会を設け，新年度に備えるとよい。

2) 中学校での指導の留意点

　中学生は，発達段階でいえば児童期から青年期への移行期間にあたり，友人関係の持ち方や仲間集団との付き合い方にも変化が生じる。また第二次反抗期を迎える年頃でもある。そのため，小学生のとき以上に情緒面の問題がクローズアップされてくる。

　生徒の問題を考えるとき，その問題が生徒本人の特性によるものなのか，思春期の情緒的不安定さによるものなのか，その他の外的要因によるものなのか慎重に見極める必要があるだろう。

　中学校では教科担任制をとるため，小学校のように一人の教員が生徒一人の学習や生活・行動面全般を総合的に把握することは困難である。それゆえ，場面（各教科の授業，部活動等）による共通点，相違点を教員間で確認し情報共有していくことが肝要である。

　校内委員会で教職員全体が当該生徒について理解し，組織的な校内体制の中で生徒の指導

と支援を行っていくことが望ましい。

3）進路指導との連携

　生徒の問題の多様化により，各地域において，公立私立を問わず，普通科や職業科以外の高等学校のシステムが工夫されるようになってきた。不登校に対応するような単位制やチャレンジ校，通信制の高校等も増えている。中学校の個別の教育支援計画及び個別の指導計画を作成するにあたり，生徒の特性に応じた進学先はどこかを，本人や保護者の希望を踏まえて丁寧に検討し，指導に反映させていくことが重要である。

　また，通常の試験の形式では力を十分に発揮できない生徒については，中学校１年生の早い段階から医療機関等と連携して，日常の学校生活のみならず入学試験の際の支援や配慮について検討しておく必要がある。

4）各機関との連携

　中学校においては，これまでも生活指導面で，必要に応じて児童相談所や警察等との連携がとられてきた。生徒の発達支援や家庭支援において，学校外の機関と連携することにより，指導や支援が広がることが期待できる。生徒の個人情報を守りながら，教育，福祉，保健，医療，司法等の関係組織間での情報共有が望まれる。

2. 事例の概要

　Ｂ児は，中学校１年生の男子で通常の学級に在籍している。入学当初は，小学校との違いから中学校生活になかなか馴染めなかった。学習面では，小学校のときから漢字学習が苦手で，文字の形を想起できなかったり，想起しても不正確だったりして，身についている漢字はわずかである。また，視写の速度も遅く，字形も整わないため，書字全般に対して苦手意識と劣等感を持っている。英語学習が本格的に開始され，英単語の表記にも苦戦している。

　生活・行動面では，毎日決まった時間に早起きしているにもかかわらず遅刻が多く，定期試験の準備やレポート等の提出物の作成においても上手に時間管理ができない。こだわりが強いため，遅刻したり期日までに仕上げられなかったりするとイライラして周囲に八つ当たりすることが多い。対人関係では，自分の思いや関心事を一方的に話すことが多く，バランスのよい相互的なコミュニケーションが成立しづらい。クラスの友達もＢ児と距離を置くようになってきたが，自分を客観的に捉えることが苦手なために原因がわからず，やや被害者意識が生じている。最近は学校がつまらないと母親にこぼし，やや登校渋りの傾向が出始めた。

3. 実態把握

1）主訴
- 書字が苦手で視写が遅く，漢字や英単語を覚えることに困難さがある。
- 時間管理が適切にできず，遅刻や提出物の遅れなどがしばしばみられる。
- 自身の行動を客観的に捉えることができず他者とのコミュニケーションが一方的になる。

〈担任のニーズ〉

• 嫌がらず板書の内容をノートに書き留めてほしい。
• 英単語や漢字を身につけてほしい。

〈保護者のニーズ〉

• 思うようにいかないときに癇癪を起こさずに感情をコントロールしてほしい。
• 楽しく学校に通ってほしい。

〈本人のニーズ〉

• 友達と仲良くしたい。
• 計画的に試験準備や宿題をやって慌てないようにしたい。

2）家族構成・家族の状況

　父，母，B児。父親は仕事が忙しく出張が多いため不在がちで，B児の問題についても関心が薄い。そのため，小学校時代はB児の問題への対応は母親が一人で行ってきた。最近は，中学生になり身体も大きく成長したB児の癇癪行動に困惑し，母親が精神的に不安定になることもある。

3）生育歴・教育歴

• 妊娠中に切迫早産で入院したが，40週で通常分娩にて出産。生下時体重は3,207g。
• 定頸4カ月。始歩13カ月。歩き始めの頃，初めて靴をはかせたところ，嫌がって泣いた。靴下や帽子もすぐに脱いでしまった。
• 始語13カ月（「ブーブー」）。語彙の広がりはやや遅めでなかなか二語文にならなかった。
• 幼稚園に入園後は，徐々にではあるが語彙が広がっていった。一方，コマーシャルソング等は覚えが早く，気に入ると飽きずに繰り返していた。
• 人見知りはほとんどみられなかった。幼稚園では子ども同士の遊びには積極的に加わらずミニカーで一人遊びをすることが多かった。並べたミニカーを他児が触ると大泣きしたり癇癪を起こしたりした。
• 1歳6カ月児健診，3歳児健診，就学時健診ともに特別の指摘はなかった。
• 年長時の幼稚園の担任が，他児との関わりが薄いことを心配して母親に発達相談を勧めたが相談には至らなかった。
• 小学校4年生のときに担任が，友達との関わりの様子や書字の苦手さから通級指導教室の活用を勧めたが，入級には至らなかった。
• 小学校6年生の2学期から卒業まで，学習の遅れがみられる他児数人と放課後に短時間学習支援を受けていたが，書字の困難さを解消できてはいない。

4）学校の状況・クラスの様子

　生徒数550名で各学年5学級である。校内に通級指導教室があり，通級の教員が特別支援教育コーディネーターを務めている。学級担任は，B児が得意とする社会科担当の男性教師であり，B児との関係は良好である。昨年度から着任した校長が特別支援教育に力を入れ

ているため，校内のシステムは整いつつあるが，教科間での連携等はまだ課題がある。

5）学力

- 聞く力：特に大きな問題はみられない。
- 話す力：語彙は比較的豊富。時々会話の中で書きことばのような硬い表現を使う。話し出すと止まらなくなることがある。
- 読む力：読書のスピードは速いほうではないが，読みの力に関して大きなつまずきはない。
- 書く力：漢字の形が想起できなかったり不正確になったりする。視写は時間がかかる。
- 計算する力：特につまずきはみられない。
- 推論する力：計算に困難さはない一方で文章題の題意の理解が悪いことがある。また，歴史では，事実を覚えることは得意だが，因果関係を考えることは苦手である。

6）行動・社会性

- 多動性・衝動性：思うようにいかないことがあって癇癪を起こすと，後先を考えず衝動的に他者に攻撃的なことばを投げかけることがある（気持ちがおさまると反省する）。
- 注意・集中：作業を行っているときなど，切り替えがうまくいかず過集中の状態になることがある。
- 固執傾向：活動の中で臨機応変にルールやスケジュールを修正することができない。かくあるべきという考えが強く，決まりが守れそうもないときは極端な考え方をすることがある（例：遅刻しそうなときはいっそのこと欠席する。提出物が締切に間に合わず減点されると，その教科の試験勉強に意欲が持てなくなりいい加減になる）。
- 社会性・対人関係：コミュニケーションが一方的になることがある。他者の意図や気持ちを考慮せずに自分の考えを押しつけることがあるため，周囲から距離を置かれるようになってきた。
- その他：騒がしいところを嫌がる。運動会のときに「耳がクタクタになる」と言っていた。

7）言語・コミュニケーション

- 聞く力：特に大きな問題はみられない。
- 話す力：語彙は比較的豊富。時々会話の中で書きことばのような硬い表現を使う。話し出すと止まらなくなることがある。

8）運動・基本的生活習慣・その他

- 粗大運動：運動は嫌いではないが動きがぎこちないことがある。
- 微細運動：筆圧が安定しない。コンパスやハサミの操作が苦手。定規で線を引くときもしっかり押さえていないため線が曲がることがある。

9）身体・医学面

- 近視のため常時眼鏡を使用して視力を矯正している。

表 C-9-5　B 児の WISC-IV の結果（CA：13 歳 2 カ月）

全検査・指標得点	合成得点	パーセンタイル	信頼区間（90%）	記述分類
全検査（FSIQ）	99	47	94-104	平均
言語理解指標（VCI）	119	90	110-124	平均の上〜高い
知覚推理指標（PRI）	98	45	91-105	平均
ワーキングメモリー指標（WMI）	88	21	82- 96	平均の下〜平均
処理速度指標（PSI）	83	13	77- 93	低い（境界域）〜平均

- 特筆すべき持病や診断はない。

10）興味・強い面・指導に利用できるもの

- ミニカーのコレクションをしており，さまざまな角度から写真に撮ってノートに貼り，自作の図鑑を作っている。自動車の種類に詳しい。
- 好きな教科は社会科であり，特に歴史が好きで自主的に年表作りをしている。
- 自宅のベランダでプランター菜園をしている。母親の影響で始めたが，今では B 児のほうが詳しくなり栽培している品種も増えている。

4. WISC-IV の結果（13 歳 2 カ月）

　WISC-IV の結果を表 C-9-5 に記す。
　検査結果から得られた全般的知的水準及び認知特性等を以下に記す。

1）全般的知的水準（FSIQ）

　全般的知的水準（FSIQ）は「平均」の範囲にあるが，指標得点間に大きなばらつきがみられるため，FSIQ を中心に解釈するのではなく，各指標の特徴から実態把握を行う必要がある。

2）4 つの指標得点，処理プロセス等の特徴

　言語理解指標（VCI）が他の 3 つの指標のいずれと比較しても 15％水準で有意に高く，標準出現率からその差は稀であることがわかった。また，標準出現率では稀な差とはいえないが，知覚推理指標（PRI）がワーキングメモリー指標（WMI）と処理速度指標（PSI）と比較して有意に高い結果となっている。

3）検査中の行動観察から得た情報

　終始，課題に集中して取り組んでいた。初対面の検査者とすぐに打ち解けて雑談し，緊張している様子はなかった。「積木模様」では，模様の一部が逆転していても気づかずに「できました」と言うことが 2 回あった。模様が複雑になると苦戦していたが，柔軟な試行錯誤ができず，誤った組み合わせを繰り返し試みていた。「絵の概念」においても固執傾向がみられ，自分が予測した共通項に該当するものが最終段にないときは，思考を切り替えられず「選択肢はこれで全部ですか？」と確認していた。「類似」はほとんどが即答であり，推理し

ているというよりも豊富な知識を活かして回答している様子であった。「符号」では急ぐ様子はなくマイペースで取り組み，「やめ」の合図があってもすぐに手が止まらず続けていた。運筆はぎこちなかった。

5. 総合的判断

WISC-IV から推察される認知特性と B 児の実態とを関連づけて総合的判断を行う。

- 書字の困難さを中心に学習の遅れがみられるが知的障害ではない。
  ⇒ FSIQ と日頃の様子から推察される。
- 言語能力が高く知識が豊富である。
  ⇒ VCI の高い結果と日頃の様子から考えられる。
- 視覚認知に弱さがある。
  ⇒ PRI は平均的な水準であるが，PRI 内にばらつきがみられ，「積木模様」の低さから視覚認知の弱さが推察される。このことは，文字の構成を把握することに苦手さがあって漢字学習につまずきが出ている実態と一致している。
- 固執傾向と切り替えの悪さがみられる。
  ⇒検査課題への取組の様子と日頃の様子から推察される。
- 運筆のぎこちなさとマイペースさから筆記を伴う作業を素早く行うことが困難である。
  ⇒ PSI の数値的結果と取組の様子が，視写が遅い実態と一致する。

二次的な問題として書字に対する苦手意識と劣等感が強くなっている。登校渋りもみられるようになり，家庭での癇癪に母親は困惑している。また，B 児自身の課題ではないが，母親が，B 児の癇癪への対応から心身の不調を訴えるようになり，家庭生活全体が不安定になっている。

6. 教育的支援の方針

1）方針

視覚認知の弱さに配慮して，漢字学習等では視覚処理だけに頼らない学習方略を工夫する。また，運筆のぎこちなさも念頭に置き，筆記量やノートの取らせ方にも十分な配慮を行う。

注意の振り分けや切り替えが適切に行えないことから，活動の全体像を把握するために図等を用いて見通しを持たせる。また同時に，長期的なスケジュールを俯瞰させる。適切なタイミングで行動の切り替えができるようタイマーやリマインダーを活用する。

2）教育的支援の場と形態

- 通常の学級における配慮指導。
- 通級指導教室における個別指導（登校渋りの状態を受けて，保護者の了解のもと通級指導教室の利用が予定されている）。

3）指導上の配慮事項

（1）学級全体への配慮事項，集団場面での配慮事項

- 教員間で十分に情報共有を行い，いずれの科目においても合理的な配慮がなされるよう努める。
- 板書量が多い科目等では，キーワードを記入させる空所補充型のプリントを活用し，板書を写す労力を減らす一方，読み書きに依存しないディスカッション等の機会を増やす。
- 授業やその他の活動の流れをプロセス図等で提示し見通しを持ちやすいようにする。

（2）個人への配慮事項，個別指導での配慮事項

- ノートを取る際は，漢字の使用を強制しない。
- 筆記の負荷を減らし劣等感を軽減するために，レポートの作成においてパソコンの使用を許可する。
- 漢字学習において，意味づけや語呂合わせ等の方略を活用し，視覚認知に比重を置いた従来の学習方略を見直す。
- 切り替えの悪さが予想される作業等では，終了時だけでなく終了予定時間の少し前（例：5分前等作業内容に合わせて設定する）にも予鈴としてのアラームをセットする。

4）各機関との連携

　母親のフォローが必要であることから，スクールソーシャルワーカーと母親面談を実施し，子ども家庭支援センターを活用する。

7. 個別の教育支援計画

　B児の個別の教育支援計画を表C-9-6に示す。

8. 個別の指導計画の作成と指導の実施（表C-9-7参照）

1）長期目標の設定

　学習面①：視覚認知能力に頼らない方略（言語的な手がかり等を用いた学習方略）で小学校で既習の教育漢字1,006字のおよそ70％を身につける。

　学習面②：パソコンを用いて文書作成ができる。

　生活・行動面①：期日を守り計画的に行動できる。

　生活・行動面②：感情をコントロールしながら思いを伝えることができる。

2）短期目標の設定

　学習面①：2学期の社会科の単元に頻出する用語（対象語は教員が選択）を漢字で表記できる。

　学習面②：特殊音節を含む五十音のローマ字の構成を正しく理解する。

　生活・行動面①：一覧性の高いデザインの予定表の活用を習慣づけ，1カ月の予定を把握する。

表 C-9-6　B児の個別の教育支援計画

氏名	B		性別	連絡先		在籍校	△△市立△△中学校
生年月日	○年△月×日（13歳）		男	△△△-△△△△		学年組	1年□組
現在・将来についての希望							
児童・生徒	友達と仲良くしたい。計画的に試験準備等をしたい。			保護者	公立高に進学して，卒業後は定職についてほしい。		
担任（小学校）から引き継いだこと				**支援の目標**			
小学校では時間管理や持ち物管理について周囲がフォローしたが，中学校では自力で管理できるようにしてほしい。感情がたかぶったときのクールダウンのスペースを校内に設けていたので継続してほしい。				本人の自己認知と保護者の本人の課題への理解（障害理解）を進め，自立できるようにする。			
就学前	△△保育園　0歳～3歳			◇◇保育園　3歳～6歳			
小学校	1年時担任 ○○　Co. □□		2年時担任 ○○　Co. □□		3年時担任 ○○　Co. □□		
	4年時担任 ○○　Co. □□		5年時担任 ○○　Co. □□		6年時担任 ○○　Co. □□		
中学校	1年時担任 ○○　Co. □□　　SSW ◇◇（週1回教育センターより来校）						
	通級指導担任 △△（★現在）						
	2年時担任 Co. SSW　通級指導担任						
	3年時担任 Co. SSW　通級指導担任						
子ども家庭支援センター	支援機関	△△市子ども家庭支援センター　　担当者　○○　　連絡先　○○					
	支援内容	SSWと一緒に家庭訪問しながら，保護者のニーズを聞き，必要な支援を福祉機関に要請する。					
医療機関	支援機関	▽▽小児科　　　　　　　　　担当者 ▽▽　　　　連絡先 ▽▽					
	支援内容	ASD の診断。投薬も開始する予定。主治医として対応する。					
福祉機関	支援機関	△△市支援課（家庭支援）　　担当者 ◇◇　　　連絡先 ◇◇					
	支援内容	SSWと子ども家庭支援センターの要請を受けて，保護者の心身の安定のために保健師，また家事支援のヘルパーを派遣する。					
支援会議	中学1年7月に第1回開催（主催・司会：子ども家庭支援センター，開催場所：△△中学校）次回予定：中学1年10月頃（目的：初期取組の評価と1年次後半及び今後の支援）						
確認欄	作成日　　年　　月　　日　　学校長　　　　　　　　　作成担当 私は以上の内容を確認し，学校が支援機関と個人情報を共有し連携・支援を行うことに同意します。 保護者　氏名　　　　　　　　　印　　　　　　　（確認日　令和　　年　　月　　日）						

生活・行動面②：イライラしたりカッとなったりしそうなときは，その場を離れて気持ちを落ち着かせる。

3）評価

　学習面：漢字学習については強い苦手意識を持っているため，モチベーションの向上と学習の目的を具体化するために，学習対象の漢字をB児が好きな教科である社会科の用語に絞った。社会科担当の教員と通級指導教室担当の教員が連携を取りながら，定期考査の範囲の用語をあらかじめ練習させて試験に臨ませたところ，表C-9-7に示したような結果となり，自信につながった。漢字学習に際しては，B児の認知特性に合わせて，意味づけや言語的手がかり（語呂合わせ）を用いた学習方略を用いた。また，パソコンを用いて適切に文書

表 C-9-7 B児の個別の指導計画（通常の学級及び通級指導教室）

作成日：令和〇年〇月〇日

××市立〇〇小学校 第1学年□組	担任 〇〇
生徒氏名 B （男・女）	生年月日 〇〇年△月×日

主訴
- 書字が苦手で視写が遅く，漢字や英単語を覚えることに困難さがある。
- 時間管理が適切にできず遅刻や提出物の遅れなどがしばしばみられる。
- 自身の行動を客観的に捉えることができず他者とのコミュニケーションが一方的になる。

担任のニーズ	保護者のニーズ	本人のニーズ
• 嫌がらず板書の内容をノートに書き留めてほしい。 • 英単語や漢字を身に付けてほしい。	• 思うようにいかないときに癇癪を起こさずに感情をコントロールしてほしい。 • 楽しく学校に通ってほしい	• 友達と仲良くしたい。 • 計画的に試験準備や宿題をやって慌てないようにしたい。

長期目標

学習面	①苦手な力（視覚認知）に頼らない方略で小学校で既習の教育漢字1006字の70%を身に付ける。 ②パソコンを用いて文書作成ができる。
生活・行動面	①期日を守り計画的に行動できる。 ②感情をコントロールしながら思いを伝えることができる。

指導計画（1年生2学期）

短期目標	指導の場と形態	方法	評価
〈学習〉① 2学期の社会科の単元に頻出する用語（対象語は教員が選択）を漢字で表記できる。	通級指導教室での個別指導＋通常の学級での配慮指導 通級指導教室の担当教員と社会科担当教員が事前に対象語を選択しておく。学習の様子は両者が密に連絡を取り合い共有する。	定着している既存の漢字と関連づけたり，意味づけ（部首の解説）をしたりして学習する。文字の形態が捉えにくく想起しにくい漢字は，語呂合わせのように言語的な手がかりで書けるようにする。	中間試験での対象語10語のうち9語まで正しく表記できた。期末試験では，対象語20語のうち17語まで正しく表記することができた。 ⇒達成 　同様の方法で3学期も継続する。
〈学習〉② 特殊音節を含む五十音のローマ字の構成を正しく理解する。	通級指導教室での個別指導 適宜，家庭でパソコンを使用して復習も行う。	ローマ字の構成が正しく理解できているものを除いて，カードを用いて表記を覚える。毎回の学習の最後にその日に学習した表記をパソコンで打ち込む。	清音は習得できたが，拗音はまだ不正確である。 ⇒今後は特殊音節を中心に学習する。
〈生活・行動〉① 一覧性の高いデザインの予定表の活用を習慣づけ1カ月の予定を把握する。	通常の学級での配慮指導 学級活動の中でクラス全員に向けて予定表の活用や時間管理について指導を行い，それに加えB児には個別に対応する。	月間型の予定表のフォーマットに予定を記入させて空間的に自由になる持ち時間がいつどのくらいあるのかを把握させる。予定が変更になったり追加されたりするたびに即時に予定表に反映させる習慣づけを行う。	予定通りに行動できないことがあったが，自分の予定と作業に要する時間を把握することができたため，動揺や混乱が軽減された（自己評価あり）。 ⇒定着を図るため継続する。
〈生活・行動〉② イライラしたりカッとなったりしそうなときはその場を離れて気持ちを落ち着かせる。	通常の学級での配慮指導＋家庭の協力 関わる教員と保護者で対応のコンセンサスを取る。学校と家庭でクールダウンできるスペースを確保する。	イライラしやすい状況や活動をあらかじめB児自身に把握させる。対象となる活動では事前に教員が声かけをして心構えをさせる。イライラが制御できそうにない場合は，教員に断わって，指定された場所でクールダウンをする。	教員が事前の声かけを忘れたときはその場で感情を表出させることもあったが，学校ではおおむねクールダウンができた。 ⇒学校での行動制御については達成とする。

作成ができることをねらいとした課題では，最初のステップとしてローマ字入力の基礎となる五十音のローマ字表記（構成）の練習を反復して行った。拗音がまだ不正確であるが清音については習得できた。

　生活・行動面：B児はこれまで試験日や提出物の締切日等はわかっているものの，時間管理ができないため，準備や作成が間に合わないことが多かった。そこで試験日や締切日をメモするだけでなく，1カ月が見通せる月間型（カレンダー型）の予定表を活用し，当該日の前後にどのくらい自由になる持ち時間があるかを把握させるようにした。それによって，締切日まで日があったとしても，予定が詰まっているため実働時間が少なく，今から着手しないと間に合わない，といった長期的な視点が持てるようになった。まだ上手に時間管理できないこともあるが，締切に間に合わなかったときの気持ちの混乱や癇癪が減ってきている。この指導は，通常の学級においてクラス全体に向けて行った上で，B児には個別に支援も行った。予定表の活用は継続し，今後は予定の記入や修正に関わる教師の援助を徐々に減らしていく。

　感情のコントロールについては，B児自身が問題意識を持っていたこともあり，感情が高ぶってきたとき教師の声かけに比較的素直に従って別室に赴いていた。時々，教師がよいタイミングで声かけができないとクラス内で声を荒らげることもみられたが，おおむねよい変化がみられている。ただし，家庭においてはまだ母親に癇癪をぶつけることがあり，感情を制御しきれていない。

4) 今後の課題

　登校渋りをきっかけとして保護者の問題意識が高まり，通級指導教室の活用に至ったことがひとつのよい契機となった。また，B児自身の「友達と仲良くしたい」「計画的に試験準備や宿題を行い慌てずに行動したい」というニーズが明確であり，問題の改善にB児自身が強くモチベーションを持てたこともよい結果につながった。

　担任がB児が得意な社会科担当で信頼関係も築けており，学習面だけでなく時間管理の指導等の生活行動面での指導にも関われたことが良い結果につながっている。予定表の活用の指導は，B児だけの個別の指導とせず，学級活動の一環としてクラス全体で取り組むことができた。このように学級における指導は少しずつ成果につながっているが，まだB児を担当するすべての教員間での連携が密に取れているとはいえない状態にある。今後，特別支援教育コーディネーターを中心に，より一層の教員間の連携を図り，校内のチーム体制を整えていくことが課題となる。

　書字の困難さへの指導に関しては，視覚認知に頼らない方法で効果がみられているが，現時点で身についていない漢字をすべて習得するには時間と労力がかかりすぎる。将来に向けてICTの積極的な活用も視野に入れる必要がある。

　家庭支援については，スクールソーシャルワーカーが母親とつながったことにより，母親の状態を父親に知らせるとともに，子ども家庭支援センターとともに母親を保健師指導につなぎ，心療内科の受診に至った。今後も，関係機関による継続的なサポートが必要と思われる。

総索引

［(I)：第Ⅰ巻　(II)：第Ⅱ巻　(III)：第Ⅲ巻］

あ

か

さ

◉ 責任編集者

田中容子（三鷹市教育委員会）

梅永雄二（早稲田大学）

金森克浩（帝京大学）

◉ 執筆者一覧（執筆順）

小貫 悟（明星大学心理学部）
C-1 「個に応じた支援」と「合理的配慮」：UD と ICT の視点

金森克浩（帝京大学）
C-1 「個に応じた支援」と「合理的配慮」：UD と ICT の視点

藤野 博（東京学芸大学教職大学院）
C-2 「聞く・話す」の指導［Ⅰ］基礎理論

西岡有香（大阪医科薬科大学 LD センター）
C-2 「聞く・話す」の指導［Ⅱ］指導

原 惠子（上智大学言語科学研究科）
C-3 「読む・書く」の指導［Ⅰ］基本的な理論

河野俊寛（北陸大学国際コミュニケーション学部心理社会学科）
C-3 「読む・書く」の指導［Ⅱ］臨床・実践について

熊谷恵子（筑波大学人間系）
C-4 「計算する・推論する」の指導

安住ゆう子（NPO 法人フトゥーロ LD 発達相談センターかながわ）
C-5 ソーシャルスキルの指導［Ⅰ］基本的な理論

山下公司（札幌市立南月寒小学校）
C-5 ソーシャルスキルの指導［Ⅱ］指導

井澤信三（兵庫教育大学大学院）
C-6 行動面の指導［Ⅰ］基本的な理論

河田将一（九州ルーテル学院大学）
C-6 行動面の指導［Ⅱ］指導の実際

加藤寿宏（関西医科大学リハビリテーション学部）
C-7 感覚と運動の指導

梅永雄二（早稲田大学）
C-8 社会的自立・就労の指導

田中容子（三鷹市教育委員会）
C-9 個別の指導計画・個別の教育支援計画の作成と活用［Ⅰ］基礎理論

小林 玄（東京学芸大学）
C-9 個別の指導計画・個別の教育支援計画の作成と活用［Ⅱ］実践編

S.E.N.S養成セミナー

特別支援教育の理論と実践［第4版］
II 指導

2007 年 4 月 25 日　第 1 版第 1 刷発行
2012 年 4 月 25 日　第 2 版第 1 刷発行
2018 年 4 月 1 日　第 3 版第 1 刷発行
2023 年 4 月 1 日　第 4 版第 1 刷発行

編—————————一般財団法人特別支援教育士資格認定協会
監修者—————花熊 曉　鳥居深雪
責任編集者———田中容子　梅永雄二　金森克浩

発行者—————立石正信
発行所—————株式会社 金剛出版
　　　　　　　〒112-0005 東京都文京区水道1-5-16　電話 03-3815-6661　振替 00120-6-34848

装丁◉岩瀬 聡　　組版◉石倉康次　　印刷・製本◉三協美術印刷
ISBN978-4-7724-1956-7 C3037　　©2023 Printed in Japan